MÉMOIRES

POLITIQUES

SUR LA CAMPAGNE DE 1815,

PAR

L'EMPEREUR NAPOLÉON.

NOUVELLE ÉDITION.

IMPRIMERIE DE COSSON, RUE GARANCIÈRE.

d'après un dessin d'H.ce Vernet

Lith de Lang

MÉMOIRES

POLITIQUES

SUR LA CAMPAGNE DE 1815,

PAR

L'EMPEREUR NAPOLÉON.

NOUVELLE ÉDITION.

SUIVIS

DE VINGT-QUATRE PIÈCES OFFICIELLES, DE LA LETTRE INÉDITE DU MARÉCHAL GROUCHY, ÉCRITE A NAPOLÉON LE JOUR DE LA BATAILLE DE WATERLOO.

ORNÉS D'UNE CARTE ET DU PLAN DE LA BATAILLE, PLUS D'UNE TRÈS-BELLE GRAVURE D'APRÈS HORACE VERNET.

PARIS,
ALEXANDRE CORRÉARD, LIBRAIRE,
PALAIS-ROYAL, GALERIE DE BOIS, N° 258.

1821.

AVIS DE L'ÉDITEUR.

LES journaux viennent de publier la lettre suivante, écrite par MM. les généraux Bertrand et Montholon : « Plusieurs ouvrages, sous le titre de » *Manuscrit venu de Sainte-Hélène*, » de *Pensées*, *Maximes*, *Sentences*, » *Mémoires secrets*, *Napoléon peint* » *par lui-même*, *Chagrins domestiques*, » *Vers*, *etc.*, *etc.*, ont été publiés ou » annoncés comme étant de l'empereur » Napoléon : ils ne sont pas de lui ; ses » manuscrits n'ont été communiqués à » personne.

» Nous démentons également les » mémoires annoncés sous notre nom.»

Rien ne pouvait nous être plus agréable que la publication de cette lettre ; car nous nous étions empressés d'annoncer, avant qu'elle parût, *qu'un grand nombre de pièces publiées au sujet de Napoléon, ou attribuées à cet auguste personnage, étaient fausses ou dénaturées.*

Aussi regardons-nous la lettre de MM. Bertrand et Montholon comme un hommage rendu par eux-mêmes à la vérité des documens renfermés dans le recueil dont nous avons publié le 1er volume, les pièces qu'il contient ayant été écrites ou reconnues par ces deux généraux, ainsi que par leurs illustres compagnons de dévouement et de fidélité pour la personne de Napoléon.

AVERTISSEMENT.

Le général Gourgaud avait conçu le projet de donner au public une relation exacte de la campagne de 1815, campagne sur laquelle il a été répandu tant de fausses notions. Il dressa le plan de cet ouvrage et le soumit à l'empereur Napoléon qui lui fit quelques observations, et l'engagea à continuer cet important travail. Lorsqu'il fut terminé, le général Gourgaud le soumit à l'empereur; le monarque fit les changemens et écrivit de sa propre main, et en marge, les rectifications qu'il jugea convenables : il invita le général à faire imprimer l'ouvrage aussitôt son arrivée en Europe.

Les contrariétés, ou plutôt les persécutions que le général Gourgaud éprouva de la part du gouvernement anglais, pendant son séjour à Londres, ne lui permirent pas de s'occuper de l'impression de cet ouvrage. Elle ne put avoir lieu que vers la fin de 1818. Impatienté des retards qu'elle éprouvait, Napoléon rédigea une nouvelle relation de la campagne de Mont-Saint-Jean (le général Gourgaud lui avait laissé copie de la sienne) et il la remit au docteur O'Méara, en insistant fortement pour qu'il la rendît publique en Angleterre et en France; ce qui eut lieu au commencement de 1820.

On voit qu'il devait nécessairement exister quelque différence entre les deux relations; mais elle ne saurait porter atteinte à la vérité des faits avancés par le général Gourgaud. L'empereur Napoléon considérait les événemens politiques de 1815 sous un point de vue général et beaucoup plus vaste; il devait donc entrer dans des considérations étrangères au récit du général Gourgaud; et ici Napoléon n'avait et ne pouvait avoir d'autre juge que lui-même!

Les changemens qu'il a jugé à propos d'apporter dans la rédaction confiée au docteur O'Méara ont dû lui être inspirés par des considérations que lui seul pouvait connaître ou apprécier.

Cet ouvrage doit donc être considéré comme l'un des plus importans documens d'une époque dont le souvenir ne périra jamais.

N. B. Cette nouvelle édition est augmentée de douze pièces officielles qui jettent le plus grand jour sur les événemens militrires de 1815, qui expliquent les contradictions que présentent les relations diverses, et qui établissent incontestablement la vérité des faits. On remarque surtout, parmi ces pièces, le lettre inédite du maréchal Grouchy, reçue par l'empereur le 17 juin, veille de la bataille. Le lecteur appréciera facilement la haute importance de ce document.

MÉMOIRES

POLITIQUES

SUR LA CAMPAGNE DE 1815.

LIVRE IX.

CHAPITRE PREMIER.

LES BOURBONS SORTENT DE FRANCE.

I. L'aigle impériale vole de clocher en clocher jusque sur les tours de Notre-Dame de Paris. — II. Convention secrète conclue à la fin de 1814, entre l'Autriche, la France et l'Angleterre, contre la Russie et la Prusse. — III. Le roi de Naples déclare la guerre à l'Autriche le 12 mars. — IV. Congrès de Vienne en mars 1815.

I. NAPOLÉON partit de l'île d'Elbe le 26 février 1815, à neuf heures du soir; il montait le brick de guerre *l'Inconstant* qui arbora, pendant toute la navigation, le pavillon blanc parsemé d'abeilles. Le 1er mars, à cinq heures après midi, il débarqua sur la plage du golfe Juan, près de Cannes; sa petite armée prit la cocarde tricolore : elle était de onze cents hommes, le plus grand nombre soldats de la vieille garde. Il traversa Grasse le 2, à neuf heures du matin, coucha à Sernon, ayant fait vingt lieues dans cette première journée. Le 3, il coucha à Barrême. Le 4, son avant-garde, commandée par le général Cambronne, se saisit de la place forte de Sisteron; le 5, il entra dans Gap; le 7, à deux heures après midi, il rencontra sur les hauteurs, en avant de Vizille, l'avant-garde de la garnison de Grenoble, qui marchait contre lui; il l'aborde seul, la harangue, lui fait arborer les couleurs tricolores, se met à sa tête, et à onze heures du soir entre dans Grenoble, ayant fait en six jours quatre-vingts lieues, au travers d'un pays de montagnes très-difficiles; c'est la marche la plus prodigieuse dont l'histoire fasse mention. Il séjourna le 8 à Grenoble, en partit le 9 à la tête de huit mille hommes de troupes de ligne, et de trente pièces de canon, fit son entrée le 10 à neuf heures du soir dans Lyon, la seconde ville de France. Le comte de Fargues, maire de la ville, lui en présenta les clefs. Le comte d'Artois, le duc d'Orléans, le maréchal duc de Tarente, s'en étaient sauvés seuls le 10. Leur arrivée inattendue aux Tuileries frappa de stupeur la cour. Enfin, le 20 mars, à huit heures du soir, jour anniversaire de la naissance de son fils, l'empereur entre dans Paris. Quarante mille hommes de l'armée de ligne de toutes les armes s'étaient successivement rangés sous ses drapeaux. La petite armée de l'île d'Elbe arriva le lendemain, ayant, en vingt jours, fait deux cent quarante lieues.

Louis XVIII quitta Paris dans la nuit du 19 au 20 mars, et la France le 23. A son départ de Lille, toutes les places de Flandre arborèrent le drapeau tricolor. Au premier bruit du débarquement de Napoléon, le duc de Bourbon avait été envoyé à Nantes pour se mettre à la tête de la Vendée; le duc d'Angoulême avait été investi du gouvernement des provinces sur la gauche de la Loire. Toutes les tentatives pour soulever l'ouest furent inutiles; les peuples de ces pays se souvenaient de tout ce qu'ils devaient de reconnaissance à Napoléon. Le duc de Bourbon s'embarqua à Paimbeuf, le 1er avril, sur un bâtiment anglais. Le duc d'Angoulême envoya de Bordeaux le baron de Vitrolles, ministre d'État, établir le chef-lieu de son gouvernement à Toulouse, laissa la duchesse, sa femme, à Bordeaux, dans l'espérance de conserver à son parti cette ville importante, et d'y rallier l'armée espagnole; de sa personne, à la tête du 10e régiment d'infanterie de ligne, du 14e de chasseurs à cheval, et de quelques bataillons de volontaires royaux du Languedoc, il conçut l'entreprise téméraire de marcher sur Lyon, dans le temps que les Marseillais marcheraient sur Grenoble. Il passa le Rhône sur le pont Saint-Esprit, enleva le pont de la Drôme, que défendaient les gardes nationales de Montélimart, entra le 3 avril dans Valence, et établit ses avant-postes le long de la rive gauche de l'Isère. Dans le même temps les Marseillais, au nombre de deux mille cinq cents, soutenus par le 83e et le 38e de ligne, sous les ordres du lieutenant-général Ernouf, entraient dans Gap, et marchaient sur Grenoble. Ces succès ne durèrent qu'un jour; la duchesse d'Angoulême, le 2 avril, fut obligée de quitter Bordeaux à l'arrivée du lieutenant-général Clausel; elle s'embarqua sur un cutter anglais. Vitrolles fut arrêté le 4 avril par le lieutenant-général Laborde, et traduit dans les prisons de Paris. Le général Gilly, profitant de l'enthousiasme des peuples du Languedoc, se mit à leur tête; son avant-garde, composée du 10e de chasseurs à cheval et du 6e d'infanterie légère, s'empara du pont Saint-Esprit, en chassa les royalistes Au bruit des dangers qui menaçaient Lyon, les peuples de la Bourgogne et de l'Auvergne se levèrent en masse, et coururent à Lyon demander des armes pour marcher contre ces princes. Dans toutes les communes du Dauphiné le pavillon tricolor était arboré, le tocsin annonçait la marche des royalistes. Les troupes de ligne, à l'aspect de l'aigle impériale que leur présenta le lieutenant-général Chabert, à la tête d'un détachement de la garde nationale de Grenoble, abandonnèrent le parti royaliste. Les Marseillais, cernés de tous côtés, se débandèrent, heureux de regagner leurs foyers.

Le duc d'Angoulême, consterné, comprit alors toute l'imprudence de son entreprise; il évacua Valence en toute hâte; cherchant à gagner le pont Saint-Esprit; le général Gilly le fit prisonnier. L'empereur lui rendit la liberté, et le fit embarquer, le 16 avril, à Cette, sur un bâtiment suédois. Le maréchal Masséna, en faisant arborer le drapeau tricolor dans la Provence, termina la guerre civile. Le 20 avril, cent coups de canon des Invalides annoncèrent à la capitale, et des salves de batteries de côtes et des places frontières annoncèrent aux nations étrangères que le peuple français était rentré dans ses droits!

L'histoire remarquera avec admiration la générosité du vainqueur dans cette circonstance. Le baron de Vitrolles, qui avait été excepté par le décret de Lyon de l'amnistie générale, le duc d'Angoulême, dont la sentence était prononcée par la loi du talion, furent l'un et l'autre sauvés par sa clémence. « Je veux, dit Napoléon, pouvoir me » vanter d'avoir reconquis mon trône, sans qu'une » goutte de sang ait été versée ni sur le champ de » bataille ni sur l'échafaud. »

II. A la fin de 1814, et au commencement de 1815, la discorde régnait au congrès de Vienne. L'Autriche, la France et l'Angleterre s'étaient liées par une convention secrète contre la Russie et la Prusse, qui paraissaient ne vouloir mettre aucune borne à leurs prétentions. La Prusse voulait réunir

Bresile à son empire, ce qui était contraire à l'intérêt de l'Autriche ; mais la France, appuyée par l'Espagne, demandait à la cour de Vienne, en récompense de l'appui qu'elle lui donnait, de consentir que les Bourbons de Sicile remontassent sur le trône de Naples. L'Autriche s'y refusait, tant par jalousie de la maison de Bourbon, que pour ne pas trahir le roi Joachim, qui avait tant contribué aux succès des alliés en 1814, en faisant cause commune avec les ennemis de sa patrie contre le chef de sa famille et son bienfaiteur. Murat avait alors décidé des événemens. Si, avec son armée de soixante mille hommes, il se fût joint à l'armée gallo-italienne que commandait le vice-roi, il eût obligé l'armée autrichienne de rester à la défense de la Carinthie et du Tyrol : l'armée du vice-roi était supérieure à celle du feld-maréchal Bellegarde, mais fut contenue par l'armée napolitaine. Ainsi, le poids qu'il mit en cette occasion dans la balance fut de cent vingt mille hommes. Avec cent mille hommes de moins, les alliés n'eussent pu entreprendre l'invasion de la France avant le printemps. En 1814, l'armée napolitaine était bonne, parce qu'à cette époque elle comptait dans ses rangs deux mille officiers ou sous-officiers français, corses ou italiens du royaume d'Italie, qui la quittèrent aussitôt qu'ils reçurent la circulaire par laquelle le comte Molé, grand-juge, rappelait les Français du service de Naples. Les ministres d'Autriche au congrès de Vienne laissaient souvent percer le peu de cas qu'ils faisaient de l'intervention de la cour des Tuileries; Louis XVIII, disaient-ils, n'est pas en état de réunir dix mille hommes sans craindre de voir les soldats se tourner contre lui-même. Le prince de Bénévent conseilla au cabinet des Tuileries de réunir trois camps, l'un en Franche-Comté, l'un devant Lyon, et le troisième dans le midi. Ces trois camps pouvaient être portés à trente-six ou quarante mille hommes, sans obliger à aucun accroissement d'état militaire, et sans être l'objet d'une dépense excessive; cependant ils releveraient le crédit de la France à l'étranger. Ce projet fut adopté. Dans le courant de février 1815, les troupes furent mises en mouvement; le général de division Ricard se rendit à Vienne, vanta dans plusieurs conférences le bon état de l'armée française, son ardeur et son attachement au roi. Il annonça pompeusement que trois camps contenant quatre-vingts mille hommes se réunissaient dans le voisinage des Alpes. Les plénipotentiaires français demandèrent que cette armée, secondée par une division espagnole, pût se porter soit par terre, passant par Gênes, Florence et Rome, soit par mer, dans l'Italie méridionale. Le roi de Naples, de son côté, ne s'endormit pas; il réunit son armée dans les Marches; elle était de soixante mille hommes: pour balancer l'effet des négociations des Tuileries, il demanda à l'Autriche le passage pour les troupes qu'il désirait porter sur les Alpes pour pénétrer en France, accréditant autant qu'il le pouvait l'opinion déjà répandue, que les soldats français n'étaient pas les soldats des Bourbons.

C'est dans ces circonstances que Napoléon débarqua. Les régimens français destinés à former les trois camps dans le midi, étaient en mouvement, et se trouvèrent justement placés pour lui servir d'escorte dans sa marche triomphale du golfe Juan à Paris. Le maréchal Soult, ministre de la guerre, fut alors accusé de trahison; mais les apparences étaient trompeuses; ce mouvement de troupes, leur placement, si d'accord par le fait avec la marche de l'empereur, avaient été exécutés d'après l'ordre précis du Roi, et sur la demande des plénipotentiaires français à Vienne. Les étrangers montrèrent, dans cette circonstance, qu'ils connaissaient mieux les dispositions secrètes du peuple français et de l'armée, que les princes et les ministres de la maison de Bourbon.

III. Quelques jours avant de quitter l'île d'Elbe, le 16 février 1815, Napoléon expédia à Naples un de ses chambellans pour faire connaître à cette cour, 1° qu'il partait pour rentrer dans sa capitale et remonter sur son trône; qu'il était résolu à maintenir le traité de Paris, ce qui lui faisait espérer que les puissances alliées resteraient étrangères à cette guerre civile; que les troupes russes étaient au-delà du Niémen, partie des autrichiennes au-delà de l'Inn, la majorité des prussiennes au-delà de l'Oder, et la moitié de l'armée anglaise en Amérique; que le congrès de Vienne avait terminé ses opérations, et que le czar était parti pour Saint-Pétersbourg; 2° qu'il désirait que Murat envoyât un courrier à Vienne pour que son ambassadeur notifiât à cette cour que la France continuerait à exécuter le traité de Paris, et renonçait spécialement à toutes ses prétentions sur l'Italie; 3° que, dans tous les cas, les hostilités ne pouvaient commencer avant la fin de juillet; que la France et Naples auraient le temps de se concerter; qu'au préalable il devait renforcer son armée dans une bonne position en avant d'Ancône, et dans toutes les circonstances imprévues se conduire par le principe qu'il valait mieux reculer qu'avancer, donner bataille derrière le Garignano que sur le Pô; qu'il pouvait beaucoup comme diversion, et lorsqu'il serait appuyé par une armée française; qu'il ne pouvait rien sans cela.

L'envoyé de l'empereur arriva à Naples le 4 mars: le brick *l'Inconstant*, de retour du golfe Juan, y arriva le 12. Peu de jours après, un courrier de Gênes y apprit l'entrée triomphale de Napoléon dans Grenoble et dans Lyon; le roi ne déguisa plus ses sentimens; il annonça hautement sa volonté d'insurger l'Italie. « L'empereur, disait-il, » ne trouvera aucun obstacle, la nation française » tout entière volera sous ses drapeaux; si je tarde

» à me porter sur le Pô, si j'attends le mois de » juillet, les armées françaises auront rétabli le » royaume d'Italie et ressaisi la Couronne de fer; » c'est à moi à proclamer l'indépendance de l'Ita- » lie! » L'envoyé de l'empereur et la reine se je- tèrent inutilement aux pieds du roi pour lui faire sentir le danger et la témérité de cette entreprise; rien ne put lui ouvrir les yeux. Il partit pour An- cône. Arrivé à la tête de son armée, le 22 mars, il ne se donna pas même le temps d'attendre la nouvelle de l'entrée de l'empereur à Paris: il passa le Rubicon, traversa la Romagne, inonda le terri- toire du saint Siége et la Toscane de ses troupes. Le pape se retira à Gênes, le grand-duc à Livourne; arrivé à Bologne, le roi de Naples appela à l'in- surrection les peuples du royaume d'Italie; mais ils demandèrent pourquoi il ne leur parlait pas de Napoléon, leur roi légitime; que sans son ordre ils ne pouvaient faire aucun mouvement; qu'il leur paraissait d'ailleurs imprudent d'agir avant que les troupes françaises fussent arrivées sur les Alpes; que dans tous les cas il leur fallait des fusils; la seule province de Bologne en demandait quarante mille; l'artillerie napolitaine n'en avait pas un seul. Quelques jours après, l'armée autrichienne, qui s'était concentrée sur la rive gauche du Pô, passa ce fleuve, battit l'armée napolitaine, et entra dans Naples le 12 mai. Le roi n'ayant pas pu se jeter de sa personne dans la place forte de Gaëte, s'embarqua sur un bâtiment marchand, et débarqua en Provence, où il demeura pour attendre sa famille et recueillir ses partisans. De son côté, la reine avait capitulé avec un commodore anglais, qui, suivant l'usage constant des alliés dans cette guerre, foula aux pieds la capitulation comme à Dantzick et à Dresde; au lieu de transporter cette princesse en France, il la transporta à Trieste. Dans les premiers jours d'avril, le prince Lucien ayant dans sa voiture un chargé d'affaires du pape, arriva à Fontainebleau incognito; c'est par lui qu'on apprit à Paris la première nouvelle de l'invasion du roi de Naples. Le pape écrivait de Gênes à l'empereur, que, s'il ne lui garantissait pas la possession de Rome, il allait se réfugier en Espagne. Le chargé d'affaires du saint Siége fut reçu aux Tuileries; il repartit, emportant les assurances les plus favorables au saint Père. L'empereur lui garantissait tout ce qui lui était assuré par le traité de Paris, lui faisant connaître qu'il blâmait la conduite du roi de Naples comme contraire à sa politique.

IV. On reçut à Vienne, le 8 mars, la nouvelle du débarquement de l'empereur en France; le congrès n'était pas dissous. Le 13 et le 25 mars, les ministres des puissances signèrent des actes sans exemple dans l'histoire; ils croyaient l'empereur perdu. Il sera, disaient-ils, promptement repoussé et défait par les fidèles sujets de Louis XVIII. Lorsque depuis ils apprirent que les Bourbons, sans opposer de résistance, n'avaient pu tenir au nord, au midi, à l'ouest, à l'est, et que la France tout entière s'était déclarée pour son ancien souverain; l'amour-propre des alliés était compromis, et cependant il y eut de l'hésitation! Mais lorsque la cour de Vienne fut instruite des sentimens du roi de Naples, et peu après de sa marche hostile, elle ne mit pas en doute qu'il n'agît par les ordres de Napoléon, et qu'ainsi ce prince, constant et inébranlable dans son système politique, ne fût encore ce qu'il était à Châtillon, ne voulant de la couronne de France qu'avec la Belgique, le Rhin, et peut-être même la Couronne de fer. Elle n'hésita plus. Les ministres signèrent un traité contre la France, par lequel les quatre puissances principales s'engageaient à fournir chacune cent cinquante mille hommes. Les ratifications furent échangées le 25 avril, et l'on calcula qu'un million d'hommes de toutes les nations de l'Europe serait réuni à la fin de juillet sur les frontières françaises. La Suède et le Portugal refusèrent seuls de fournir leur contingent. La paix entre l'Angleterre et les Etats-Unis d'Amérique avait été conclue à Gand, et ratifiée à la fin de février. Les troupes anglaises, devenues inutiles au Canada, s'embarquaient pour retourner en Europe. Le duc de Wellington avait son quartier-général à Bruxelles, et le prince Blücher le sien à Liége, au 15 avril. Sur la Tamise, le Danube, le Sprée, la Néva, le Tage, tout retentit de guerre.

La frégate française *la Melpomène*, se trouvant sur les côtes de Naples, fut prise par le vaisseau anglais *le Rivoli*; mais quelques jours après, des ordres arrivèrent de Londres au commodore dans la Méditerranée, de respecter le pavillon français, la guerre n'étant pas déclarée. Les bâtimens français naviguèrent dès lors librement. Une frégate française ramena, de Naples en France, Madame. Ces ordres du gouvernement anglais tenaient à l'indécision des souverains à Vienne, et à l'intérêt qu'avait la cour de Londres de gagner du temps, parce que ses armées en Belgique n'étaient point en mesure de défendre ce pays; que même l'amirauté, éprouvant de grandes difficultés à armer ses vaisseaux, craignait que l'escadre française de Toulon ne fût équipée et ne prît la mer avant la sienne. Deux fois en proie aux plus étranges vertiges, le roi de Naples fut deux fois la cause de nos malheurs; en 1814, en se déclarant contre la France, et en 1815 en se déclarant contre l'Autriche.

CHAPITRE II.

ÉTAT MILITAIRE DE LA FRANCE.

I. Situation de l'armée au 1er mars 1815. — II. Organisation d'une armée de huit cent mille hommes. — III. Armement, habillement, remontes, finances. — IV. Situation de l'armée au 1er juin 1815. — V. Paris. — VI. Lyon.

I. Dans les six derniers mois de 1814, l'armée française avait reçu une nouvelle organisation; en mars 1815, elle se composait de cent cinq régimens d'infanterie dont trois aux colonies; quatre régimens suisses, quatre régimens d'infanterie de l'ancienne garde, sous la dénomination de grenadiers et chasseurs de France; cinquante-sept régimens de cavalerie de la ligne; quatre régimens de cavalerie de l'ancienne garde, sous la dénomition de grenadiers, dragons, chasseurs et lanciers de France; huit bataillons du train, deux bataillons de pontonniers, trois régimens de sapeurs-mineurs, ouvriers, dits troupes du génie. Les régimens d'infanterie étaient de deux bataillons, six seulement étaient à trois. L'effectif de chaque régiment était, l'un portant l'autre, de neuf cents hommes, dont six cents disponibles pour la guerre. La cavalerie avait un effectif de vingt-cinq mille hommes, et seize mille chevaux; elle pouvait fournir au plus onze mille chevaux pour entrer en campagne. Les bataillons du train d'artillerie étaient formés de cadres; ils avaient deux mille chevaux aux dépôts, et six mille en subsistance chez les paysans. L'effectif général était de cent quarante-neuf mille hommes, pouvant mettre en campagne une armée de quatre-vingt-treize mille hommes présens sous les armes (*Voyez le tableau* A), force à peine suffisante pour garder les places fortes et les principaux établissemens maritimes; car toutes les flottes étaient désarmées, les équipages congédiés, si ce n'est un vaisseau et trois frégates à Toulon, et deux frégates à Rochefort. Les seules troupes qu'eût sur pied la marine, étant huit bataillons de canonniers, il fallait que l'armée de terre pourvût à la défense de Cherbourg, de Brest, de Lorient, de Rochefort, de Toulon. Le matériel de l'artillerie, malgré les pertes éprouvées par la cession des équipages de campagne renfermés dans les places d'Anvers, Wesel, Mayence, Alexandrie, pouvait fournir aux besoins des plus grandes armées, et réparer les pertes qu'elles pourraient faire pendant plusieurs campagnes. Il y avait dans les magasins cent cinquante mille fusils neufs, trois cent mille fusils à réparer ou en pièces de rechange, outre ceux dans les mains de l'armée. Cela était très-insuffisant. Toutes les places fortes étaient désarmées; les palissades et les approvisionnemens de siége avaient été vendus, mais le matériel de l'artillerie pouvait suffire à leur armement.

II. Huit cent mille hommes étaient jugés nécessaires pour combattre l'Europe à forces égales. Les premiers soins se portèrent sur la moral de l'armée. On restitua aux régimens les numéros qu'ils portaient depuis 1794; ils avaient été illustrés dans vingt-cinq campagnes et mille combats! On créa les cadres des 3e, 4e, 5e bataillons des régimens d'infanterie, des 4e et 5e escadrons des régimens de cavalerie, ceux de trente bataillons du train d'artillerie, de vingt régimens de jeune garde, de dix bataillons d'équipages militaires, et de vingt régimens de marine, ce qui donna de l'emploi à tous les officiers à demi-solde de toutes les armes de terre et de mer. On requit deux cents bataillons de garde nationale d'élite, chaque bataillon composé de deux compagnies de grenadiers et deux de voltigeurs, et fort de 560 hommes. On rappela sous les drapeaux tous les anciens militaires : il n'y eut pas besoin de loi coërcitive pour les contraindre à obéir; ils accoururent en chantant; laboureurs, artisans, manufacturiers, etc., tous quittèrent leur travail à la fin de la semaine, endossèrent leur vieil uniforme, et rejoignirent leurs anciens régimens. Cet appel devait produire deux cent mille hommes; il n'en rendit que cent trente mille à l'armée de ligne, parce qu'un grand nombre s'enrôlèrent dans les deux cents bataillons d'élite de garde nationale, que d'autres entrèrent comme

ils fournirent par jour quinze cents fusils, en juin trois mille, et ils devaient en fournir quatre mille à commencer du 1er juillet. Il y eut dans la capitale plus d'activité qu'en 1793, mais avec cette différence que tout était alors gaspillage, anarchie et désordre ; les armes que fabriquaient les ateliers révolutionnaires étaient défectueuses, d'un mauvais service ; mais en 1815, tout fut conduit avec la plus grande économie, par les principes d'une bonne administration ; et toutes les armes qui en sortirent étaient conformes aux règles de l'art. Ce service important se trouva assuré. (*Voy. le tableau* C.)

Les manufactures de draps propres à l'habillement des troupes étaient nombreuses en 1812 et 1813 ; elles pouvaient fournir à tous les besoins des armées ; mais en 1814 elles furent entièrement abandonnées. Le ministre de la guerre ne fit aucune commande ; il n'avait fait donner aucun effet d'habillement aux corps, si ce n'est aux six régimens qui portaient le nom du Roi ou des Princes. Dès le mois d'avril, le trésor avança plusieurs millions aux fabricans de draps, qui mirent en un mois leurs manufactures en activité. L'habillement de huit cent mille hommes était une affaire bien considérable ; il eût été impossible d'y pourvoir à temps. Le ministre adopta la mesure de prescrire aux gardes nationales sédentaires, par un des articles de la loi qui ordonnerait la levée des deux cent cinquante mille hommes, de fournir cent mille habits et équipemens pour l'armée active.

Les fournisseurs avaient livré vingt mille chevaux de cavalerie avant le 1er juin, dix mille chevaux tout dressés avaient été fournis par la gendarmerie qui avait été démontée; le prix en fut payé comptant aux gendarmes qui dans huit jours se remontèrent en achetant des chevaux de leur choix. On avait le projet de prendre de nouveau moitié de ces chevaux dans le courant de juillet; on avait des marchés passés pour quatorze mille autres. On avait donc au 1er juin quarante-six mille chevaux de cavalerie aux dépôts ou en ligne, et on en aurait eu soixante-six mille à la fin de juillet. Cinq mille chevaux d'artillerie étaient rentrés de chez les paysans. Des marchés pour quinze mille chevaux avaient été passés avec les fournisseurs; douze mille étaient livrés au 1er juin; il n'y avait donc à cette époque que dix-huit mille chevaux d'artillerie.

La facilité avec laquelle le ministre des finances, le duc de Gaëte, et le ministre du trésor, le comte Mollien, pourvoyaient à ces énormes dépenses, était l'objet de l'étonnement général. Tous les services ne pouvaient se faire qu'argent comptant; la plupart des fournisseurs et entrepreneurs voulaient même des avances. Cependant la dette publique et les pensions étaient servies avec la plus grande exactitude; toutes les dépenses de l'intérieur, loin d'être diminuées, étaient augmentées; le grand système remplaçans dans la levée de la conscription de 1815. La conscription de 1815 fut rappelée ; elle devait donner cent quarante mille hommes, mais elle n'en avait encore rendu que quatre-vingt mille à la fin de mai. L'insurrection de la Vendée fit éprouver un déficit. D'ailleurs, dans plusieurs départemens, les jeunes gens de cette conscription avaient été appelés en 1814, et ils préférèrent rejoindre leurs drapeaux à titre d'anciens soldats. Les vingt régimens du marine furent formés avec trente mille matelots des anciennes escadres d'Anvers, de Brest, de Rochefort, de Toulon ; les officiers de marine et les contre-maitres formèrent les cadres. Un appel de deux cent cinquante mille hommes devait être proposé aux chambres dans le courant de juillet ; la levée eût été terminée en septembre. Le nombre des officiers, sous-officiers et soldats en retraite ou en réforme s'élevait à plus de cent mille ; trente mille étaient en état de servir dans les places fortes ; ils s'empressèrent de répondre à l'appel que leur fit le ministre de la guerre, le maréchal prince d'Eckmühl ; leur expérience, leur bon esprit, furent fort utiles pour diriger les nouvelles levées et assurer la conservation des places fortes. (*Voyez le tableau* B.)

III. L'objet le plus important était les armes à feu. Les magasins étaient fournis d'une quantité suffisante de sabres. L'artillerie prit plusieurs mesures pour doubler l'activité des anciennes manufactures : 1° elle exempta les ouvriers du service citoyens inconnus s'approchaient de l'empereur, et lui remettaient des paquets de billets de banque; plusieurs fois, à sa rentrée dans les appartemens, il remit au ministre du trésor quatre-vingt ou cent mille francs qu'il avait reçus ainsi. Cela ne pouvait produire des sommes bien considérables; mais nous les citons comme un témoignage de l'élan national.

Ainsi, au 1er octobre, la France aurait eu un état militaire de huit à neuf cent mille hommes complétement organisés, armés et habillés. Le problème de son indépendance consistait désormais à pouvoir éloigner les hostilités jusqu'au 1er octobre. Les mois de mai, juin, juillet, août et septembre, étaient nécessaires; mais ils suffisaient. A cette époque, les frontières de l'empire eussent été des frontières d'airain, qu'aucune pussance humaine n'eût pu franchir impunément. (*Voyez le tableau* B.)

IV. Au 1er juin, l'effectif des troupes françaises sous les armes était de cinq cent cinquante-neuf mille hommes. (*Voy. les tableaux* D. et E.) Ainsi, en deux mois, le ministère de la guerre avait levé quatre cent quatorze mille hommes, près de sept mille par jour. Sur ce nombre, l'effectif de l'armée de ligne s'élevait à trois cent soixante-trois mille hommes; celui de l'armée extraordinaire à cent quatre-vingt-seize mille hommes. Sur l'effectif de l'armée de ligne, deux cent dix-sept mille hommes étaient présens sous les armes, habillés, armés et instruits, disponibles pour entrer en campagne. Ils furent formés en sept corps d'armée, quatre corps de réserve de cavalerie, quatre corps d'observation, et l'armée de la Vendée, répartis le long des frontières, les couvrant toutes; mais les principales forces cantonnées à portée de Paris et de la frontière de Flandre. Le 1er juin, toutes les troupes quittèrent les places fortes, et en abandonnèrent la garde à l'armée extraordinaire. Le 1er corps, commandé par le comte d'Erlon, prit ses cantonnemens dans les environs de Lille; il se composait de quatre divisions d'infanterie, chacune d'elles forte de quatre régimens; d'une division de cavalerie légère de quatre régimens, et de six batteries d'artillerie. Le 2e corps, commandé par le comte Reille, fut cantonné autour de Valenciennes; il était composé de même que le 1er corps, mais un peu plus fort, quelques régimens ayant trois bataillons. Le 3e corps, commandé par le comte Vandamme, fut réuni dans les environs de Mézières; il avait trois divisions d'infanterie, une de cavalerie, et cinq batteries. Le 4e corps, commandé par le comte Gérard, était dans les environs de Metz; il avait trois divisions d'infanterie, une division de cavalerie légère et cinq batteries. Un de ses régimens d'infanterie était détaché dans la Vendée. Le 5e corps, commandé par le comte Rapp, était en Alsace; il avait trois divisions d'infanterie, une division de cavalerie légère, et six batteries. Le 6e corps, commandé par le comte de

Lobau, était rassemblé à Laon; il était composé de trois divisions d'infanterie, une de cavalerie légère, et six batteries; mais chacune de ces divisions d'infanterie avait un régiment détaché dans la Vendée. Le 7e corps, commandé par le maréchal Suchet, était à Chambéry; il était composé de deux divisions d'infanterie de ligne, de quatre régimens chacune, de deux divisions de garde nationale d'élite de huit bataillons chaque, d'une division de cavalerie légère et de six batteries. Le 1er corps d'observation, dit du Jura, commandé par le général Lecourbe, était fort d'une division d'infanterie de trois régimens, de deux divisions de garde nationale d'élite de huit bataillons chacune, d'une division de cavalerie légère et de cinq batteries. Le 2e corps d'observation, dit du Var, commandé par le maréchal Brune, se composait d'une division d'infanterie, forte de trois régimens dont deux à trois bataillons, d'un régiment de cavalerie et de trois batteries. Ces régimens d'infanterie étaient venus de la 23e division militaire, où ils avaient été remplacés par des bataillons de volontaires corses. Le 3e corps d'observation, ou des Pyrénées-Orientales, commandé par le général Decaen, était rassemblé à Toulouse; il se composait d'une division d'infanterie de trois régimens, d'un régiment de cavalerie, de seize bataillons de garde nationale d'élite et de trois batteries. Le 4e corps d'observation, commandé par le général Clausel, était à Bordeaux ; sa composition était la même. Ces deux derniers corps s'étaient affaiblis chacun d'un régiment d'infanterie envoyé dans la Vendée. La Vendée, après avoir arboré l'aigle impériale pendant avril, s'était insurgée en mai ; le général Lamarque y commandait en chef l'armée impériale, qui se composait de huit régimens de ligne, de deux régimens de jeune garde, de deux régimens de cavalerie, de dix escadrons de gendarmerie, chacun de quatre cents hommes ; de douze bataillons ou détachemens de ligne destinés au corps d'armée, et qui avaient été retenus dans la Vendée, vu l'urgence des circonstances. Les quatre corps de réserve de cavalerie, sous le commandement du maréchal Grouchy, étaient tous cantonnés entre l'Aisne et la Sambre ; chaque corps de cavalerie avait deux batteries d'artillerie légère et deux divisions, chaque division de trois régimens. Le 1er corps, composé de cavalerie légère, était commandé par le comte Pajol. Le 2e corps, composé de dragons, était sous les ordres du comte Excelmans. Le 3e corps, formé de cuirassiers, était commandé par le comte Milhaud ; et le 4e corps, également formé de cuirassiers, était sous les ordres du comte Kellermann. La garde impériale était composée de quatre régimens de jeune garde, quatre de moyenne garde, quatre de vieille garde, de quatre régimens de cavalerie et de quatre-vingt-seize bouches à feu. (*Voyez le tableau* F.) Les régimens n'avaient en général, dans les corps d'armée, que deux bataillons; les bataillons étant de six cents hommes présens sous les armes, il leur en manquait deux cent quarante pour leur complet. Ce supplément d'hommes était en route et eût joint avant le 1er juillet. Les 3e, 4e et 5e bataillons et les dépôts furent mis en marche de tous les points de la France pour se réunir à Paris, à Lyon, et dans l'Ouest. L'artillerie préparait un nouvel équipage de cinq cents bouches à feu de campagne, personnel, matériel, attelage et double approvionnement. Les deux cents bataillons d'élite de garde nationale, formant un effectif de cent douze mille hommes, étaient entièrement levés. Cent cinquante bataillons faisant quatre-vingt-cinq mille hommes tenaient garnison dans les quatre-vingt-dix places ou forts sur les frontières de l'empire. Quarante-huit bataillons, formant vingt-six mille hommes, étaient réunis, comme il a été dit : seize avec le 1er corps d'observation, celui du Jura; seize avec le 7e corps; seize formant une réserve sur la Loire. Le comte Dumas avait porté la plus grande activité dans la levée de ces troupes, et dans cette circonstance il a bien mérité de la France. Indépendamment de ces deux cents bataillons de grenadiers et chasseurs d'élite, on leva dans le courant de mai quarante-huit bataillons de garde nationale dans le Languedoc, la Gascogne et le Dauphiné; ceux du Dauphiné furent en juin en Provence ; ceux du Languedoc portèrent à quinze mille hommes le 3e corps d'observation ; ceux de la Gascogne portèrent à la même force le 4e corps d'observation, ce qui complétait la défense des Pyrénées. On n'a point compris ces quarante-huit bataillons dans la situation au 1er juin, parce que à cette époque ils n'avaient point encore quitté le chef-lieu de leurs départemens, et que leur organisation n'était pas complétée ; mais à la fin de juin ils étaient rendus à leur destination respective. Des trente mille officiers, sous-officiers et soldats tirés de la retraite, vingt mille hommes augmentaient les garnisons des places fortes, et dix mille tenaient garnison à Marseille, à Bordeaux et autres villes où leur présence était utile pour électriser l'esprit public et surveiller les malveillans. Les quatre-vingt-dix places fortes étaient armées, palissadées, approvisionnées et commandées par des officiers expérimentés.

La première ligne des frontières du nord, savoir :

Calais, Dunkerque, Saint-Omer, Lille, Condé, Maubeuge, Philippeville, étaient approvisionnés pour six mois, et avaient des garnisons complètes en nombre d'hommes, mais non habillées et instruites ; c'étaient les gardes nationales d'élite qui se formaient.

La deuxième ligne, savoir :

Ardres, Aire, Béthune, Douai, Valenciennes, le Quesnoy, Avesnes, Rocroy, étaient approvisionnés pour quatre mois, et avaient la moitié de leurs garnisons.

Là troisième ligne, savoir :

Montreuil, Hesdin, Arras, Bouchain, Landrecies, Bapaume, Cambrai, Abbeville, château d'Amiens, Péronne, château de Ham, Laon, étaient approvisionnés pour trois mois, et avaient le quart de leurs garnisons.

Sur la frontière de la Moselle, la première ligne, savoir :

Charlemont, Mézières, château de Sédan, château de Bouillon, Longwy, Thionville, Sarre-Louis, Bitche, étaient approvisionnés pour quatre mois, et avaient leurs garnisons complètes.

La deuxième ligne, savoir :

Verdun, Metz, Phalsbourg, Toul, étaient approvisionnés pour quatre mois, et avaient la moitié de leurs garnisons.

Sur la frontière de l'Alsace, savoir :

Landau, Lauterbourg, Haguenau, Strasbourg, Schelestat, Neubrisach, Huningue, étaient approvisionnés pour six mois, et avaient leurs garnisons complètes.

Sur la frontière de la Suisse, savoir :

Béfort, Besançon, Fort l'Ecluse, Auxonne, étaient approvisionnés pour quatre mois, et avaient des garnisons.

Sur la frontière des Alpes, savoir :

Le fort Barraux, Briançon, Mont-Dauphin,

Colmar, Entrevaux, Antibes, étaient approvisionnés par quatre mois, et avaient leurs garnisons.

Sur la frontière de la Méditerranée :

Les forts de Sainte-Marguerite, le château de Saint-Tropez, le fort de Brigançon, les forts des îles d'Hyères, Toulon, le fort de Bouc, Aigues-Mortes, Cette, Collioure, avaient des garnisons suffisantes pour mettre ces places à l'abri d'un coup de main, et un commencement d'approvisionnement. Les batteries de côtes étaient réarmées; toutes les places de la frontière des Pyrénées, de Perpignan à Bayonne, de première et de seconde ligne, étaient armées, approvisionnées, et avaient des garnisons plus ou moins nombreuses. On avait peu d'inquiétudes de l'Espagne. Enfin toutes les frontières de l'Océan, Bayonne, le Château-Trompette, les forts de l'île d'Aix, de l'île d'Oleron, de l'île de Rhé, de la Rochelle, le château de Nantes, l'île Dieu, Belle-Isle, Brest, le fort Saint-Malo, Cherbourg, le Hâvre, le château de Dieppe, étaient armés, avaient des garnisons suffisantes pour être à l'abri d'un coup main, et un commencement d'approvisionnement. Les canonniers gardes-côtes étaient levés. Toutes les forces anglaises étant employées en Belgique ou en Amérique, on n'avait aucune inquiétude sérieuse du côté de la mer.

V. Si les hostilités, comme il était à craindre, commençaient avant l'automne, les armées de l'Europe conjurée seraient beaucoup plus nombreuses que les armées françaises, et ce serait alors sous Paris et sous Lyon que se déciderait le destin de l'empire. Ces deux grandes villes avaient été jadis fortifiées ainsi que toutes les capitales de l'Europe, et comme elles, elles avaient depuis cessé de l'être.

Cependant si en 1805 Vienne eût été fortifiée, la bataille d'Ulm n'eût pas décidé de l'issue de la guerre; le corps d'armée que commandait le général Kutusoff y aurait attendu les autres corps de l'armée russe, déjà arrivés à Olmutz, et l'armée du prince Charles arrivant d'Italie. En 1809, le prince Charles, qui avait été battu à Eckmülh, et obligé de faire sa retraite par la rive gauche du Danube, aurait eu le temps d'arriver à Vienne, et de s'y réunir avec le corps du général Hiller et l'armée de l'archiduc Jean.

Si Berlin avait été fortifié en 1806, l'armée battue à Jéna s'y fût ralliée, et l'armée russe l'y eût rejointe.

Si en 1808 Madrid avait été une place forte, l'armée française, après les victoires d'Espinosa, de Tudella, de Burgos et de Somnosiera, n'eût pas marché sur cette capitale, en laissant derrière Salamanque et Valladolid l'armée anglaise du général Moore, et l'armée espagnole de la Romana; ces deux armées anglo-espagnoles se fussent réunies sous les fortifications de Madrid à l'armée d'Aragon et de Valence.

En 1812 l'empereur Napoléon entra dans Moscou : si les Russes n'avaient pas pris le parti de brûler cette grande ville, parti inouï dans l'histoire et qu'eux seuls pouvaient exécuter, la prise de Moscou eût entraîné la soumission de la Russie; car le vainqueur eût trouvé dans cette grande ville 1° tout ce qui est nécessaire pour rétablir l'habillement et le matériel d'une armée ; 2° les farines, les légumes, les vins et les eaux-de-vie, et tout ce qu'il faut pour la subsistance d'une grande armée ; 3° des chevaux pour remonter la cavalerie ; et enfin l'appui de trente mille affranchis, fils d'affranchis ou esclaves jouissant d'une grande fortune, fort impatiens du joug de la noblesse, lesquels eussent communiqué des idées de liberté et d'indépendance aux esclaves : perspective effrayante qui eût conseillé au czar de faire la paix ; d'autant plus que le vainqueur avait des intentions modérées. L'incendie détruisit tous les magasins, dispersa la population ; les marchands et le tiers-état furent ruinés, et cette grande ville ne fut plus qu'un cloaque de désordre, d'anarchie et de crimes. Si elle eût été fortifiée, Kutusoff eût campé sur ses remparts, et l'investissement en eût été impossible.

Constantinople, ville beaucoup plus grande qu'aucune de nos capitales modernes, n'a dû son salut qu'à ses fortifications ; sans elles, l'empire de Constantin eût été terminé en 700, et n'eût duré que trois cents ans ; les heureux Mussen y auraient dès lors planté l'étendard du prophète : ils le firent en 1440, environ huit cents ans après. Cette capitale dut à ses murailles huit cents ans d'existence. Dans cet intervalle, assiégée cinquante-trois fois, elle le fut cinquante-deux fois inutilement. Les Français et les Vénitiens la prirent, mais après une attaque très-vive.

Paris a dû, dix ou douze fois, son salut à ses murailles : 1° en 885 il eût été la proie des Normands ; ces barbares l'assiégèrent inutilement deux ans ; 2° en 1358 il fut assiégé inutilement par le dauphin, et si quelques années après les habitans lui en ouvrirent les portes, ce fut de plein gré ; 3° en 1359, Édouard, roi d'Anglerre, campa à Montrouge, porta le ravage jusqu'aux pieds de ses murailles, mais recula devant ses fortifications et se retira à Chartres ; 4° en 1429 le roi Henri V repoussa l'attaque de Charles VII ; 5° en 1464 le comte de Charolais cerna cette grande capitale : il échoua dans toutes ses attaques ; 6° en 1472 elle eût été prise par le duc de Bourgogne qui fut obligé de se contenter de ravager sa banlieue ; 7° en 1536, Charles-Quint, maître de la Champagne, porta son quartier-général à Meaux ; ses coureurs vinrent sous les remparts de la capitale, qui ne dut son salut qu'à ses murailles ; 8° et 9° en 1588 et 1589, Henri III et Henri IV échouèrent devant les fortifications de Paris ; et si plus tard les habitans ouvrirent leurs portes, ils les ouvrirent de plein gré, et en conséquence de l'abjuration de Saint-Denis ; 10° Enfin, en 1636, les fortifications de Paris en sauvèrent, pendant plusieurs années, les habitans. Si Paris eût été encore une place forte en 1814 et en 1815, capable de résister seulement huit jours, quelle influence cela n'aurait-il pas eu sur les événemens du monde!!!

Une grande capitale est la patrie de l'élite de la nation; tous les grands y ont leur domicile, leurs familles; c'est le centre de l'opinion, le dépôt de tout. C'est la plus grande des contradictions et des inconséquences que de laisser un point aussi important sans défense immédiate. Au retour de la campagne d'Austerlitz, l'empereur s'entretint souvent et fit rédiger plusieurs projets pour fortifier les hauteurs de Paris. La crainte d'inquiéter les habitans, les événemens qui se succédèrent avec une incroyable rapidité, l'empêchèrent de donner suite à ce projet. Comment, dira-t-on, vous prétendez fortifier des villes qui ont douze à quinze mille toises de pourtour? Il vous faudra quatre-vingts ou cent fronts, cinquante à soixante mille soldats de garnison, huit cents ou mille pièces d'artillerie en batterie. Mais soixante mille soldats sont une armée; ne vaut-il pas mieux l'employer en ligne? Cette objection est faite en général contre les grandes places fortes; mais elle est fausse en ce qu'elle confond un soldat avec un homme. Sans doute il faut, pour défendre une grande capitale, cinquante à soixante mille hommes, mais non cinquante à soixante mille soldats. Aux époques de malheurs et de grandes calamités, les états peuvent manquer de soldats, mais ne manquent jamais d'hommes pour leur défense intérieure. Cinquante mille hommes, dont deux à trois mille canonniers, défendront une capitale, interdiront l'entrée à une armée de trois à quatre cent mille hommes, tandis que ces cinquante mille hommes, en rase campagne, s'ils ne sont pas des soldats faits, et commandés par des officiers expérimentés, sont mis en désordre par une charge de trois mille hommes de cavalerie. D'ailleurs, toutes les grandes capitales sont susceptibles de couvrir une partie de leur enceinte par des inondations, parce qu'elles sont toutes situées sur de grands fleuves, que les fossés peuvent être remplis d'eau, soit par des moyens naturels, soit par des pompes à feu. Des places si considérables, qui contiennent des garnisons si nombreuses, ont un certain nombre de positions dominantes, sans la position desquelles il est impossible de se hasarder à entrer dans la ville.

Mais, quel que fût le plan de campagne que l'on adoptât en 1815, quelque soin qu'on portât à armer, approvisionner, et fournir de garnisons les quatre-vingt-dix places fortes des frontières de la France, si les ennemis commençaient les hostilités avant l'automne, Paris et Lyon étaient les deux points importans; tant qu'on les occuperait en force, la patrie ne serait pas perdue, ni obligée de se mettre à la discrétion des ennemis!!!

Le général du génie Haxo dirigea le système des fortifications de Paris. Il fit d'abord occuper les hauteurs de Montmartre, celles inférieures des Moulins, et le plateau depuis la butte Chaumont jusqu'aux hauteurs du Père Lachaise : quelques jours suffirent pour tracer ces ouvrages et leur donner une forme défensive. Il fit achever le canal de l'Ourcq qui, de Saint-Denis, va au bassin de la Villette. Les officiers des ponts et chaussées furent chargés de ce travail ; ils s'en acquittèrent avec ce zèle et ce patriotisme qui les distinguent ; les terres étaient jetées sur la rive gauche pour former un rempart. Ils construisirent, sur la rive droite, des demi-lunes couvrant les chaussées. La petite ville de Saint-Denis fut couverte par des inondations. Depuis les hauteurs du Père Lachaise jusqu'à la Seine, la droite était appuyée à des ouvrages établis à l'Etoile, sous le canon de Vincennes, et à des redoutes dans le parc de Bercy. Une caponnière de huit cents toises joignait la barrière du Trône à la redoute de l'Etoile. Cette caponnière se trouva toute construite ; la chaussée était élevée et revêtue par deux bonnes murailles. Ces ouvrages étaient entièrement terminés et armés de six cents pièces de canon au 1er juin. Le général Haxo avait tracé les ouvrages de la rive gauche de la Seine, depuis vis-à-vis de Bercy jusqu'à la barrière au-delà de l'Ecole-Militaire : il fallait quinze jours pour les terminer. Ce système de fortifications sur les deux rives se communiquait en suivant la rive droite de la Seine par Saint-Cloud, Neuilly et Saint-Denis. La ville ainsi couverte, on devait construire un fort enveloppant l'arc de triomphe de l'Etoile, appuyant sa droite aux batteries de Montmartre, et sa gauche à des ouvrages construits sur les hauteurs de la barrière de Passy, croisant leurs feux avec des ouvrages établis du côté de l'Ecole-Militaire sur l'autre rive; enfin, trois forts servant de réduits aux fronts de Belleville, situés sur l'extrême crête du côté de Paris, de manière que les troupes pussent s'y rallier, et empêcher l'ennemi, lorsqu'il aurait forcé l'enceinte, de découvrir Paris de ce côté. Dans un système de fortifications permanentes pour cette ville, il faudrait étendre les inondations sur toutes les parties basses, et occuper, par de petites places, la tête de pont de Charenton et celle de Neuilly, c'est-à-dire la hauteur du Calvaire, afin que l'armée pût manœuvrer sur les deux rives de la Marne et de la Seine. Les parcs d'artillerie, pour la rive droite et la rive gauche, furent séparés. Les calibres de 6, 12 et 18 furent adoptés pour la rive gauche; ceux de 4, 8, 16 et 24 pour la rive droite, afin d'éviter la confusion des calibres. Des généraux, des colonels, un grand nombre d'officiers d'artillerie, étaient uniquement attachés à la direction de ce service, ainsi que deux bataillons de canonniers de marine, venus des côtes de l'Océan, formant seize cents hommes, quatorze compagnies d'artillerie de ligne, formant quinze cents hommes, et vingt compagnies d'artillerie de garde nationale, des volontaires de l'école de Charenton, de l'école Polytechnique, des lycées, ce qui faisait cinq six mille canonniers exercés, pouvant facilement servir mille pièces de canon. Quatre cents pièces de 24, 18, 12 et 6 de fer étaient arrivées du Hâvre, provenant des arsenaux de la marine; elles étaient mises en batterie; six cents pièces de campagne en bronze avaient la même destination; vingt batteries de campagne attelées, formant quatre réserves de cinq batteries chacune, étaient disposées convenablement pour pouvoir se porter sur tous les points de la ligne, soit sur les retranchemens de Belleville, soit sur les bords de la Seine qui seraient menacés. Indépendamment de ces six mille canonniers, cinquante-cinq mille hommes suffisaient pour la garde de l'enceinte, et Paris offrait une ressource assurée de plus de cent mille hommes, sans affaiblir l'armée de ligne.

VI. Le général de division du génie Lery dirigea les travaux de Lyon; cette place, située au confluent de la Saône et du Rhône, est forte par sa position. Il construisit une tête de pont aux Breteaux, sur la rive gauche du Rhône, pour couvrir le pont Morand. Il couvrit le pont de la Guillotière par un tambour, et fit établir un pont-levis sur l'arche du milieu. Le faubourg de la Guillotière est hors de la défense de la ville, mais habité par une population pleine de patriotisme et de courage; il jugea devoir le couvrir par un système de redoutes qui permît de le défendre long-temps. L'ancienne enceinte, sur la rive droite de la Saône, passe sur le sommet des collines et sur Pierre-Encise; elle fut relevée ainsi que celle entre Saône et Rhône: la véritable attaque de Lyon est sur ses fronts entre les deux rivières. L'ingénieur occupa en avant trois positions par des forts de campagne, qui étaient flanqués par l'enceinte et qui se flanquaient entre eux. Cent cinquante pièces de canon de marine, venues de Toulon, et cent cinquante bouches à feu de campagne en bronze, furent mises en batterie. Le 25 juin tous ces ouvrages étaient élevés, palissadés, armés. Un bataillon de canonniers de marine, fort de six cents hommes; neuf compagnies d'artillerie de la ligne, formant mille hommes, et neuf cents canonniers tirés de la garde nationale, de l'école vétérinaire et des lycées, complétèrent le nombre des canonniers à deux mille cinq cents, ce qui était plus qu'il ne fallait pour le service des pièces. Un nombreux état-major d'artillerie y avait été attaché; des magasins considérables d'approvisionnemens y étaient formés; quinze à vingt mille hommes étaient suffisans pour défendre Lyon: on était assuré de trente mille hommes sans affaiblir l'armée de ligne.

CHAPITRE III.

PLAN DE CAMPAGNE.

I. L'armée française pouvait-elle commencer les hostilités le 1er avril ? — II. Des trois plans de campagne. Premier projet. Rester sur la défensive, attirer les armées ennemies sous Paris et Lyon. — III. Deuxième projet. Prendre l'offensive le 15 juin et envahir la Belgique. — IV. Troisième projet. Prendre l'offensive le 15 juin, et en cas de non succès, attirer les ennemis sous Paris et sous Lyon. L'empereur adopte ce plan d'opérations.

I. L'Empereur, la nuit même de son arrivée à Paris, ordonna au général Excelmans de suivre, à la tête de trois mille chevaux, la maison militaire du roi, la prendre, la dissoudre, ou la jeter promptement hors de la frontière. Mais cette maison militaire, composée d'élémens si hétérogènes, s'était dissoute d'elle-même. Les débris furent en partie cernés et désarmés à Béthune. L'autre partie parvint jusqu'à Neuve-Eglise, où le comte d'Artois lui signifia l'ordre de licenciement. Le général Excelmans s'empara de tous les chevaux, des magasins et des bagages de ce corps; les officiers et gardes, traqués par les paysans, jetaient leurs habits et se déguisaient sous toutes les formes pour se soustraire à l'indignation populaire. Quelques jours après le comte Reille se rendit en Flandre, avec douze mille hommes, pour renforcer les troupes du comte d'Erlon, qui tenaient garnison sur cette frontière. L'empereur délibéra alors si, avec ces trente-cinq à trente-six mille hommes, il commencerait le 1er avril les hostilités, en marchant sur Bruxelles, et ralliant l'armée belge sous ses drapeaux. Les armées anglaise et prussienne étaient faibles, disséminées, sans ordre, sans chefs et sans plan; partie des officiers étaient en sémestre; le duc de Wellington était à Vienne, le maréchal Blücher était à Berlin. L'armée française pouvait être, le 2 avril, à Bruxelles; mais 1° l'on nourrissait des espérances de paix; la France le voulait, et aurait hautement blâmé un mouvement offensif prématuré; 2° pour réunir trente-cinq à trente-six mille hommes, il eût fallu livrer à elles-mêmes les vingt-trois places fortes depuis Calais jusqu'à Philippeville, formant la triple ligne du nord. Si l'esprit public eût été aussi bon sur cette frontière que sur celles d'Alsace, des Vosges, des Ardennes ou des Alpes, cela eût été sans inconvénient; mais les esprits étaient divisés en Flandre; il était impossible d'abandonner les places fortes aux gardes nationales locales; il fallait un mois pour lever et y faire arriver, des départemens voisins, des bataillons d'élite de gardes nationales, pour remplacer les troupes de ligne; 3° enfin le duc d'Angoulême marchait sur Lyon, les Marseillais sur Grenoble. La première nouvelle du commencement des hostilités eût encouragé les mécontens; il était essentiel, avant tout, que les Bourbons eussent abandonné le territoire et que tous les Français fussent ralliés, ce qui n'eut lieu que le 20 avril. (*Voyez les pièces à la suite de l'ouvrage.*)

II. Dans le courant de mai, lorsque la France fut pacifiée, et qu'il ne resta plus d'espoir de conserver la paix extérieure, les armées des diverses puissances étant en marche sur les frontières de la France, l'empereur médita sur le plan de campagne qu'il avait à suivre. Il s'en présentait trois : le premier, de rester sur la défensive, laissant les alliés prendre sur eux tout l'odieux de l'agression et s'engager dans nos places fortes, pénétrer sous Paris et Lyon, et là commencer sur ces deux bases une guerre vive et décisive. Ce projet avait bien des avantages : 1° les alliés ne pouvant être prêts à entrer en campagne que le 15 juillet, ils n'arriveraient devant Paris et Lyon que le 15 août. Les 1er, 2e, 3e, 4e, 5e et 6e corps, les quatre corps de grosse cavalerie et la garde se concentreraient sous Paris; ces corps avaient, au 15 juin, cent quarante mille hommes sous les armes; le 15 août, ils en auraient eu deux cent quarante mille. Le 1er corps d'observation ou du Jura, et le 7e corps, se concentreraient sous Lyon; ils avaient, au 15 juin, vingt-cinq mille hommes sous les armes; ils en auraient, au 15 août, soixante mille. 2° Les fortifications de Paris et de Lyon seraient terminées et perfectionnées au 15 août. 3° A cette époque, l'on aurait eu le temps de compléter l'organisation et l'armement des forces destinées à la défense de Paris et de Lyon; de réduire la garde nationale de Paris à huit mille hommes, et de quatrupler les tirailleurs de cette capitale en les portant à soixante mille hommes. Ces bataillons de tirailleurs ayant des officiers de la ligne, seraient d'un bon service; ce qui, joint à six mille canonniers de la ligne, de la marine, de la garde nationale, et à quarante mille hommes des dépôts de soixante-dix régimens d'infanterie et de la garde non habillés, appartenant aux corps de l'armée sous Paris, porterait à cent seize mille hommes la force destinée à la garde du camp retranché de Paris. A Lyon, la garnison se composerait de quatre mille gardes nationaux, douze mille tirailleurs, deux mille canonniers et sept mille hommes des dépôts des onze régimens d'infanterie de l'armée sous Lyon. Total, vingt-cinq mille hommes. 4° Les armées ennemies qui pénétreraient sur Paris par le nord et par l'est, seraient obligées de laisser cent cinquante mille hommes devant les quarante-deux places fortes de ces deux frontières. En évaluant à six cent mille hommes la force de ces armées ennemies, elles seraient réduites à quatre cent cinquante mille hommes à leur arrivée devant

Paris. Les armées alliées qui pénétreraient sur Lyon seraient obligées d'observer les dix places de la frontière du Jura et des Alpes; en les supposant de cent cinquante mille hommes, il en arriverait à peine cent mille devant Lyon. 5° Cependant la crise nationale, arrivée à son comble, porterait une grande énergie en Normandie, en Bretagne, en Auvergne, en Berry, etc. De nombreux bataillons arriveraient tous les jours sous Paris. Tout irait en augmentant du côté de la France, en diminuant du côté des alliés. 6° Deux cent quarante mille hommes dans les mains de l'empereur, manœuvrant sur les deux rives de la Seine et de la Marne, sous la protection du vaste camp retranché de Paris, gardé par cent seize mille hommes de troupes non mobiles, sortiraient vainqueurs de quatre cent cinquante mille ennemis. Soixante mille hommes, commandés par le maréchal Suchet, manœuvrant sur les deux rives du Rhône et de la Saône, sous la protection de Lyon, gardé par vingt-cinq mille hommes non mobiles, viendraient à bout de l'armée ennemie; la cause sainte de la patrie triompherait!

III. Le second plan était de prévenir les alliés, et de commencer les hostilités avant qu'ils pussent être prêts. Or, les alliés ne pouvaient commencer les hostilités que le 15 juillet; il fallait donc entrer en campagne le 15 juin, battre l'armée anglo-hollandaise et l'armée prusso-saxonne qui étaient en

Belgique, avant que les armées russe, autrichienne, bavaroise, wurtembergeoise, etc., fussent arrivées sur le Rhin. Au 15 juin on pouvait réunir une armée de cent quarante mille hommes en Flandre, en laissant un rideau sur toutes les frontières et de bonnes garnisons dans toutes les places fortes. 1° Si l'on battait l'armée anglo-hollandaise et l'armée prusso-saxonne, la Belgique se soulèverait, et son armée recruterait l'armée française. 2° La défaite de l'armée anglaise entraînerait la chute du ministère anglais, qui serait remplacé par des amis de la paix, de la liberté et de l'indépendance des nations. Cette seule circonstance terminerait la guerre. 3° S'il en était autrement, l'armée victorieuse en Belgique, renforcée du 5ᵉ corps qui restait en Alsace, et des renforts que fourniraient les dépôts pendant juin et juillet, se porterait sur les Vosges contre l'armée russe et autrichienne. 4° Les avantages de ce projet étaient nombreux : il était conforme au génie de la nation, à l'esprit et aux principes de cette guerre; il remédiait au terrible inconvénient attaché au premier projet, d'abandonner la Flandre, la Picardie, l'Artois, l'Alsace, la Lorraine, la Champagne, la Bourgogne, la Franche-Comté, le Dauphiné, sans tirer un coup de fusil. Mais pouvait-on, avec une armée de cent quarante mille hommes, battre les deux armées qui couvraient la Belgique; savoir : l'armée anglo-hollandaise, composée de cent quatre mille hommes sous les armes (1) (*Voyez l'état* H.)? la seconde, l'armée prusso-saxonne, de cent vingt mille hommes, c'est-à-dire deux cent vingt-quatre mille hommes. L'on ne devait pas évaluer la force de ces armées par le rapport des nombres de deux cent vingt-quatre mille à cent quarante mille, parce que l'armée des alliés était composée de troupes plus ou moins bonnes, qu'un Anglais pouvait être compté pour un Français, deux Hollandais, Prussiens ou hommes de la confédération, pour un Français. Les armées ennemies étaient cantonnées sous le commandement de deux généraux différens, et formées de nations divisées d'intérêts et de sentimens.

IV. Le mois de mai se passa dans ces méditations. L'insurrection de la Vendée affaiblit de vingt mille hommes l'armée de Flandre, et la réduisit à cent vingt mille hommes. Ce fut un événement bien funeste, et qui diminua les chances de succès; mais la guerre de la Vendée pouvait s'étendre; les alliés, maîtres de plusieurs provinces, pourraient rallier des partisans aux Bourbons; la marche de l'ennemi sous Paris et sous Lyon leur serait favorable. D'un autre côté la Belgique, les quatre départemens du Rhin, tendaient les bras, appelaient à grands cris leur libérateur, et l'on avait des intel-

(1) Non compris les quatorze régimens anglais débarqués à Ostende, venant d'Amérique, ou tenant garnison dans les places fortes de la Belgique.

ligences dans l'armée belge, ce qui décida l'empereur à adopter un troisième parti, qui consistait à attaquer, le 15 juin, les armées anglo-hollandaise et prusso-saxonne, les séparer, les battre, et, s'il échouait, reployer son armée sous Paris et Lyon. Sans doute qu'après avoir échoué dans l'attaque de la Belgique, les armées arriveraient affaiblies sous Paris; que l'on perdrait l'occasion de réduire la garde nationale de la capitale à huit mille hommes, de trente-six mille qu'elle était, pour porter à soixante mille les tirailleurs, parce que cette opération ne pouvait se faire dans l'absence de Napoléon et pendant la guerre. Il est vrai de dire aussi que les alliés, qui, si on les attendait, ne commenceraient les hostilités que le 15 juillet, seraient en mesure le 1er juillet, s'ils étaient provoqués dès le 15 juin; que leur marche sur Paris serait aussi plus rapide après une victoire, et que l'armée de Flandre, réduite à cent vingt mille, était inférieure de quatre-vingt-dix mille hommes à celles du maréchal Blücher et du duc de Wellington. Mais, en 1814, la France avait, avec quarante mille hommes présens sous les armes, fait face à l'armée commandée par le maréchal Blücher, et à celle commandée par le prince de Schwartzenberg, où se trouvaient les deux empereurs et le roi de Prusse. Ces armées, réunies, étaient fortes de deux cent cinquante mille hommes; elles les avaient battues souvent! A la bataille de Montmirail, les corps de Sacken, d'Yorck et de Kleist étaient de quarante mille hommes; ils furent attaqués, battus et jetés au-delà de la Marne par seize mille Français, savoir : la garde à pied et à cheval, la division Ricard, de onze cent cinquante hommes, et une division de cuirassiers; dans le temps que le maréchal Blücher, avec vingt mille hommes, était contenu par le corps de Marmont, de quatre mille hommes; que l'armée de Schwartzenberg, de cent mille hommes, l'était par les corps de Macdonald, d'Oudinot et de Gérard, formant en tout moins de dix-huit mille hommes.

Le duc de Dalmatie fut nommé major-général de l'armée; il donna le 2 juin l'ordre du jour suivant (1), et immédiatement après partit de Paris pour visiter les places de Flandre et l'armée.

« La plus auguste cérémonie vient de consacrer » nos institutions. L'empereur a reçu des manda- » taires du peuple et des députations de tous les » corps de l'armée l'expression des vœux de la » nation entière sur l'acte additionnel aux con- » stitutions de l'empire, qui avait été envoyé à son » acceptation, et un nouveau serment unit la » France et l'empereur. Ainsi les destinées s'ac- » complissent, et tous les efforts d'une ligue impie » ne pourront plus séparer les intérêts d'un grand » peuple du héros que les plus brillans triomphes » ont fait admirer de l'univers.

(1) Moniteur du 4 juin 1815.

» C'est au moment où la volonté nationale se » manifeste avec autant d'énergie, que des cris » de guerre se font entendre; c'est au moment où » la France est en paix avec toute l'Europe, que » des armées étrangères avancent sur nos fron- » tières : quel est l'espoir de cette nouvelle coali- » tion? veut-elle ôter la France du rang des na- » tions? veut-elle plonger dans la servitude vingt- » huit millions de Français? a-t-elle oublié que la » première ligue qui fut formée contre notre indé- » pendance servit à notre agrandissement et à » nôtre gloire? Cent victoires éclatantes que des » revers momentanés et des circonstances mal- » heureuses n'ont pu effacer, lui rappellent qu'une » nation libre, conduite par un grand homme, est » invincible.

» Tout est soldat en France, quand il s'agit de » l'honneur national et de la liberté : un intérêt » commun unit aujourd'hui tous les Français. Les » engagemens que la violence nous avait arrachés » sont détruits par la fuite des Bourbons du ter- » ritoire français, par l'appel qu'ils ont fait aux » armées étrangères pour remonter sur le trône » qu'ils ont abandonné, et par le vœu unanime » de la nation, qui, en reprenant le libre exercice » de ses droits, a solennellement désavoué tout ce » qui a été fait sans sa participation.

» Les Français ne peuvent recevoir des lois de » l'étranger; ceux mêmes qui sont allés y mendier

» un secours parricide ne tarderont pas à reconnaître et à éprouver, ainsi que leurs prédécesseurs, que le mépris et l'infamie suivent leurs pas, et qu'ils ne peuvent laver l'opprobre dont ils se couvrent, qu'en rentrant dans nos rangs.

» Mais une nouvelle carrière de gloire s'ouvre devant l'armée; l'histoire consacrera le souvenir des faits militaires qui auront illustré les défenseurs de la patrie et de l'honneur national. Les ennemis sont nombreux, dit-on; que nous importe? il sera plus glorieux de les vaincre, et leur défaite aura d'autant plus d'éclat. La lutte qui va s'engager n'est pas au-dessus du génie de Napoléon, ni au-dessus de nos forces. Ne voit-on pas tous les départemens, rivalisant d'enthousiasme et de dévouement, former, comme par enchantement, cinq cents superbes bataillons de gardes nationales, qui déjà sont venus doubler nos rangs, défendre nos places, et s'associer à la gloire de l'armée? C'est l'élan d'un peuple généreux qu'aucune puissance ne peut vaincre et que la postérité admirera. Aux armes!

» Bientôt le signal sera donné; que chacun soit à son devoir! du nombre des ennemis, nos phalanges victorieuses vont tirer un nouvel éclat. Soldats, Napoléon guide nos pas; nous combattons pour l'indépendance de notre belle patrie; nous sommes invincibles!

CHAPITRE IV.

OUVERTURE DE LA CAMPAGNE. JUIN 1815.

I. État et position de l'armée françoise le 14 juin au soir. — II. État et position des armées anglo-hollandaise et prusso-saxonne. — III. Manœuvres et combats de la journée du 15. — IV. Position des armées belligérantes dans la nuit du 15 au 16.

I. Le 4e corps, commandé par le comte Gérard (1), partit de Metz le 6 juin, passa la Meuse et arriva le 14 à Philippeville. Le comte Belliard prit le commandement de Metz et de la frontière de la Sarre; il eut soin de masquer le mouvement du 4e corps, en occupant la frontière par des détachemens des bataillons d'élite de garde nationale tirés des garnisons de Metz, Longwy, Sarre-Louis, etc., et par

(1) Le lieutenant-général comte Gérard commandait le 4e corps. Le lieutenant-général comte Girard commandait la 3e division du 2e corps. Pour éviter de la confusion, nous donnerons le titre de comte au général Gérard, et écrirons son nom en lettres majuscules. Nous donnerons le titre de général au général Girard, et écrirons son nom en caractères ordinaires.

les corps francs déjà habillés et organisés, levés dans ces départemens. La garde impériale quitta Paris le 8 juin et se porta sur Avesnes. Le 1er corps partit des environs de Lille, et le 2e corps de Valenciennes, pour se rendre entre Maubeuge et Avesnes. Les garnisons de toutes les places fortes, depuis Dunkerque, masquèrent ce mouvement en occupant les débouchés par de forts détachemens, de sorte qu'au moment où les cantonnemens[1] de cette frontière se centralisaient, les avant-postes étaient triplés, et l'ennemi trompé croyait que toute l'armée se réunissait sur la gauche. Le 6e corps partit de Laon, et se porta sur Avesnes; les quatre corps de réserve de cavalerie se concentrèrent sur la Sambre. L'empereur partit de Paris le 12 au matin, déjeuna à Soissons, coucha à Laon, donna ses derniers ordres pour l'armement de cette place; arriva le 13 à Avesnes. Le 14 au soir, l'armée campa sur trois directions : la gauche, forte de plus de quarante mille hommes, composée des 2e et 1er corps, sur la rive droite de la Sambre, à Ham-sur-Eure et à Solre-sur-Sambre. Le centre, de plus de soixante mille hommes, composé des 3e et 6e corps, de la garde impériale et des réserves de cavalerie, à Beaumont, où fut placé le quartier-général. La droite, de plus quinze mille hommes, formée du 4e corps et d'une division de cuirassiers, en avant de Philippeville. Les camps étaient établis derrière des monticules à une lieue de la frontière, de manière que les feux n'étaient pas aperçus de l'ennemi, qui effectivement n'en eut aucune connaissance. Le 14 au soir, les appels constatèrent que la force de l'armée était de cent vingt-deux mille quatre cents hommes, et de trois cent cinquante bouches à feu, savoir : (*Voyez* le tableau ci-joint, côté A.)

TABLEAU A.

Aile gauche sur la rive droite de le Sambre.		Centre à Beaumont.		Aile droite en avant de Philippeville.	
2e corps	19,800 infanterie. 1,400 cavalerie. 1,564 artill. gén. équip. (46 bouches à feu.)	5e corps.	13,200 infanterie. 1,400 cavalerie. 1,292 artill. gén. équip. (38 bouches à feu.)	4e corps	12,100 infanterie. 6,400 cavalerie. 1,292 artill. gén. équip. (38 bouches à feu.)
1r corps	17,600 infanterie. 1,400 cavalerie. 1,594 artill. gén. équip. (46 bouches à feu.)	6e corps.	9,960 infanterie. 1,400 cavalerie. 1,292 artill. gén. équip. (38 bouches à feu.)	Cavalerie détachée du 4e corps de la réserve de cavaler.	1,400 cavalerie. 150 artill. éq. (6 bouc. à feu.)
		Garde impériale.	12,000 infanterie. 4,000 cavalerie. 2,400 artill. gén. équip. (96 bouches à feu.)		
		Réserve de cavalerie — 1r corps	2,500 cavalerie. 300 artill. éq. (12 bouc. à feu.)		
		Réserve de cavalerie — 2e corps	2,500 cavaverie. 300 Artill. éq. (12 bouc. à feu.)		
		Réserve de cavalerie — 3e corps	3,300 cavalerie. 300 artill. éq. (12 bouc. à feu.)		
		Réserve de cavalerie — 4e corps	1,900 cavalerie. 150 artill. éq. (12 bouc. à feu.)		
		Grand parc, troupes d'artillerie, du génie et des équipages militaires.	5,900		
Force tot.	43,328 hommes.	Force totale. . .	63,734 hommes.	Force tot.	16,342 hommes.

	Infanterie.	Cavalerie.	Artill. gén. équip. milit.
Aile gauche. . .	37,400	2,800	3,128
Centre.	35,100	16,000	11,634
Aile droite . . .	12,100	2,800	1,442
Total par arme. .	84,600	21,600	16,204 (1)

Total général. . . 122,404 hommes et 350 bouches à feu.

(1) Les canonniers, les soldats du train d'artillerie, les pontonniers, les sapeurs, les mineurs, les soldats des équipages militaires, c'est-à-dire ceux qui portent les vivres, les ambulances, sont compris dans ce nombre, tout étant enrégimenté en France. Il n'y a que les palefreniers et postillons des officiers qui, n'étant pas gagés par l'État, n'y sont pas compris. Il y a quinze ans, les charretiers de l'artillerie, ceux des vivres, tous les transports militaires, les infirmiers, n'étaient point compris sur les états de situation, n'étant ni soldés ni habillés par l'État, mais par les entrepreneurs, ce qui formait un vingtième de différence dans les situations. Une armée qui, sur les états de situation d'aujourd'hui, est portée pour cent vingt mille hommes, n'aurait été portée sur les états de situation d'alors que pour cent quatorze mille. Les Anglais sont dans ce cas. Ainsi une armée anglaise qui serait portée à cent quatorze mille hommes sur les états de situation, serait effectivement de cent vingt mille. Dans cette armée, il y avait quarante-six hommes par bouche à feu de troupes d'artillerie ou de génie, compris les trains de ces deux armées et des équipages militaires, savoir : trente-quatre hommes par pièce sont avec les corps d'armée et douze avec le parc. L'état-major d'artillerie, l'état-major du génie, les canonniers qui servent les pièces, les soldats du train qui conduisent les pièces et les voitures d'artillerie, les sapeurs, les mineurs et ouvriers, et les deux compagnies d'équipages militaires attachées à chaque corps d'armée, sont compris dans le premier nombre. Les pontons, les équipages des ponts, les ouvriers du parc, les soldats du train attachés au double approvisionnement, aux caissons et aux autres voitures du parc, la réserve des sapeurs et des mineurs, les ouvriers du génie et les hommes des compagnies des équipages militaires de réserve, comptent dans le second nombre; de sorte que cette armée de cent vingt mille hommes n'était réellement que de cent quatorze mille combattans et trois cent cinquante bouches à feu.

Le 14 au soir, l'empereur parla à l'armée par l'ordre du jour suivant (1) : « Soldats, c'est aujourd'hui » l'anniversaire de Marengo et de Friedland, qui décida deux fois du destin de l'Europe. Alors, » comme après Austerlitz, comme après Wagram, » nous fûmes trop généreux ! nous crûmes aux protestations et aux sermens des princes que » nous laissâmes sur le trône ! Aujourd'hui cependant, coalisés entre eux, ils en veulent à » l'indépendance et aux droits les plus sacrés de la » France. Ils ont commencé la plus injuste des » agressions : marchons donc à leur rencontre ; » eux et nous ne sommes-nous plus les mêmes » hommes ?

» Soldats, à Jéna, contre ces mêmes Prussiens » aujourd'hui si arrogans, vous étiez un contre deux, » et à Montmirail un contre trois.

» Que ceux d'entre vous qui ont été prisonniers » des Anglais vous fassent le récit de leurs pontons » et des maux affreux qu'ils ont soufferts.

» Les Saxons, les Belges, les Hanovriens, les » soldats de la confédération du Rhin, gémissent » d'être obligés de prêter leurs bras à la cause de » princes ennemis de la justice et des droits de tous » les peuples. Ils savent que cette coalition est insatiable ! Après avoir dévoré douze millions de Polonais, douze millions d'Italiens, un million de

(1) Moniteur du 18 juin.

..2

» Saxons, six millions de Belges, elle devra dévo-
» rer les états du deuxième ordre de l'Allemagne.

» Les insensés ! un moment de prospérité les » aveugle. L'oppression et l'humiliation du peuple » français sont hors de leur pouvoir ! s'ils entrent » en France, ils y trouveront leur tombeau.

» Soldats ! nous avons des marches forcées à » faire, des batailles à livrer, des périls à courir ; » mais avec de la constance la victoire sera à nous : » les droits, l'honneur et le bonheur de la patrie » seront reconquis.

» Pour tout Français qui a du cœur, le moment » est arrivé de vaincre ou de périr. »

II. Les armées ennemies étaient le 14 au soir fort tranquilles dans leurs cantonnemens ; l'armée prusso-saxonne formait la gauche, et l'armée anglo-hollandaise la droite. La première, commandée par le maréchal Blücher, était forte de cent vingt mille hommes, savoir : quatre-vingt-cinq mille hommes d'infanterie, vingt mille de cavalerie, quinze mille d'artillerie, génie, équipages militaires ; trois cents bouches à feu. Elle était divisée en quatre corps : le 1er, commandé par le général Zietten, s'appuyait aux cantonnemens anglais, bordait la Sambre, ayant son quartier-général à Charleroi, et Fleurus pour point de concentration. Le 2e, sous les ordres du général Pirch, était cantonné sur la frontière aux environs de Namur, son point de concentration. Le 3e, commandé par le général Thielman, bordait la Meuse aux environs de Dinant, et devait se concentrer à Ciney; enfin le 4e corps, sous les ordres du général Bulow, était en arrière des trois premiers; son quartier-général était à Liége. Il fallait une demi-journée pour le rassemblement de chaque corps. L'armée devait se réunir en arrière de Fleurus. Le 1er corps s'y trouvait, le 2e de Namur avait huit lieues à faire; le 3e de Ciney avait quatorze lieues; le 4e, de Ham, en avait seize. Le quartier-général du maréchal Blücher était à Namur, éloigné de seize lieues de celui du duc de Wellington qui était à Bruxelles.

L'armée anglo-hollandaise, sous les ordres du duc de Wellington, était formée de vingt-quatre brigades dont neuf anglaises, dix allemandes (1), cinq hollandaises et belges; de onze divisions de cavalerie composées de seize régimens anglais, neuf allemands (2), six hollandais. Sa force était de cent

(1) Savoir : 2 légions germaniques à la solde de l'Angleterre.
5 hanovriennes.
1 de Nassau.
2 de Brunwick.
—
10

(2) Savoir : 5 légions germaniques.
3 hanovriennes.
1 de Brunswick.
—
9

quatre mille deux cents hommes, savoir :

- Anglais 37,000
  - 22,000 d'infanterie.
  - 10,000 de cavalerie.
  - 5,000 d'artillerie, génie, équipages milit.
- Allemands 42,000
  - 32,000 d'infanter
    - 16,000 Hanovriens.
    - 6,000 légion germanique.
    - 4,000 Nassau.
    - 6,000 Brunswick.
  - 6,800 de cavalerie.
    - 2,000 Hanovriens
    - 3,000 légion germanique.
    - 1,800 Brunswick.
  - 3,200 d'artillerie, génie, équip. milit.
- Hollandais et Belges 25,000
  - 19,000 d'infanterie.
  - 3,000 de cavalerie.
  - 3,000 d'artillerie, génie, équipages militaires.
- Total par arme . .
  - 73,000 hommes d'infanterie.
  - 20,000 hommes de cavalerie.
  - 11,200 artillerie, ayant 250 bouches à feu, génie, équipages milit.

Total général 104,200 hommes,

non compris huit régimens anglais venant d'Amérique, qui étaient débarqués à Ostende, et en outre un régiment anglais à Nieuport, un bataillon de vétérans à Ostende, et les 9e, 25e, 29e et 37e régimens anglais dans les places de la frontière de la Belgique, où des corps considérables de milice avaient été réunis. Les neuf brigades anglaises, les cinq brigades hanovriennes et les deux brigades de la légion germanique, formaient six divisions, dites anglaises. Les cinq brigades hollandaises et la brigade de Nassau en formaient trois, dites belges. Les troupes de Brunswick en formaient une. Ces dix divisions étaient partagées en deux grands corps d'infanterie : le 1er, sous les ordres du prince d'Orange dont le quartier-général était à Braine-le-Comte, se composait de cinq divisions dont deux anglaises ; celle des gardes et la 3e division, et des trois divisions belges. Leurs points de réunion étaient Enghien, Soignes, Braine-le-Comte et Nivelles. Le 2e corps, commandés par lord Hill, dont le quartier-général était à Bruxelles, se composait de cinq divisions, quatre anglaises et celle de troupes de Brunswick ; leurs points de réunion étaient Bruxelles, Ath, Hal et Gand. Lord Uxbridge commandait la cavalerie ; son point de réunion était Grammont. Le parc général était cantonné autour de Gand. Il fallait une demi-journée à chaque division pour se réunir à son point de réunion. Le point de concentration de l'armée était aux Quatre-Bras pour se trouver à deux lieues sur la droite de l'armée prussienne. Il y avait du quartier-général du prince d'Orange aux Quatre-Bras six lieues, de Nivelles deux lieues et demie, d'Enghien treize lieues, de Soignes onze lieues, de Bruxelles, grand quartier-général de l'armée, huit lieues, de Gand dix-sept lieues, de Grammont treize lieues, de Ath treize lieues. Il fallait donc aux deux armées deux jours entiers pour se rassembler sur un même champ de bataille; réunies, elles présentaient une force de deux cent vingt-quatre mille deux cents hommes, savoir :

	Anglo-Holland.	Prusso-Saxons.		
Infanterie	73,000	85,000	158,000	224,200 h. sans compter 14 rég. anglais à Ostende ou dans les places.
Cavalerie	20,000	20,000	40, 00	
Artillerie	11,200	15,000	26,200	
Bouch. à f.	255	288	643	

Dans la nuit du 14 au 15, des affidés, de retour au quartier-général français à Beaumont, annoncèrent que tout était tranquille à Namur, Bruxelles et Charleroi; ce fut un heureux présage : c'était déjà avoir obtenu un grand succès que d'être parvenu à dérober à l'ennemi les mouvemens que faisait l'armée française depuis deux jours. L'armée prussienne se trouvait déjà placée dans l'obligation de prendre un point de rassemblement plus en arrière que Fleurus, ou de recevoir la bataille dans cette position sans pouvoir être secourue par l'armée anglo-hollandaise. Le caractère des généraux en chef ennemis était opposé. Les habitudes de hussard du maréchal Blücher, son activité et son caractère hasardeux contrastaient avec le caractère circonspect et les marches lentes du duc de Wellington. Si l'armée prusso-saxonne n'était pas la première attaquée, elle mettrait plus d'activité et d'empressement à courir au secours de l'armée anglo-hollandaise, que celle-ci n'en mettrait à secourir le maréchal Blücher. Toutes les mesures de Napoléon avaient donc pour but d'attaquer d'abord les Prussiens.

III. Le 15, à la pointe du jour, les trois colonnes françaises se mirent en marche. L'avant-garde de la gauche, formée par la division du prince Jérôme, du 2e corps, rencontra au sortir de son camp l'avant-garde du corps prussien du général Zietten; elle la culbuta, s'empara du pont de Marchiennes, et fit cinq cents prisonniers; l'avant-garde prussienne se rallia sur Charleroi. Le corps de cavalerie du général Pajol, formant l'avant-garde du centre, se mit en mouvement à trois heures du matin; il devait être soutenu par le corps d'infanterie du général Vandamme. De Beaumont à Charleroi il n'y a pas de chaussée pour faciliter le mouvement sur de mauvaises traverses, où l'on rencontrait à chaque pas des défilés. Le 3e corps avait été campé à une lieue et demie sur la droite de Beaumont. A six heures du matin le comte Vandamme était encore dans son camp, quoiqu'il en dût partir en même temps que la cavalerie Pajol; l'empereur, s'en étant aperçu, prit les devans avec sa garde, et entra à midi dans Charleroi, étant précédé par la cavalerie légère du général Pajol qui suivait l'ennemi le sabre à la main. Le corps du général Vandamme n'y arriva qu'à trois heures du soir. La droite, commandée par le comte GÉRARD, surprit de bonne heure le pont du Châtelet; toute la colonne arriva dans la soirée. De Charleroi à Bruxelles il y a quatorze lieues; une chaussée y conduit et passe par Gosselies. Frasnes, les Quatre-Bras, Genape et Waterloo. A cinq cents toises de distance de Charleroi, une autre chaussée prend à droite et se dirige par Gilly sur Namur, éloigné de huit lieues de Charleroi. Le corps de Zietten, instruit par ses hussards du mouvement de l'armée française, évacua en toute hâte Charleroi par ces deux routes. Une division se retira par la chaussée de Bruxelles et s'arrêta à Gosselies, une autre prit la route de Namur et s'arrêta à Gilly. Le général Pajol suivit l'ennemi sur la route de Namur; le général Clary, avec une brigade de hussards, le suivit sur celle de Bruxelles. Les troupes escarmouchaient alors sur ces deux routes; le général Clary, n'étant pas assez fort, fut soutenu par le général Lefebvre-Desnouettes avec la cavalerie légère de la garde et ses deux batteries. La division Duhesme, de jeune garde à pied, se mit en réserve en arrière de la cavalerie Pajol, et détacha un régiment pour aller en position à mi-chemin de Charleroi à Gosselies, servant de réserve à la cavalerie du général Lefebre-Desnouettes. Le comte Reille passa la Sambre sur le pont de Marchiennes, et se porta sur Gosselies, pour y joindre la route de Bruxelles, et de là pousser sur les Quatre-Bras. Le général comte d'Erlon eut ordre de soutenir le général Reille. Le maréchal Grouchy, aussitôt qu'il eut débouché sur Charleroi avec les réserves de cavalerie, et suivi par le 3e corps d'armée, se porta sur Gilly, que le général Zietten évacua pour prendre position entre Gilly et Fleurus, adossé à un bois. Le général Reille s'empara de Gosselies après une légère résistance. Le maréchal Ney venait d'arriver sur le champ de bataille. L'empereur lui donna ordre de se rendre à Gosselies, d'y prendre le commandement de toute la gauche composée des 2e et 1er corps, de la division de cavalerie de Lefebvre-Desnouettes, et du corps de grosse cavalerie du général Kellermann, formant en tout quarante-sept mille huit cents hommes ; de donner tête baissée sur tout ce qu'il rencontrerait sur la route de Gosselies à Bruxelles; de prendre position à cheval sur cette route au-delà des Quatre-Bras, et de s'y tenir militairement en tenant de fortes avant-gardes sur les routes de Bruxelles, de Namur et de Nivelles. La division du corps du général Zietten qui avait défendu Gosselies se retira par un à-gauche sur Fleurus; le comte Reille la fit suivre par la 3e division que commandait le général Girard, et avec sa cavalerie et ses trois autres divisions marcha sur les Quatre-Bras. Le prince Bernard de Saxe commandait une brigade de quatre mille hommes de troupes de Nassau (c'était la 2e de la 3e division belge). Dès qu'il entendit le canon du côté de Charleroi, et qu'il fut instruit de la retraite du général Zietten, il se porta sur Frasne, et s'y établit à mille toises en avant des Quatre-Bras, à cheval sur la route de Bruxelles. Le général Lefebvre-Desnouettes, après une légère canonnade, l'ayant menacé de le tourner et de le couper des Quatre-Bras, l'obligea de faire sa retraite; il prit position entre les Quatre-Bras et Genape. Le comte Reille marchait sans obstacle avec son infanterie pour camper en avant des Quatre-Bras, lorsqu'il fut rejoint par le maréchal Ney, lequel, ayant entendu la canonnade sur Fleurus et reçu le rapport du général Girard, qu'il y avait des forces considérables dans cette direction, crut prudent de prendre position, son avant-garde à Frasne, ayant des vedettes sur les Quatre-Bras. . . . .

Les corps de Vandamme et de Grouchy étaient réunis à Gilly; trompés par de faux rapports, ils perdirent deux heures en position, dans l'opinion que deux cent mille Prussiens étaient derrière les bois et en avant de Fleurus. L'empereur fut lui-même reconnaitre l'ennemi; et jugeant que ces bois n'étaient garnis que par deux divisions du corps de Zietten, de dix-huit à vingt mille hommes, il ordonna aussitôt de marcher en avant. L'ennemi se mit en retraite; on le poursuivit vement. Une charge de quatre escadrons de service, conduite par le général Letort, enfonça deux carrés, détruisit le 28e régiment prussien; mais l'intrépide Letort fut blessé à mort. Ce général était un des officiers de cavalerie les plus distingués: on n'était pas plus brave; nul officier ne possédait à un plus haut degré l'art d'enlever une charge et de communiquer l'étincelle électrique aux hommes comme aux chevaux; à sa voix, à son exemple, les plus timides devenaient les plus intrépides. A la nuit, les corps de Vandamme et de Grouchy prirent position dans les bois de Trichenaye et de Lambusart près de Fleurus.

IV. Pendant la nuit du 15 au 16, le quartier-général français fut à Charleroi, celui du maréchal Blücher à Namur, celui du duc de Wellington à Bruxelles. Le 1er corps de l'armée prusso-saxonne, commandé par le général Zietten, affaibli de deux mille hommes qu'il avait perdus dans la journée, était concentré sur les hauteurs en arrière de Fleurus, occupant ce village par un détachement. Le 2e corps, qui s'était rallié à Namur, marcha toute la nuit pour rejoindre le 1er à Sombref. Le 3e corps s'était rassemblé, partie à Namur, partie à Ciney; la première partie marcha toute la nuit et arriva à Sombref dans la matinée du 16; la deuxième partie ne put arriver que le 16 après midi, pendant la bataille. Le 4e corps, commandé par le général Bülow, n'ayant reçu l'ordre de se concentrer que fort tard, vu les distances, ne put se mettre en marche que le 16; il n'arriva à Gembloux, à deux lieues de Sombref, qu'après la perte de la bataille, dans la nuit du 16 au 17.

Le 15, sur les sept heures du soir, le duc de Wellington avait reçu un courrier du maréchal Blücher, qui lui annonçait que les hostilités étaient commencées, qu'une forte reconnaissance française avait sabré quelques-uns de ses avant-postes. Cela ne lui parut exiger aucune disposition, si ce n'est l'ordre sur toute la ligne de se tenir sur ses gardes. A 11 heures du soir, un deuxième courrier du maréchal Blücher lui avait apporté la nouvelle que les Francais étaient entrés dans Charleroi, à 11 heures du matin, le 15, et marchaient en front de bandière sur Bruxelles; que tout l'espace compris entre Marchiennes, Charleroi et le Châtelet, était couvert de ponts et de troupes; que l'armée française était forte de cent cinquante mille hommes; que l'empereur était à sa tête. Il expédia aussitôt, dans tous les cantonnemens, l'ordre de les lever, de réunir chaque division à son point de concentration, et d'y attendre de nouveaux ordres. La 3e division belge, qui, seule de l'armée anglo-hollandaise, occupait des cantonnemens éloignés de moins de six lieues des Quatre-Bras, pouvait seule y être arrivée dans la matinée du 16; quatre autres divisions, qui étaient éloignées de moins de neuf lieues, pouvaient y être arrivées dans la soirée du même jour; mais le reste de l'armée, éloigné de douze, treize, quatorze, dix-sept, dix-neuf lieues, ne pouvait y être réuni que dans la nuit du 16 au 17, et dans la journée du 17. L'artillerie et la cavalerie étaient dans ce cas; et, réunie aux Quatre-Bras, l'armée anglo-hollandaise serait encore éloignée de deux lieues de Fleurus. Dans la nuit, la générale battit à Bruxelles; la division de Brunswick et la 5e division anglaise qui s'y trouvaient se mirent en marche pour les Quatre-Bras dans la matinée.

L'armée française passa la nuit sur trois colonnes; la gauche, commandée par le maréchal Ney, avait son quartier-général à Gosselies, ses vedettes sur les Quatre-Bras, son avant-garde à Frasne; le 2e corps entre Frasne et Gosselies, ayant en avant-garde la division du général Girard à sa droite, sur la route de Fleurus; le 1er corps en colonne, de Marchiennes à Gosselies; le centre, composé par la réserve de cavalerie et le 3e corps, étant campé dans les bois entre Fleurus et Charleroi; la garde était en colonne sur la route de Charleroi à Gilly, et le 6e corps en avant de Charleroi. La 3e colonne, formant la droite, était en avant du pont du Châtelet. Toute l'armée était ainsi réunie, ayant passé la Sambre sur trois ponts: la gauche sur celui de Marchiennes, éloigné de deux mille toises de celui de Charleroi, sur lequel avait passé le centre; et celui-ci de trois mille toises du pont du Châtelet, sur lequel avait passé la droite. L'armée française bivouaqua dans la nuit du 15 au 16, dans un caré de quatre lieues de côté; elle était également en mesure d'appuyer sur l'armée prusso-saxonne ou sur celle anglo-hollandaise; elle se trouvait déjà placée entre elles. Les deux armées ennemies étaient surprises, leurs communications déjà fort gênées. Toutes les manœuvres de l'empereur avaient réussi à souhait; il était désormais le maître d'attaquer en détail les armées ennemies; il ne leur restait, pour éviter ce malheur, le plus grand de tous, que le parti de céder le terrain et de se réunir sur Bruxelles ou au-delà.

CHAPITRE V.

BATAILLE DE LIGNY.

I. Marches de l'armée française pour livrer bataille à l'armée prusso-saxonne. — II. Bataille de Ligny, 16 juin. — III. Combat des Quatre-Bras, 16 juin. — IV. Position des armées dans la nuit du 16 au 17. — V. Leurs manœuvres dans la journée du 17. — VI. Leurs positions dans la nuit du 17 au 18 juin.

I. Le maréchal Ney reçut l'ordre, dans la nuit, de se porter le 16, à la pointe du jour, en avant des Quatre-Bras; d'occuper une bonne position à cheval sur la route de Bruxelles, en gardant les chaussées de Nivelles et de Namur, par ses flanqueurs de gauche et de droite. Le comte de Flahaut, aide-de-camp général, porta ces ordres, et demeura toute la journée avec ce maréchal. La division du général Girard, la 3e du 2e corps, qui était en observation vis-à-vis Fleurus, reçut ordre de rester dans sa position, devant opérer sous les ordres immédiats de l'empereur, qui, avec le centre et la droite de l'armée, marcha pour combattre l'armée prussienne, avant que son 4e corps, commandé par le général Bulow, l'eût joint, et que l'armée anglo-hollandaise fût rassemblée sur sa droite.

Les tirailleurs se rencontrèrent au village de Fleurus. Après quelques coups de canon, ceux de l'ennemi se reployèrent sur leur armée, qu'on aperçut alors en ordre de bataille, la gauche au village de Sombref, à cheval sur la chaussée de Namur; le centre au village de Ligny; la droite au village de Saint-Amand; les réserves sur les hauteurs du moulin à vent de Bry, occupant une ligne de trois mille toises. L'armée française fit halte et se forma; il était dix heures du matin. Le 3e corps en avant de Fleurus, ayant à douze cents toises sur sa gauche la division Girard; le 4e corps au centre, le maréchal Grouchy avec les corps de cavalerie de Pajol et d'Excelmans formant la droite. La garde, cavalerie, infanterie, artillerie, et le corps des cuirassiers de Milhaud, se formèrent en deuxième ligne sur le rideau qui domine la plaine derrière Fleurus.

L'empereur, peu accompagné, parcourut la chaîne des vedettes, monta sur des hauteurs et des moulins à vent, et reconnut parfaitement la position de l'armée ennemie. Elle présentait une force certainement supérieure à quatre-vingt mille hommes; son front était couvert par un ravin profond; sa droite était en l'air; la ligne de bataille était perpendiculaire à la chaussée de Namur, aux Quatre-Bras, et dans la direction du village de Sombref à celui de Gosselies; le point des Quatre-Bras était perpendiculaire derrière le milieu de la ligne. Il est évident que le maréchal Blücher ne s'attendait pas à être attaqué ce jour même; il croyait avoir le temps de compléter le rassemblement de son armée et d'être appuyé sur sa droite par l'armée anglo-hollandaise, qui devait déboucher sur les Quatre-Bras, par les chaussées de Bruxelles et de Nivelles, dans la journée du 17.

Un officier d'état-major de la gauche fit le rapport que le maréchal Ney, au moment où il prenait les armes pour marcher à la position en avant des Quatre-Bras, avait été arrêté par la canonnade qui s'était fait entendre sur son flanc droit, et par les rapports qu'il avait reçus, que les deux armées anglo-hollandaise et prusso-saxonne avaient déjà opéré leur réunion aux environs de Fleurus; que, dans cet état de choses, s'il continuait son mouvement, il serait tourné; que du reste, il était prêt à exécuter les ordres que l'empereur lui enverrait, aussitôt qu'il connaitrait ce nouvel incident. L'empereur le blâma d'avoir déjà perdu huit heures; ce qu'il prétendait être un nouvel incident existait depuis la veille; il lui réitéra l'ordre de se porter en avant des Quatre-Bras, et qu'aussitôt qu'il aurait pris position, il eût à détacher une colonne de huit mille hommes d'infanterie avec la division de cavalerie de Lefebvre-Desnouettes et vingt-huit pièces de canon, par la chaussée des Quatre-Bras à Namur; qu'elle quitterait cette chaussée au village de Marchais pour attaquer les hauteurs de Bry, sur les derrières de l'armée ennemie; ce détachement parti, il lui resterait encore dans sa position des Quatre-Bras trente-deux mille hommes et quatre-vingts pièces de canon (1), ce qui était suffisant pour tenir en échec les cantonnemens de l'armée anglaise, qui pourraient arriver dans la journée du 16. Le maréchal Ney reçut cet ordre à onze heures et demie; il était avec son avant-garde près de Frasne; il devait avoir pris à midi sa position en avant des Quatre-Bras: or, des Quatre-Bras aux hauteurs de Bry il y a quatre mille toises; la colonne qu'il détacherait sur les derrières

(1) Force de l'aile gauche, le 16, à la pointe du jour.

	infanter.	caval.	artiller.	bouc. à f.
2me corps, 3 divisions	16,000	1,400	1,292	38
1er corps, 4 divisions	16,500	1,400	1,564	46
Cuirassiers Kellermann	»	3,000	300	12
Garde, Lefebvre-Desnouettes	»	2,000	300	12
	32,500	7,800	3,456	108
	43,756 homm.			108 b. à f.

Détachemens.	Infanterie 8,000 Cavalerie 2,000 Artillerie 844	10,844 h.	— 28 bouches à feu.
Reste . . .	Infanter. 24,500 Cavalerie 5,800 Artillerie 1,052	31,352 h.	— 80 bouc. à feu.

N. B. Indépendamment de 5,300 hommes au parc de Charleroi.

du maréchal Blücher devait donc arriver avant deux heures au village de Marchais. La ligne qu'occupait l'armée près de Fleurus n'était pas offensive. Une partie était masquée; l'armée prussienne dut être sans inquiétude.

II. Mais, à deux heures, l'empereur ordonna un changement de front sur Fleurus, la droite en avant. Cette manœuvre porta le 3e corps à deux portées de canon de Saint-Amand, le 4e à deux portées de canon de Ligny, la droite à deux portées de canon de Sombref. Le général Girard, avec la 3e division du 2e corps, se trouva être en potence sur l'extrémité de la droite de l'armée prussienne. Le ravin qui couvrait le front de la position de l'ennemi prenait naissance entre le 3e corps et la division Girard, de sorte que cette division était sur la rive gauche de ce ravin. La garde et la cavalerie de Milhaud firent la même manœuvre et se trouvèrent en deuxième ligne à six cents toises derrière le 3e et le 4e corps. Le 6e corps, qui était en route de Charleroi, reçut ordre d'accélérer sa marche, et de prendre position en avant de Fleurus, en réserve générale. Tout annonçait la perte de l'armée prussienne. Le comte GÉRARD s'étant approché de l'empereur pour demander quelques instructions pour l'attaque du village de Ligny, ce prince lui dit : « Il se peut que dans trois heures » le sort de la guerre soit décidé. Si Ney exécute » bien ses ordres, il ne s'échappera pas un canon

» de l'armée prussienne; elle est prise en flagrant » délit (1). »

A trois heures après midi, le 3e corps aborda le village de Saint-Amand. Un quart-d'heure après, le 4e corps aborda le village de Ligny, et le maréchal Grouchy reploya la gauche de l'armée prussienne. Toutes les positions et maisons sur la rive droite du ravin furent emportées, et l'armée ennemie rejetée sur la rive gauche. Le reste du 3e corps de l'armée prussienne arriva pendant la bataille par le village de Sombref, ce qui porta la force de l'armée ennemie à quatre-vingt-dix mille hommes. L'armée française, y compris le 6e corps, qui resta

(1) L'armée française sur Ligny était forte de soixante-onze mille hommes et deux cent quarante bouches à feu, savoir :

	infanter.	cavaler.	artill.	bou. à feu.
2e corps, division Girard.	5,000	»	270	8
3e corps	13,000	1,400	1,290	38
4e corps	12,000	1,400	1,290	38
6e corps	9,500	1,400	1,290	38
Garde.	11,500	2,000	2,100	82
Corps de caval. Pajol.	»	2,500	300	12
Idem, d'Excelmans.	»	2,600	500	12
Idem, de Milhaud .	»	3,000	300	12
	51,000	14,300	7,140	240
	71,940 hommes			240 b. à f

constamment en réserve, était de soixante-dix mille hommes; moins de soixante mille donnèrent. Le village de Ligny fut pris et repris quatre fois. Le comte GÉRARD s'y couvrit de gloire et y montra autant d'intrépidité que de talent. L'attaque fut plus faible au village de Saint-Amand, qui fut aussi pris et repris; mais il fut emporté par le général Girard, qui, ayant reçu l'ordre d'avancer par la gauche du ravin avec sa division, la 3e du 2e corps, y déploya cette intrépidité dont il a donné tant d'exemples dans sa carrière militaire. Il culbuta à la baïonnette tout ce qui voulut s'opposer à sa marche, et s'empara de la moitié du village; mais il tomba blessé à mort. Le 3e corps se maintint dans l'autre partie de ce village. Il était cinq heures et demie, l'empereur faisait exécuter plusieurs manœuvres à l'infanterie de sa garde pour la porter sur Ligny, lorsque le général Vandamme donna avis qu'une colonne de trente mille hommes, infanterie, cavalerie, artillerie, s'avançait sur Fleurus; qu'on l'avait d'abord prise pour la colonne détachée de la gauche; mais, outre qu'elle était beaucoup plus forte, elle venait par une route différente; que les troupes du général Girard, l'ayant reconnue pour ennemie, avaient en conséquence abandonné l'extrémité du village, et avaient pris position au bois pour couvrir Fleurus; que son 3e corps lui-même en était ébranlé, et que si la réserve n'arrivait pas pour arrêter cette colonne, il serait obligé d'évacuer Saint-Amand et de battre en retraite. La manœuvre de cette colonne parut inexplicable. Elle avait donc passé entre le maréchal Ney et le maréchal Blücher, ou bien entre les Quatre-Bras et Charleroi. Toutefois, l'avis s'en réitérant, l'empereur arrêta la marche de sa garde, et envoya en toute diligence son aide-de-camp le général Dejean, officier de confiance, pour reconnaître le nombre, la force et les intentions de cette colonne. Une heure après, on sut que cette colonne prétendue anglaise était le 1er corps commandé par le comte d'Erlon, qui, ayant été laissé en réserve à deux lieues et demie des Quatre-Bras, accourait pour soutenir l'attaque de Saint-Amand; que la division Girard, détrompée, avait repris sa position, et le 3e corps sa contenance. La garde continua alors son mouvement sur Ligny. Le général Pecheux, à la tête de sa division, passa le ravin; le comte Gérard, toute la garde, infanterie, cavalerie, artillerie, et les cuirassiers de Milhaud, appuyèrent son mouvement. Toutes les réserves de l'ennemi furent culbutées à la baïonnette; le centre de sa ligne fut percé. Quarante pièces de canon, huit drapeaux ou étendards, bon nombre de prisonniers, sont les trophées de cette journée. Le maréchal Grouchy, les généraux Excelmans et Pajol se sont fait remarquer par leur intrépidité; le lieutenant-général Monthion fut dans la nuit chargé de poursuivre la gauche des Prussiens. L'ennemi, dans ses rapports officiels, fait porter sa perte à vingt-cinq mille hommes tués, blessés ou prisonniers, sans compter vingt mille hommes qui se débandèrent et ravagèrent les rives de la Meuse jusqu'à Liége. La garde et le 6e corps ne firent aucune perte; elle fut considérable au 4e corps et aux corps de cavalerie d'Excelmans et de Pajol, et beaucoup moins considérable au 3e corps. La division Girard, du 2e corps, fut celle qui perdit davantage. La perte totale fut de près de six mille neuf cent cinquante hommes tués ou blessés (1). Plusieurs généraux ennemis furent tués ou blessés. Le maréchal Blücher fut culbuté par une charge de cuirassiers et foulé aux pieds des chevaux; mais les cuirassiers français continuèrent leur charge sans le voir : il faisait déjà nuit. Ce maréchal parvint à se sauver froissé et à moitié estropié. La disproportion que l'on remarque entre les pertes des armées prussienne et française provient de ce que les réserves de l'armée française furent tenues pendant toute la bataille hors de la portée du canon; de ce que les 3e et 4e corps, qui étaient

(1) Perte de l'armée française à Ligny.

2e corps, division Girard. . .	1,900	6,950 hommes.
3e corps.	1,800	
4e corps.	2,300	
1er corps de cavalerie. . . .	200	
2e *idem*.	400	
4e *idem*.	150	
Garde	200	

en première ligne, étaient masqués par des plis de terrain, tandis que l'armée prussienne était toute massée sur l'amphithéâtre qui va de Saint-Amand et Ligny aux hauteurs de Bry. Tous les boulets de l'armée française qui manquaient les premières lignes frappaient dans les réserves ; pas un coup n'était perdu. Le général Girard s'était distingué au passage du Tesin en 1800; il avait beaucoup contribué au gain de la bataille de Lutzen en 1813; c'était un des plus intrépides soldats de l'armée française; il avait éminemment le feu sacré. L'empereur, satisfait du comte GÉRARD, commandant le 4e corps, lui destinait le bâton de maréchal de l'empire : il le considérait comme une des espérances de la France.

III. Le prince d'Orange, dont le quartier-général était à Braine-le-Comte, ne reçut qu'à la pointe du jour, le 16, l'ordre du duc de Wellington de réunir ses troupes. Il se porta avec la 2e brigade de la 3e division belge aux Quatre-Bras pour soutenir une de ses brigades que commandait le prince Bernard de Saxe, qui, dès le 15, après avoir défendu Frasnes, avait pris position entre les Quatre-Bras et Genape. Le prince d'Orange resta toute la matinée avec huit ou neuf mille Belges ou troupes de Nassau, infanterie, cavalerie, artillerie, sur cette position importante. Il savait que tous les cantonnemens de l'armée anglo-hollandaise étaient levés et se dirigeaient par les routes de Bruxelles et de Nivelles sur les Quatre-Bras. Il sentait toute l'importance de cette position, puisque, si les alliés la perdaient, tous leurs cantonnemens venant par la chaussée de Nivelles ne pourraient faire leur jonction que par la traverse et derrière Genape. Si donc le maréchal Ney eût exécuté ses ordres, et se fût porté avec ses quarante-trois mille hommes (1), à la pointe du jour du 16, sur les Quatre-Bras, il se fût emparé de cette position; et avec sa nombreuse cavalerie et artillerie légère, il eût mis en déroute et éparpillé cette division; bien plus, il pouvait attaquer les divisions de l'armée anglaise en marche, isolées sur les chaussées de Nivelles et de Bruxelles. A midi ce maréchal, ayant reçu les nouveaux ordres que l'empereur lui envoya de Fleurus, marcha avec les trois divisions d'infanterie du 2e corps, une division de cavalerie légère et une division des cuirassiers Kellermann, en tout seize mille hommes d'infanterie, trois mille hommes de cavalerie et quarante-quatre pièces de canon (vingt ou vingt-deux mille hommes). Il laissa en réserve en avant de Gosselies, pour observer Fleurus et assurer sa retraite, le 1er corps fort de seize mille hommes d'infanterie, la division de cavalerie légère de la garde du général Lefebvre-Desnouettes, et une division des cuiras-

(1) Voyez page 76 le tableau de la composition de ces quarante-trois mille sept cent cinquante-six hommes.

siers de Kellermann, formant un total de seize mille hommes d'infanterie, quatre mille cinq cents hommes de cavalerie et soixante-quatre bouches à feu. Ses tirailleurs engagèrent le combat à deux heures; mais ce ne fut qu'à trois heures, lorsque la canonnade de la bataille de Ligny se fit entendre dans toute sa force, qu'il aborda franchement l'ennemi. Le prince d'Orange et sa division furent bientôt culbutés; mais elle fut soutenue par la division du prince de Brunswick et la 5e division anglaise qui arrivaient en toute hâte et mal en ordre. Ces deux divisions étaient parties de Bruxelles à dix heures du matin et avaient fait huit lieues; elles n'avaient ni artillerie ni cavalerie. Le combat se renouvela avec chaleur; l'ennemi avait la supériorité du nombre, puisque la 2e ligne du maréchal Ney était à trois lieues en arrière; mais l'artillerie et la cavalerie françaises étaient beaucoup plus nombreuses. Les troupes de Brunswick, repoussées comme celles de Nassau, laissèrent beaucoup de morts, parmi lesquels le prince régnant de Brunswick. Le 42e régiment écossais de la division Picton, s'étant mis en carré pour soutenir une charge de cuirassiers, fut enfoncé et taillé en pièces; son colonel fut tué, son drapeau fut pris. Les tirailleurs français arrivaient déjà à la ferme des Quatre-Bras, lorsque la division des gardes anglaises, nº 1, et la division Alten, nº 3, arrivèrent au pas de course sur la chaussée de Nivelles; elles étaient également sans artillerie et sans cavalerie (1). Alors le maréchal Ney sentit le besoin de sa seconde ligne. Il l'envoya chercher, mais il était trop tard, il était six heures ; elle ne pouvait arriver sur le champ de bataille que vers huit heures. Le maréchal se battit cependant avec son intrépidité ordinaire ; les troupes françaises se couvrirent de gloire, et l'ennemi, quoique double en infanterie, continuant à être fort inférieur en artillerie et en cavalerie, ne put faire aucun progrès ; mais il profita du bois

(1) Armée anglo-hollandaise aux Quatre-Bras.

De 3 heures après midi à 6 heures du soir.

	infanter.	cavaler.	artill.
3e division belge. . . .	8,000	»	12
Division de Brunswick. . .	8,000	15,000	»
5e division anglaise, gén. Picton.	9,200	»	»
à	25,200	1,500	12

Du 6 à 9 heures du soir.

	infanter.	cavaler.	artill.
Comme ci-dessus	25,200	1,500	12
1re division anglaise, gén. Cook.	3,500	»	»
3e division, général Alten . .	8,800	»	»
	37,500	1,500	12

Le reste de l'armée, l'artillerie et la cavalerie, arrivèrent dans la nuit du 17 au 18.

qui flanquait cette position et la conserva jusqu'à la nuit. Le maréchal Ney prit son quartier-général à Frasnes, à mille toises des Quatre-Bras, et sa ligne de bataille à deux portées de canon de l'armée ennemie. Il fut joint par le 1er corps que commandait le comte d'Erlon, dont le mouvement par Saint-Amand ne retarda l'arrivée que d'une demi-heure. La perte de l'armée anglo-hollandaise est portée à neuf mille hommes (1) dans les récits officiels. La perte de l'armée française a été de trois mille quatre cents hommes (2). On sent facilement la cause de cette disproportion de perte lorsque l'on réfléchit que l'armée anglo-hollandaise, privée

(1) Perte de l'armée anglo-hollandaise aux Quatre-Bras.

Anglais	2,500
Hanovriens . . .	1,000
Belges et Nassau. .	3,000
Brunswickois. . .	2,500
TOTAL. . .	9,000 hommes.

(2) Perte de l'armée française aux Quatre-Bras.

1er corps	0
2e corps	3,000
Cavalerie Kellermann . .	300
Garde	100
TOTAL. .	3,400 hommes

d'artillerie et de cavalerie, dut rester en masse sous la mitraille de cinquante pièces de canon qui ne cessèrent pas de tirer depuis trois heures après midi jusqu'à huit heures du soir.

IV. Le 3e corps de l'armée française bivouaqua sur le champ de bataille en avant de Saint-Amand, le 4e corps en avant de Ligny, le maréchal Grouchy à Sombref, la garde impériale sur les hauteurs de Bry, la cavalerie légère ayant des avant-postes jusque sur la chaussée de Namur; le 6e corps en réserve derrière Ligny. Blücher battit en retraite sur Wavres en deux colonnes, l'une par Tilly, l'autre par Gembloux, où arriva à onze heures du soir, venant de Liége, le 4e corps commandé par le général Bulow. Les fuyards prussiens couvraient tout le pays et y commettaient les plus horribles ravages; Namur, les pays entre la Sambre et la Meuse en étaient les victimes. La défaite de ces oppresseurs de la Belgique et de la rive gauche du Rhin remplissait d'espoir et de joie les habitans de ces treize départemens qui se voyaient déjà restitués à la grande famille de leur affection. Le duc de Wellington passa la nuit aux Quatre-Bras; les troupes anglaises continuèrent à lui arriver par les deux chaussées; elles étaient harassées de fatigue; elles avaient été en route la nuit du 15 au 16, la journée du 16, et la nuit du 16 au 17.

V. A la pointe du jour du 17, le général Pajol, avec une division de son corps de cavalerie légère et la division d'infanterie Teste, du 6e corps, se mit à la poursuite de l'armée prussienne dans la direction de Wavres par les routes de Tilly et de Gembloux, et prit grand nombre de chariots et plusieurs parcs de caissons. Le maréchal Ney avait reçu l'ordre de se porter sur les Quatre-Bras à la pointe du jour, et d'attaquer vivement l'arrière-garde anglaise. Le comte de Lobau, avec deux divisions d'infanterie de son corps, sa cavalerie légère et les cuirassiers de Milhaud, se porta par la chaussée de Namur sur les Quatre-Bras, pour favoriser l'attaque du maréchal Ney, en prenant l'armée anglaise par son flanc. Le maréchal Grouchy partit avec le corps de cavalerie d'Excelmans et le 3e et le 4e corps d'infanterie, pour appuyer le général Pajol et suivre Blücher l'épée dans les reins, afin de l'empêcher de se rallier. Il avait l'ordre positif de se tenir toujours entre la chaussée de Charleroi à Bruxelles et Blücher, afin d'être constamment en communication et en mesure de se réunir sur l'armée; il était probable que le maréchal Blücher se retirerait sur Wavres; cet ordre prescrivait qu'il y fût en même temps que lui; si l'ennemi continuait à marcher sur Bruxelles et qu'il passât la nuit couvert par la forêt de Soignes, qu'il le fit suivre jusqu'à la lisière de la forêt; s'il se retirait sur la Meuse, pour couvrir ses communications avec l'Allemagne, qu'il le fit observer par l'avant-garde du général Pajol et occupât Wavres avec la cavalerie d'Excelmans, le 3e et le 4e corps d'infanteric, afin de se trouver en communication avec le quartier-général qui marchait sur la chaussée de Charleroi à Bruxelles. La 3e division du 2e corps, qui avait beaucoup souffert à la bataille de Ligny, resta pour garder le champ de bataille et porter secours aux blesssés. Ainsi l'armée française marchait en deux colonnes sur Bruxelles, l'une de soixante-neuf mille hommes et l'autre de trente-quatre mille.

L'empereur visita le champ de bataille, fit donner du secours aux blessés. La perte des Prussiens était énorme; on voyait six de leurs cadavres pour un cadavre français. Un grand nombre de blessés qui n'avaient pas été secourus le furent. Tous les pages et plusieurs officiers restèrent pour les veiller. Le jeune Gudin, fils du brave général de ce nom qui fut tué en Russie au combat de Valontina, se distingua par sa pitié. Ce devoir sacré rempli, Napoléon se porta au galop pour arriver aux Quatre-Bras en même temps que la cavalerie du comte de Lobau. Il la joignit au village de Marchais; mais, arrivé à la vue de la ferme des Quatre-Bras, il s'aperçut qu'elle était encore occupée par un corps de cavalerie anglaise. Un moment après, une reconnaissance de cent hussards français revint, vivement poussée par un régiment de cavalerie anglaise. La cavalerie française prit position, les cuirassiers de Milhaud sur la droite, la cavalerie légère sur la gauche; l'infanterie se plaça en deuxième ligne et les batteries se mirent en position. Un parti de cinq cents chevaux fut envoyé pour communiquer avec Frasnes, et avoir des nouvelles de la gauche. Comment était-elle encore dans son camp, elle qui devait être en marche depuis six heures du matin? Arrivés à la lisière du bois, les hussards commencèrent à tirailler; mais ils ne tardèrent pas à se reconnaître avec les lanciers rouges de la garde, qu'ils avaient pris pour des Anglais. Des officiers furent envoyés à Ney pour le presser de déboucher sur les Quatre-Bras; et immédiatement après, le comte de Lobau se reforma et marcha en avant. Une vivandière anglaise, qu'on amena prisonnière, donna des nouvelles des mouvemens de son armée. Le duc de Wellington n'avait appris que fort avant dans la nuit le désastre de Ligny; il avait sur-le-champ ordonné de battre en retraite dans la direction de Bruxelles, laissant le général Uxbridge avec un corps de cavalerie et des batteries d'artillerie légère pour l'arrière-garde. Le général Uxbridge se retira aussitôt qu'il aperçut le corps d'armée du comte de Lobau. L'empereur, arrivé à la ferme des Quatre-Bras, fit mettre douze pièces d'artillerie légère en batterie, qui s'engagèrent avec deux batteries anglaises. La pluie tombait par torrens; cependant les troupes de la gauche ne débouchaient pas encore; impatienté, on envoya l'ordre directement aux chefs de corps. Le comte d'Erlon parut enfin. Il prit la tête de la colonne et se mit en devoir de pousser vivement l'arrière-garde anglaise; le général Reille, avec le 2e corps, le suivit. Lorsque Ney parut, l'empereur lui témoigna son mécontentement de tant d'incertitude, de tant de lenteur, et de ce qu'il venait de lui faire perdre trois heures bien précieuses. Ce maréchal balbutia, s'excusa sur ce qu'il croyait que Wellington était encore aux Quatre-Bras avec toute son armée. Le corps du comte de Lobau suivit le 2e corps, la garde marcha après. Les cuirassiers de Milhaud, éclairés par une division de cavalerie légère de Pajol, commandée par le général Subervie, formèrent une colonne intermédiaire. L'empereur se porta à la tête de l'armée; le temps était affreux; sur la chaussée le soldat avait de l'eau jusqu'à mi-jambe; dans les terres il enfonçait jusqu'aux genoux; l'artillerie ne pouvait pas y passer, et la cavalerie n'y passait qu'avec peine; c'est ce qui rendit difficile la retraite de la cavalerie ennemie; et mit à même l'artillerie française de lui faire quelque mal. A six heures du soir l'ennemi, qui n'avait jusqu'alors soutenu la retraite qu'avec quelques pièces de canon en démasqua quinze. Le temps était très-brumeux, il était impossible de distinguer la force de son arrière-garde; il était évident qu'elle était depuis peu de momens renforcée; et comme on n'était pas éloigné de la forêt de Soignes, il était probable qu'elle voulait tenir cette position pendant la nuit. Pour s'en assurer, les cuirassiers de Milhaud se déployèrent, et sous la protection du feu de quatre batteries d'artillerie légère, firent mine de charger; l'ennemi démasqua alors cinquante ou soixante pièces de canon; toute l'armée y était. Il aurait fallu deux heures de jour de plus pour pouvoir l'ataquer. L'armée française prit position en avant de Panchenoit; le quartier-général se plaça à la ferme de Caillou, à deux mille quatre cents toises du village de Mont-Saint-Jean.

Pendant cette retraite, plusieurs officiers de cavalerie anglaise furent pris et amenés à l'empereur; plusieurs étaient blessés; il les fit panser par son chirurgien avant de les interroger, après quoi il les questionna sur la situation de leur armée, en se servant du général Flahaut pour interprète. Parmi ces officiers se trouvait le capitaine Elphinston. En traversant la chaussée de Bruxelles aux Quatre-Bras, il fut facile d'évaluer combien grande avait été la perte des Anglais, quoiqu'ils eussent déjà enterré la plus grande partie de leurs morts.

Le maréchal Grouchy avait poursuivi Blücher par les routes de Mont-Guibert et de Gembloux; mais des rapports lui ayant fait croire que la majeure partie de l'armée prussienne s'était retirée par Gembloux, il se porta avec ses principales forces sur ce point; il y arriva le 16 à quatre heures du soir; il y apprit que le corps de Bulow y était arrivé dans la nuit, et n'avait pas assisté à la bataille; que le désordre était grand dans plusieurs corps de l'armée prussienne; que tous les villages environnans étaient pleins de blessés et de fuyards; que la désertion était déjà très-considérable parmi les troupes saxonnes, westphaliennes, et même parmi les propres Prussiens. Il envoya des reconnaissances dans les deux directions de Wavres et de Liége à la suite des deux arrière-gardes ennemies qui s'y étaient retirées. Cela fait, Grouchy fit prendre position à ses troupes; il n'avait cependant fait que deux lieues. Sur le soir, il reçut des renseignemens positifs que les principales forces de l'ennemi étaient dirigées sur Wavres; mais il était plus de six heures; les soldats faisaient leur soupe; il jugea qu'il serait temps, le lendemain, de suivre l'ennemi, qui se trouvait ainsi avoir gagné trois heures sur lui. Cette funeste résolution est la cause principale de la perte de la bataille de Waterloo.

Pendant la nuit, la pluie continua à tomber, ce qui rendit à peu près impraticable pour l'artillerie, la cavalerie et même l'infanterie, tout le plat pays. Pendant la journée du 17, et la nuit même du 17 au 18, les flanqueurs de droite de l'armée française rendirent compte qu'ils étaient en communication avec ceux du maréchal Grouchy, qui avait poursuivi toute la journée le maréchal Blücher, sans qu'il se fût passé aucun événement important. A neuf heures du soir, le général Milhaud, qui avait marché avec son corps pour maintenir les communications avec le maréchal Grouchy, rendit compte qu'il avait eu connaissance d'une colonne de cavalerie ennemie qui de Tilly s'était reployée en toute hâte sur Wavres. Un corps de deux mille chevaux fut dirigé sur Hal, menaçant de tourner la droite de la forêt de Soignes et de se porter sur Bruxelles; le duc de Wellington, alarmé, y envoya sa 4e division d'infanterie; dans la nuit, la cavalerie française rentra au camp, la division anglaise resta en observation, et se trouva paralysée pendant la bataille.

VI. L'empereur, avec les 1er, 2e, 6e corps d'infanterie, la garde, une division de cavalerie légère de Pajol et les deux corps de cuirassiers de Milhaud et de Kellermann, en tout soixante-huit mille neuf cent six hommes et deux cent quarante-deux pièces de canon, était campé en avant de Planchenoit, à cheval sur la grande route de Bruxelles, à quatre lieues et demie de cette grande ville, ayant devant lui l'armée anglo-hollandaise, forte de quatre-vingt-dix mille hommes et de deux cent cinquante-cinq pièces de canon, dont le quartier-général était à Waterloo. Le maréchal Grouchy, avec trente-quatre mille hommes et cent huit pièces de canon, devait être à Wavres, mais il était en effet en avant de Gembloux, ayant perdu de vue l'armée prussienne; celle-ci était à Wavres. Ses quatre corps y étaient réunis, forts de soixante-quinze mille hommes.

A dix heures du soir, l'empereur expédia un officier au maréchal Grouchy, que l'on supposait sur Wavres, pour lui faire connaître qu'il y aurait le lendemain une grande bataille ; que l'armée anglo-hollandaise était en position en avant de la forêt de Soignes, sa gauche appuyée au village de la Haie ; qu'il lui ordonnait de détacher avant le jour de son camp de Wavres, une division de sept mille hommes de toutes armes, et seize pièces de canon sur Saint-Lambert, pour se joindre à la droite de la grande armée, et opérer avec elle ; qu'aussitôt qu'il serait assuré que le maréchal Blücher aurait évacué Wavres, soit pour continuer sa retraite sur Bruxelles, soit pour se porter dans toutes autres directions, il devait marcher avec la majorité de ses troupes pour appuyer le détachement qu'il aurait fait sur Saint-Lambert.

A onze heures du soir, une heure après que cette dépêche était expédiée, on reçut un rapport du maréchal Grouchy, daté de Gembloux, cinq heures du soir. Il rendait compte qu'il était avec son armée à Gembloux, ignorant la direction qu'avait prise le maréchal Blücher, et s'il s'était porté sur Bruxelles ou sur Liége ; qu'en conséquence il avait établi deux avant-gardes, l'une entre Gembloux et Wavres, et l'autre à une lieue de Gembloux, dans la direction de Liége. Ainsi le maréchal Blücher lui avait échappé et était à trois lieues de lui !!! Le maréchal Grouchy n'avait fait que deux lieues dans la journée du 17. Un second officier lui fut envoyé à quatre heures du matin pour lui réitérer l'ordre qui lui avait été expédié à dix heures du soir. Une heure après, à cinq heures, on reçut un nouveau rapport daté de Gembloux, deux heures du matin ; ce maréchal rendait compte qu'il avait appris, à six heures du soir, que Blucher s'était dirigé avec toutes ses forces sur Wavres ; qu'en conséquence il avait voulu l'y suivre à l'heure même ; mais que les troupes ayant déjà pris leur camp, et fait la soupe, il ne partirait qu'au jour pour arriver de bonne heure devant Wavres, ce qui aurait le même effet : que le soldat serait bien reposé et plein d'ardeur.

CHAPITRE VI.

BATAILLE DE MONT-SAINT-JEAN.

I. Ligne de bataille de l'armée anglo-hollandaise. — II. Ligne de bataille de l'armée française. — III. Projets de l'empereur; attaque de Hougomont. — IV. Le général Bulow arrive sur le champ de bataille avec trente mille hommes, ce qui porte à cent vingt mille hommes l'armée du duc de Wellington. — V. Attaque de la Haie-Sainte par le 1er corps. — VI. Le général Bulow est repoussé. — VII. Charge de la cavalerie sur le plateau. — VIII. Mouvement du maréchal Grouchy. — IX. Mouvement du maréchal Blücher, ce qui porta l'ennemi sur le champ de bataille à cent cinquante mille hommes. — Mouvement de la garde impériale.

I. Pendant la nuit, l'empereur donna tous les ordres nécessaires pour la bataille du lendemain, quoique tout lui indiquât qu'elle n'aurait pas lieu. Depuis quatre jours que les hostilités étaient commencées, il avait, par les plus habiles manœuvres, surpris ses ennemis, remporté une victoire éclatante et séparé les deux armées. C'était beaucoup pour sa gloire, mais pas encore assez pour sa position!!! Les trois heures de retard que la gauche avait éprouvées

dans son mouvement l'avaient empêché d'attaquer, comme il l'avait projeté; l'armée anglo-hollandaise dans l'après-midi du 17, ce qui eût couronné la campagne! Actuellement il est probable que le duc de Wellington et le maréchal Blücher profitaient de cette même nuit pour traverser la forêt de Soignes, et se réunir devant Bruxelles; après cette réunion, qui serait opérée avant neuf heures du matin, la position de l'armée française deviendrait bien délicate!!! Les deux armées ennemies se renforceraient de tout ce qu'elles avaient sur leurs derrières. Six mille Anglais étaient débarqués à Ostende depuis plusieurs jours; c'étaient des troupes de retour d'Amérique. Il serait impossible que l'armée française se hasardât de traverser la forêt de Soignes pour combattre au débouché des forces plus que doubles, formées et en position; et cependant, sous peu de semaines, l'armée russe, autrichienne, bavaroise, etc., allaient passer le Rhin, se porter sur la Marne. Le 5e corps en observation en Alsace n'était que de vingt mille hommes.

A une heure du matin, fort préocupé de ces grandes pensées, il sortit à pied, accompagné seulement de son grand-maréchal; son dessein était de suivre l'armée anglaise dans sa retraite, et de tâcher de l'entamer, malgré l'obscurité de la nuit, aussitôt qu'elle serait en marche. Il parcourut la ligne des grandes-gardes. La forêt de Soignes apparaissait comme un incendie; l'horizon entre cette forêt,

Braine-la-Leud, les fermes de la Belle-Alliance et de la Haie, était resplendissant du feu des bivouacs; le plus profond silence régnait. L'armée anglo-hollandaise était ensevelie dans un profond sommeil, suite des fatigues qu'elle avait essuyées les jours précédens. Arrivé près des bois du château d'Hougomont, il entendit le bruit d'une colonne en marche; il était deux heures et demie. Or, à cette heure, l'arrière-garde devait commencer à quitter sa position si l'ennemi était en retraite; mais cette illusion fut courte. Le bruit cessa; la pluie tombait par torrens. Divers officiers envoyés en reconnaissance et des affidés, de retour à trois heures et demie, confirmèrent que les Anglo-Hollandais ne faisaient aucun mouvement. A quatre heures les coureurs lui amenèrent un paysan qui avait servi de guide à une brigade de cavalerie anglaise qui avait été prendre position sur l'extrême gauche au village d'Ohain. Deux déserteurs belges, qui venaient de quitter leur régiment, lui rapportèrent que leur armée se préparait à la bataille, qu'aucun mouvement rétrograde n'avait eu lieu; que la Belgique faisait des vœux pour les succès de l'empereur; que les Anglais et les Prussiens y étaient également haïs.

Le général ennemi ne pouvait rien faire de plus contraire aux intérêts de son parti et de sa nation, à l'esprit général de cette campagne, et même aux règles les plus simples de la guerre, que de rester dans la position qu'il occupait ; il avait derrière lui les défilés de la forêt de Soignes ; s'il était battu, toute retraite lui était impossible. Les troupes françaises étaient bivouaquées au milieu de la boue ; les officiers tenaient pour impossible de donner bataille dans ce jour ; l'artillerie et la cavalerie ne pourraient manœuvrer dans les terres, tant elles étaient détrempées ; ils estimaient qu'il faudrait douze heures de beau temps pour les étancher. Le jour commençait à poindre ; l'empereur rentra à son quartier-général, plein de satisfaction de la grande faute que faisait le général ennemi, et fort inquiet que le mauvais temps ne l'empêchât d'en profiter. Mais déjà l'atmosphère s'éclaircissait ; à cinq heures, il aperçut quelques faibles rayons de ce soleil qui devait avant de se coucher éclairer la perte de l'armée anglaise ; l'oligarchie britannique en serait renversée ! la France allait se relever dans ce jour, plus glorieuse, plus puissante et plus grande que jamais !

L'armée anglo-hollandaise était en bataille sur la chaussée de Charleroi à Bruxelles, en avant de la forêt de Soignes, couronnant un assez beau plateau. La droite, composée des 1re et 2e divisions anglaises et de la division de Brunswick, commandées par les généraux Cook et Clinton, s'appuyait à un ravin au-delà de la route de Nivelles ; elle occupait en avant de son front le château d'Hougomont par un détachement. Le centre, composé de la 3e division anglaise et des 1er et 2e divisions belges, commandées par les généraux Alten, Collaert et Chassé, était en avant de Mont-Saint-Jean ; sa gauche était appuyée à la chaussée de Charleroi, et occupait la ferme de la Haie-Sainte par une de ses brigades. La gauche, composée des 5e et 6e divisions anglaises, et de la 3e division belge, commandées par les généraux Picton, Lambert et Perchoncher, avait sa droite appuyée à la chaussée de Charleroi ; sa gauche en arrière du village de la Haie, qu'elle occupait par un fort détachement. La réserve était à Mont-Saint-Jean, intersection des chaussées de Charleroi et de Nivelles à Bruxelles. La cavalerie, rangée sur trois lignes à la hauteur de Mont-Saint-Jean, garnissait tous les derrières de la ligne de bataille de l'armée, dont l'étendue était de deux mille cinq cents toises. Le front de l'ennemi était couvert par un obstacle naturel. Le plateau était légèrement concave à son centre, et le terrain finissait en pente douce par un ravin plus profond. La 4e division anglaise, commandée par le général Colville, occupait en flanqueurs de droite tous les débouchés depuis Hal jusqu'à Braine-la-Leud. Une brigade de cavalerie anglaise occupait en flanqueurs de gauche tous les débouchés depuis le village d'Ohain. Les forces que l'ennemi montrait étaient diversement évaluées ; mais les officiers les plus exercés les estimaient, en y comprenant les corps de flanqueurs, à quatre-vingt-dix mille hommes, ce qui s'accordait avec les renseignemens généraux. L'armée française n'était que de soixante-neuf mille hommes, mais la victoire n'en paraissait pas moins certaine. Ces soixante-neuf mille hommes étaient de bonnes troupes; et dans l'armée ennemie, les Anglais seuls, qui étaient au nombre de quarante mille hommes au plus, pouvaient être comptés comme tels.

A huit heures, on apporta le déjeuner de l'empereur, où s'assirent plusieurs officiers-généraux. Il dit : « L'armée ennemie est supérieure à la nôtre » de près d'un quart (1); nous n'en avons pas » moins quatre-vingt-dix chances pour nous, et » pas dix contre. — Sans doute, dit le maré- » chal Ney qui entrait dans ce moment, si le duc » de Wellington était assez simple pour attendre » Votre Majesté; mais je viens lui annoncer que » déjà ses colonnes sont en pleine retraite; elles » disparaissent dans la forêt. — Vous avez mal » vu, lui répondit ce prince; il n'est plus temps, » il s'exposerait à une perte certaine; il a jeté les » dés, ils sont pour nous!!! » Dans ce moment des officiers d'artillerie, qui avaient parcouru la plaine, annoncèrent que l'artillerie pouvait manœuvrer quoique avec quelques difficultés, qui dans une heure seraient bien diminuées. Aussitôt l'empereur monta

(1) Voyez le tableau ci-joint.

à cheval; il se porta aux tirailleurs vis-à-vis la Haie-Sainte, reconnut de nouveau la ligne ennemie, et chargea le général du génie Haxo, officier de confiance, de s'en approcher davantage, pour s'assurer s'il avait été élevé quelques redoutes ou retranchemens. Ce général revint promptement rendre compte qu'il n'avait aperçu aucune trace de fortification. L'empereur réfléchit un quart d'heure dicta l'ordre de bataille, que deux généraux écrivaient assis par terre. Les aides-de-camp le portèrent aux divers corps d'armée, qui étaient sous les armes pleins d'impatience et d'ardeur. L'armée s'ébranla et se mit en marche sur onze colonnes.

II. Ces onze colonnes étaient destinées, quatre à former la première ligne, quatre la seconde ligne, trois la troisième. Les quatre colonnes de la première ligne étaient : celle de gauche formée par la cavalerie du 2e corps; la deuxième par trois divisions d'infanterie du 2e corps; la troisième, par les quatre divisions d'infanterie du 1er corps; la quatrième, par la cavalerie légère du 1er corps. Les quatre colonnes de la seconde ligne étaient : celle de gauche formée par le corps de cuirassiers de Kellermann; la deuxième, par les deux divisions d'infanterie du 6e corps; la troisième, par deux divisions de cavalerie légère, l'une du 6e corps, commandée par le général de division Daumont; l'autre détachée du corps de Pajol et commandée par le général de division Subervie; la quatrième,

3...

par le corps de cuirassiers de Milhaud. Les trois colonnes de la troisième ligne étaient : celle de gauche formée par la division de grenadiers à cheval et de dragons de la garde, commandée par le général Guyot; la seconde, par les trois divisions de la vieille, moyenne et jeune garde, commandées par les lieutenans-généraux Friand, Morand et Duhesme; la troisième, par les chasseurs à cheval et les lanciers de la garde, commandés par le lieutenant-général Lefebvre-Desnouettes. L'artillerie marchait sur les flancs des colonnes; les parcs et les ambulances à la queue.

A neuf heures, les têtes des quatre colonnes formant la première ligne arrivèrent où elles devaient se déployer. En même temps on aperçut plus ou moins loin les sept autres colonnes qui débouchaient des hauteurs; elles étaient en marche, les trompettes et tambours sonnaient au champ, la musique retentissait des airs qui retraçaient aux soldats le souvenir de cent victoires. La terre paraissait orgueilleuse de porter tant de braves. Ce spectacle était magnifique; et l'ennemi, qui était placé de manière à découvrir jusqu'au dernier homme, dut en être frappé; l'armée dut lui paraître double en nombre de ce qu'elle était réellement.

Ces onze colonnes se déployèrent avec tant de précision, qu'il n'y eut aucune confusion, et chacun occupa la place qui lui était désignée dans la pensée du chef; jamais de si grandes masses ne se remuèrent avec tant de facilité. La cavalerie légère du 2e corps, qui formait la première colonne de gauche de la première ligne, se déploya sur trois lignes à cheval sur la chaussée de Nivelles à Bruxelles, à peu près à la hauteur des premiers bois du parc d'Hougomont, éclairant par la gauche toute la plaine, et ayant des grandes gardes sur Braine-la-Leud; sa batterie d'artillerie légère sur la chaussée de Nivelles. Le 2e corps, sous les ordres du général Reille, occupa l'espace compris entre la chaussée de Nivelles et celle de Charleroi; c'était une étendue de neuf cents à mille toises; la division du prince Jérôme, tenant la gauche près la chaussée de Nivelles et le bois d'Hougomont, le général Foy le centre, et le général Bachelu la droite, qui arrivait à la chaussée de Charleroi près de la ferme de la Belle-Alliance. Chaque division d'infanterie était sur deux lignes, la 2e à trente toises de la première, ayant son artillerie sur le front, et ses parcs en arrière, près de la chaussée de Nivelles. La troisième colonne, formée par le 1er corps, et commandée par le lieutenant-général comte d'Erlon, appuya sa gauche à la Belle-Alliance sur la droite de la chaussée de Charleroi, et sa droite vis-à-vis la ferme de la Haie où était la gauche de l'ennemi. Chaque division d'infanterie était sur deux lignes; l'artillerie dans les intervalles des brigades. Sa cavalerie légère, qui formait la quatrième colonne, se déploya à sa droite sur trois lignes, observant la Haie, Frischermont, et jetant des postes sur Ohain, pour observer les flanqueurs de l'ennemi ; son artillerie légère était sur sa droite.

La première ligne était à peine formée que les têtes des quatre colonnes de la deuxième ligne arrivèrent au point où elles devaient se déployer ; les cuirassiers de Kellermann s'établirent sur deux lignes à trente toises l'une de l'autre, appuyant leur gauche à la chaussée de Nivelles, à cent toises de la deuxième ligne du 2e corps, et leur droite à la chaussée de Charleroi. L'espace était de onze cents toises. Une de leurs batteries prit position sur la gauche, près de la chaussée de Nivelles ; l'autre sur la droite, près de la chaussée de Charleroi. La deuxième colonne, commandé par le lieutenant-général comte de Lobau, se porta à cinquante toises derrière la deuxième ligne du 2e corps ; elle resta en colonne serrée par division, occupant une centaine de toises de profondeur, le long et sur la gauche de la chaussée de Charleroi, avec une distance de dix toises entre les deux colonnes de division, son artillerie sur son flanc gauche. La troisième colonne, celle de sa cavalerie légère, commandée par le général de division Daumont, suivie par celle du général Subervie, se plaça en colonne serrée par escadrons, la gauche appuyée à la chaussée de Charleroi, vis-à-vis son infanterie, dont elle n'était séparée que par cette chaussée ; son artillerie légère était sur son flanc droit. La quatrième colonne, le corps de cuirassiers Milhaud, se déploya sur deux lignes à trente toises d'intervalle et à cent toises derrière la deuxième ligne du 1er corps, la gauche appuyée à la chaussée de Charleroi, la droite dans la direction de Frischermont; il occupait une étendue d'environ neuf cents toises, ses batteries étaient sur sa gauche, près de la chaussée de Charleroi, et sur son centre.

Avant que cette deuxième ligne ne fût formée, les têtes des trois colonnes de la réserve arrivèrent à leurs points de déploiement. La grosse cavalerie de la garde se plaça à cent toises derrière Kellermann, en bataille sur deux lignes, à trente toises d'intervalle; la gauche du côté de la chaussée de Nivelles, la droite du côté de celle de Charleroi, l'artillerie au centre. La colonne du centre, formée par l'infanterie de la garde, se déploya sur six lignes, chacune de quatre bataillons, à distance de dix toises l'une de l'autre, à cheval sur la route de Charleroi et un peu avant la ferme de Rossomme. Les batteries d'artillerie appartenant aux différens régimens se placèrent sur la gauche et la droite; celle à pied et à cheval de la réserve, derrière les lignes. La troisième colonne, les chasseurs à cheval et les lanciers de la garde, se déploya sur deux lignes à trente toises d'intervalle, à cent toises derrière le général Milhaud, la gauche à la chaussée de Charleroi, et la droite du côté de Frischermont, son artillerie légère sur son cen tre. A dix heures et demie, ce qui paraît incroyable, tout le mouvement était achevé, toutes les troupes étaient à leur position, le plus profond silence régnait sur le champ de bataille. L'armée se trouvait rangée sur six lignes formant la figure de six V ; les deux premières d'infanterie, ayant la cavalerie légère sur les ailes ; la troisième et la quatrième de cuirassiers ; la cinquième et la sixième de cavalerie de la garde, avec six lignes d'infanterie de la garde, perpendiculairement placées au sommet des six V, et le 6e corps, en colonne serrée, perpendiculairement aux lignes qu'occupait la garde. L'infanterie sur la gauche de la route, sa cavalerie sur la droite. Les chaussées de Charleroi et de Nivelles étaient libres, c'étaient les moyens de communication pour que l'artillerie de réserve pût arriver rapidement sur les divers points de la ligne.

L'empereur parcourut les rangs ; il serait difficile d'exprimer l'enthousiasme qui animait tous les soldats : l'infanterie légère avait ses shakos au bout des baïonnettes ; les cuirassiers, dragons et cavalerie légère, leurs casques ou shakos au bout de leurs sabres. La victoire paraissait certaine ; les vieux soldats qui avaient assisté à tant de combats admirèrent ce nouvel ordre de bataille ; ils cherchaient à pénétrer les vues ultérieures de leur général ; ils discutaient le point et la manière dont devait avoir lieu l'attaque. Pendant ce temps l'empereur donna ses derniers ordres, et se porta à la tête de sa garde au sommet des six V, sur les hauteurs de Rossomme, mit pied à terre; de là il découvrait les deux armées; la vue s'étendait fort loin à droite et à gauche du champ de bataille.

Une bataille est une action dramatique, qui a son commencement, son milieu et sa fin. L'ordre de bataille que prennent les deux armées, les premiers mouvemens pour en venir aux mains, sont l'exposition; les contre-mouvemens que fait l'armée attaquée forment le nœud, ce qui oblige à de nouvelles dispositions et amène la crise d'où naît le résultat, ou dénoûment. Aussitôt que l'attaque du centre de l'armée française aurait été démasquée, le général ennemi ferait des contre-mouvemens, soit par ses ailes, soit derrière sa ligne, pour faire diversion ou accourir au secours du point attaqué; aucun de ces mouvemens ne pouvait échapper à l'œil exercé de Napoléon dans la position centrale où il s'était placé, et il avait dans sa main toutes ses réserves pour les porter à volonté où l'urgence des circonstances exigerait leur présence.

III. Dix divisions d'artillerie, parmi lesquelles trois divisions de douze, se réunirent, la gauche appuyée à la chaussée de Charleroi sur les monticules au-delà de la Belle-Alliance et en avant de la division de gauche du 1er corps. Elles étaient destinées à soutenir l'attaque de la Haie-Sainte, que devaient faire deux divisions du 1er corps et les deux divisions du 6e, dans le temps que les deux autres divisions du 1er corps se porteraient sur la Haie. Par ce moyen, toute la gauche de l'ennemi serait tournée. La division de cavalerie légère du 6e corps, en colonne serrée, et celle du 1er corps qui était sur ses ailes, devaient participer à cette attaque, que les 2e et 3e lignes de cavalerie soutiendraient, ainsi que toute la garde à pied et à cheval. L'armée française, maîtresse de la Haie et de Mont-Saint-Jean, couperait la chaussée de Bruxelles à toute la droite de l'armée anglaise, où étaient ses principales forces. L'empereur avait préféré tourner la gauche de l'ennemi plutôt que sa droite, 1° afin de le couper d'avec les Prussiens qui étaient à Wavres, et de s'opposer à leur réunion s'ils l'avaient préméditée; et quand même ils ne l'eussent pas préméditée, si l'attaque se fût faite par la droite, l'armée anglaise repoussée se serait reployée sur l'armée prussienne; au lieu que, faite sur la gauche, elle en était séparée et jetée dans la direction de la mer; 2° parce que la gauche parut beaucoup plus faible; 3° enfin que l'empereur attendait à chaque instant l'arrivée d'un détachement du maréchal Grouchy pour sa droite, et ne voulait pas courir les chances de s'en trouver séparé.

Pendant que tout se préparait pour cette attaque décisive, la division du prince Jérôme, sur la gauche, engagea la fusillade au bois d'Hougomont;

bientôt elle devint très-vive ; l'ennemi ayant démasqué près de quarante pièces d'artillerie, le général Reille fit avancer la batterie d'artillerie de sa 2e division, et l'empereur envoya l'ordre au général Kellermann de faire avancer ses douze pièces d'artillerie légère ; la canonnade devint bientôt fort vive. Le prince Jérôme enleva plusieurs fois le bois d'Hougomont, et plusieurs fois en fut repoussé ; il était défendu par la division des gardes anglaises, les meilleures troupes de l'ennemi, qu'on vit avec plaisir être sur sa droite, ce qui rendait plus facile la grande attaque sur la gauche. La division Foy soutint la division du prince Jérôme : il se fit de part et d'autre des prodiges de valeur ; les gardes anglaises couvrirent de leurs cadavres le bois et les avenues du château, mais non sans vendre chèrement leur sang. Après diverses vicissitudes qui occupèrent plusieurs heures de la journée, le bois tout entier resta aux Français ; mais le château, où s'étaient crénelés plusieurs centaines de braves, opposait une résistance invincible ; l'empereur ordonna de réunir une batterie de huit obusiers qui mirent le feu aux granges et aux toits, et rendirent les Français maitres de cette position.

Le maréchal Ney obtint l'honneur de commander la grande attaque du centre ; elle ne pouvait pas être confiée à un homme plus brave et plus accoutumé à ce genre d'affaires. Il envoya un de ses aides-de-camp prévenir que tout était prêt et qu'il n'attendait plus que le signal. Avant de le donner, l'empereur voulut jeter un dernier regard sur tout le champ de bataille, et aperçut dans la direction de Saint-Lambert un nuage qui lui parut être des troupes. Il dit à son major-général : « — Maréchal, que voyez-vous sur Saint-Lambert ! — J'y crois voir cinq à six mille hommes ; » c'est probablement un détachement de Grouchy. » Toutes les lunettes de l'état-major furent fixées sur ce point. Le temps était assez brumeux. Les uns soutenaient, comme il arrive en pareille occasion, qu'il n'y avait pas de troupes, que c'étaient des arbres ; d'autres, que c'étaient des colonnes en position ; quelques-uns que c'étaient des troupes en marche. Dans cette incertitude, sans plus délibérer, il fit appeler le lieutenant-général Daumont, et lui ordonna de se porter avec sa division de cavalerie légère et celle du général Subervic pour éclairer sa droite, communiquer promptement avec les troupes qui arrivaient sur Saint-Lambert, opérer la réunion si elles appartenaient au maréchal Grouchy, les contenir si elles étaient ennemies. Ces trois mille hommes de cavalerie n'eurent qu'à faire un à droite par quatre pour être hors des lignes de l'armée ; ils se portèrent rapidement et sans confusion à trois mille toises, et s'y rangèrent en bataille, en potence sur toute la droite de l'armée.

IV. Un quart-d'heure après un officier de chasseurs amena un hussard noir prussien qui venait d'être fait prisonnier par les coureurs d'une colonne volante de trois cents chasseurs qui battait l'estrade entre Wavres et Planchenoit. Ce hussard était porteur d'une lettre, il était fort intelligent, et donna de vive voix tous les renseignemens que l'on put désirer. La colonne qu'on aperçut à Saint-Lambert était l'avant-garde du général prussien Bulow, qui arrivait avec trente mille hommes; c'était le 4e corps prussien qui n'avait pas donné à Ligny. La lettre était effectivement l'annonce de l'arrivée de ce corps; ce général demandait au duc de Wellington des ordres ultérieurs. Le hussard dit qu'il avait été le matin à Wavres, que les trois autres corps de l'armée prussienne y étaient campés, et qu'ils y avaient passé la nuit du 17 au 18; qu'ils n'avaient aucun Français devant eux; qu'il supposait que les Français avaient marché sur Planchenoit; qu'une patrouille de son régiment avait été dans la nuit jusqu'à deux lieues de Wavres sans rencontrer aucun corps français. Le duc de Dalmatie expédia sur-le-champ la lettre interceptée et le rapport du hussard au maréchal Grouchy auquel il réitéra l'ordre de marcher de suite sur Saint-Lambert, et de prendre à dos le corps du général Bulow. Il était onze heures; l'officier n'avait au plus que quatre ou cinq lieues à faire, toujours sur de bons chemins, pour atteindre le maréchal Grouchy: il promit d'y être à une heure. Par la dernière nouvelle reçue de ce maréchal, on savait qu'il devait, à la pointe du jour, se porter sur Wavres; or de Gembloux à Wavre il n'y a que trois lieues : soit qu'il eût ou non reçu les ordres expédiés dans la nuit du quartier impérial, il devait être indubitablement engagé à l'heure qu'il était devant Wavres. Les lunettes dirigées sur ce point n'apercevaient rien ; on n'entendait aucun coup de canon. Peu après, le général Daumont envoya dire que quelques coureurs bien montés, qui le précédaient, avaient rencontré des patrouilles ennemies dans la direction de Saint-Lambert; qu'on pouvait tenir pour sûr que les troupes que l'on y voyait étaient ennemies; qu'il avait envoyé dans plusieurs directions des patrouilles d'élite pour communiquer avec le maréchal Grouchy et lui porter des avis et des ordres.

L'empereur fit ordonner immédiatement au comte de Lobau de traverser la chaussée de Charleroi, par un changement de direction à droite par division, et de se porter pour soutenir la cavalerie légère du côté de Saint-Lambert; de choisir une bonne position intermédiaire, où il pût, avec dix mille hommes, en arrêter trente mille, si cela devenait nécessaire; d'attaquer vivement les Prussiens, aussitôt qu'il entendrait les premiers coups de canon des troupes que le maréchal Grouchy avait détachées derrière eux. Ces dispositions furent exécutées sur-le-champ. Il était de la plus haute importance que le mouvement du comte de Lobau se fit sans retard. Le maréchal Grouchy devait avoir de Wavres détaché six à sept mille hommes sur Saint-Lambert, lesquels se trouveraient compromis, puisque le corps du général Bulow était de trente mille hommes; tout comme le corps du général Bulow serait compromis et perdu si, au moment qu'il serait attaqué en queue par six ou sept mille hommes, il était attaqué en tête par un homme du caractère du comte de Lobau. Dix-sept à dix-huit mille Français disposés et commandés ainsi étaient d'une valeur bien supérieure à trente mille Prussiens; mais ces événemens portèrent du changement dans le premier plan de l'empereur; il se trouva affaibli, sur le champ de bataille, de dix mille hommes qu'il était obligé d'envoyer contre le général Bulow; ce n'était plus que cinquante-neuf mille hommes qu'il avait contre quatre-vingt-dix mille; ainsi l'armée ennemie contre laquelle il avait à lutter venait d'être augmentée de trente mille hommes déjà rendus sur le champ de bataille; elle était de cent vingt mille hommes contre soixante-neuf mille, c'était un contre deux. « *Nous avions ce matin quatre-vingt-dix* » *chances pour nous*, dit-il au duc de Dalmatie; » *l'arrivée de Bulow nous en fait perdre trente:* » *mais nous en avons encore soixante contre quarante, et si Grouchy répare l'horrible faute* » *qu'il a commise hier de s'amuser à Gembloux, et envoie son détachement avec rapidité, la victoire en sera plus décisive, car*

» *le corps de Bulow sera entièrement perdu.* »

On était sans inquiétude pour le maréchal Grouchy ; après le détachement qu'il aurait pu faire sur Saint-Lambert, il lui restait encore vingt-sept à vingt-huit mille hommes ; or les trois corps que le maréchal Blücher avait à Wavres, qui devant Ligny étaient de quatre-vingt-dix mille hommes, étaient réduits à quarante mille, non-seulement par la perte de trente mille qu'il avait éprouvée dans la bataille, mais aussi par celle de vingt mille hommes qui s'étaient débandés et ravageaient les bords de la Meuse, et par quelques détachemens auxquels ce maréchal avait été obligé pour les couvrir ainsi que les bagages qui se trouvaient dans la direction de Namur et de Liège ; or quarante mille ou quarante-cinq mille Prussiens battus, découragés, ne pouvaient pas en imposer à vingt-huit mille Français bien placés et victorieux.

V. Il était midi ; les tirailleurs étaient engagés sur toute la ligne, mais le combat n'avait réellement lieu que sur la gauche, dans le bois et au château d'Hougomont. Du côté de l'extrême droite les troupes du général Bulow étaient encore sationnaires, elles paraissaient se former et attendre que leur artillerie eût passé le défilé. L'empereur envoya l'ordre au maréchal Ney de commencer le feu de ses batteries, de s'emparer de la ferme de la Haie-Sainte et d'y mettre en position une division d'infanterie ; de s'emparer également du village de la Haie et d'en déposter l'ennemi, afin d'intercepter toute communication entre l'armée anglo-hollandaise et le corps du général Bulow. Quatre-vingts bouches à feu vomirent bientôt la mort sur toute la gauche de la ligne anglaise; une de ses divisions fut entièrement détruite par les boulets et la mitraille. Pendant que cette attaque était démasquée, l'empereur observait avec attention quel serait le mouvement du général ennemi; il n'en fit aucun sur sa droite; mais il s'aperçut qu'il préparait sur la gauche une grande charge de cavalerie; il s'y porta au galop. La charge avait eu lieu: elle avait repoussé une colonne d'infanterie qui s'avançait sur le plateau, lui avait enlevé deux aigles et désorganisé sept pièces de canon. Il ordonna à une brigade de cuirassiers du général Milhaud, de la deuxième ligne, de charger cette cavalerie. Elle partit aux cris de vive l'empereur: la cavalerie anglaise fut rompue, la plus grande partie resta sur le champ de bataille; les canons furent repris, l'infanterie protégée. Diverses charges d'infanterie et de cavalerie eurent lieu; le détail en appartient plus à l'histoire de chaque régiment qu'à l'histoire générale de la bataille, où ces récits multipliés ne porteraient que du désordre; il suffit de dire qu'après trois heures de combat la ferme de la Haie-Sainte, malgré la résistance des régimens écossais, fut occupée par l'infanterie française, et le but que s'était promis le général français obtenu. Les 6e et 5e divisions anglaises furent détruites; le général Picton resta mort sur le champ de bataille.

L'empereur parcourut pendant ce combat la ligne d'infanterie du 1er corps, la ligne de cavalerie des cuirassiers Milhaud, et celle en 3e ligne de la garde, au milieu des boulets, de la mitraille et des obus; ils ricochaient d'une ligne à l'autre. Le brave général Devaux, commandant l'artillerie de la garde, qui était à ses côtés, fut enlevé par un boulet: perte sensible, surtout dans ce moment, puisqu'il savait mieux que personne les positions qu'occupaient les réserves de l'artillerie de la garde, fortes de quatre-vingt-seize bouches à feu. Le général de brigade Lallemand lui succéda, et fut blessé peu après.

Le désordre était dans l'armée anglaise; les bagages, les charrois, les blessés, voyant les Français s'approcher de la chaussée de Bruxelles et du principal débouché de la forêt, accouraient en foule pour opérer leur retraite. Tous les fuyards anglais, belges, allemands, qui avaient été sabrés par la cavalerie, se précipitaient sur Bruxelles. Il était quatre heures; la victoire aurait dès lors été décidée; mais le corps du général Bulow opéra dans ce moment sa puissante diversion. Dès deux heures après midi le général Daumont avait fait prévenir que le général Bulow débouchait sur trois colonnes, et que les chasseurs français tiraillaient tout en se retirant devant l'ennemi qui lui paraissait très-nombreux; il l'évaluait à plus de quarante mille hommes; il disait de plus que ses coureurs, bien montés, avaient fait plusieurs lieues dans diverses directions, n'avaient rapporté aucune nouvelle du maréchal Grouchy; qu'il ne fallait donc pas compter sur lui. Dans ces mêmes momens l'empereur reçut de Gembloux des nouvelles bien fâcheuses: Le maréchal Grouchy, au lieu d'être parti de Gembloux à la petite pointe du jour, comme il l'avait annoncé par sa dépêche de deux heures après minuit, n'avait pas quitté ce camp à dix heures du matin. L'officier l'attribuait à l'horrible temps qu'il faisait; motif ridicule, cette inexcusable lenteur, dans des circonstances si délicates, d'un officier aussi zélé, ne se pouvait expliquer.

VI. Cependant la canonnade tarda peu à s'engager entre le général Bulow et le comte de Lobau. L'armée prussienne marchait en échelons, le centre en avant. Sa ligne de bataille était perpendiculaire sur le flanc droit de l'armée, parallèlement à la chaussée de la Haie-Sainte à Planchenoit. L'échelon du centre démasqua une trentaine de bouches à feu; l'artillerie lui en opposa un pareil nombre. Après une heures de cannonade, le comte de Lobau, s'apercevant que le premier échelon n'était pas soutenu, marcha à lui, l'enfonça et le repoussa fort loin; mais les deux autres lignes, qui paraissaient avoir été retardées par les mauvais chemins, rallièrent le premier échelon, et sans essayer d'enfoncer la ligne française, elles cherchèrent à la déborder par un à gauche en bataille. Le comte de Lobau, craignant d'être tourné, exécuta sa retraite en échiquier, en s'approchant de l'armée. Les feux des batteries prusiennes doublèrent ; on compta jusqu'à soixante bouches à feu : les boulets tombaient sur la chaussée en avant et en arrière de la Belle-Alliance où se trouvait l'empereur avec la garde ; c'était la ligne d'opérations de l'armée : au moment le plus critique l'ennemi s'était tellement approché que sa mitraille labourait cette chaussée ; l'empereur ordonna alors au général Duhesme, qui commandait la jeune garde, de se porter sur la droite du 6e corps avec ses deux brigades d'infanterie et vingt-quatre bouches à feu de la garde. Un quart d'heure après, cette formidable batterie commença le feu ; l'artillerie française ne tarda pas à acquérir la supériorité ; elle était mieux servie et mieux placée. Aussitôt que la jeune garde fut engagée, le mouvement des Prussiens parut arrêté, on remarqua du flottement dans leur ligne, mais cependant ils continuèrent encore à la prolonger par leur gauche, débordant la droite française arrivant jusqu'à la hauteur de Planchenoit ; le lieutenant-général Morand se porta alors avec quatre bataillons de vieille garde et seize pièces de canon à la droite de la jeune garde ; deux régimens de vieille garde prirent position en avant de Planchenoit ; la ligne prussienne se trouva débordée, le général Bulow fut repoussé, sa gauche fit un mouvenent en arrière, convergea, et insensiblement toute sa ligne recula. Le comte de Lobau, le général Duhesme et le général Morand marchèrent en avant, ils occupèrent bientôt les positions qu'avait occupées l'artillerie du général Bulow. Non-seulement ce général avait épuisé son attaque, démasqué toutes ses réserves, mais, d'abord contenu, il était à présent en retraite. Les boulets prussiens non-seulement n'arrivaient plus sur la chaussée de Charleroi, mais n'atteignaient pas les positions qu'avait occupées le comte de Lobau; il était sept heures du soir.

VII. Il y avait deux heures que le comte d'Erlon s'était emparé de la Haie, avait débordé toute la gauche anglaise et la droite du général Bulow. La cavalerie légère du 1er corps, poursuivant l'infanterie ennemie sur le plateau de la Haie, avait été ramenée par une cavalerie supérieure en nombre; le comte Milhaud gravit alors la hauteur avec ses cuirassiers, et fit prévenir le général Lefebvre-Desnouettes, qui se mit aussitôt au trot pour le soutenir. Il était cinq heures, c'était le moment où l'attaque du général Bulow était la plus menaçante, où, loin d'être contenu, il montrait toujours de nouvelles troupes qui étendaient sa ligne sur la droite. La cavalerie anglaise fut repoussée par les intrépides cuirassiers et les chasseurs de la garde. Les Anglais abandonnèrent tout le champ de bataille entre la Haie Sainte et Mont-Saint-Jean, celui qu'avait occupé toute leur gauche, et furent acculés sur leur droite. A la vue de ces charges brillantes, des cris de victoire se firent entendre sur le champ de bataille. L'empereur dit : « *C'est » trop tôt d'une heure; cependant il faut soutenir » ce qui est fait.* » Il envoya l'ordre aux cuirassiers Kellermann, qui étaient toujours en position sur la gauche, de se porter au grand trot pour appuyer la cavalerie sur le plateau. Le général Bulow menaça dans ce moment le flanc et les derrières de l'armée; il était important de ne faire aucun mouvement rétrograde nulle part, et de se maintenir dans la position, quoique prématurée, qu'avait prise la cavalerie. Ce mouvement au grand trot de trois mille cuirassiers qui défilaient aux cris de vive l'empereur, et sous la canonnade des Prussiens, fit une diversion heureuse dans ce moment de crise. La cavalerie marchait comme à la poursuite de l'armée anglaise, et l'armée du général Bulow faisait encore des progrès sur le flanc et les derrières. Pour savoir si on était vainqueur ou en danger, le soldat, l'officier même cherchait à deviner dans le regard du chef; mais il ne respirait que la confiance. C'était depuis vingt ans la cinquantième bataille rangée qu'il commandait. Cependant la division de grosse cavalerie de la garde, sous les ordres du général Guyot, qui était en deuxième ligne, derrière les cuirassiers Kellermann, suivait au grand trot et se portait sur le plateau; l'empereur s'en aperçut; il envoya le comte Bertrand pour la rappeler; c'était sa réserve : quand ce général arriva, elle était déjà engagée, et tout mouvement rétrograde eût été dangereux. Dès cinq heures du soir l'empereur se trouva ainsi privé de sa réserve de cavalerie, de cette réserve qui, bien employée, lui avait donné tant de fois la victoire. Cependant ces douze mille hommes de cavalerie d'élite firent des miracles ; ils culbutèrent toute la cavalerie plus nombreuse de l'ennemi qui voulut s'opposer à eux, enfoncèrent plusieurs carrés d'infanterie, désorganisèrent, s'emparèrent de soixante bouches à feu, et prirent au milieu des carrés six drapeaux que trois chasseurs de la garde et trois cuirassiers présentèrent à l'empereur devant la Belle-Alliance. L'ennemi, pour la seconde fois de la journée, crut la bataille perdue, et voyait avec effroi combien le mauvais champ de bataille qu'il avait choisi allait apporter de difficultés à sa retraite. La brigade Ponsonby, chargée par les lanciers rouges de la garde, commandés par le général Colbert, fut enfoncée, son général fut percé de sept coups de lance et tomba mort. Le prince d'Orange, sur le point d'être pris, fut blessé grièvement ; mais n'étant pas soutenue par une forte masse d'infanterie qui était encore retenue par l'attaque du général Bulow, cette brave cavalerie dut se borner à conserver le champ de bataille qu'elle avait conquis. Enfin, à sept heures, lorsque l'attaque du général Bulow eut été repoussée, et que la cavalerie se maintenait toujours sur le plateau qu'elle avait conquis, la victoire était gagnée; soixante-neuf mille Français avaient battu cent vingt mille hommes. La joie était sur toutes les figures, et l'espoir dans tous les cœurs. Ce sentiment succédait à l'étonnement qu'on avait éprouvé pendant la durée de cette attaque de flanc, faite par une armée tout entière, et qui pendant une heure avait menacé la retraite même de l'armée. Dans ce moment on entendit distinctement la canonnade du maréchal Grouchy; elle avait dépassé Wavres dans le point le plus éloigné et dans le point le plus près; elle était derrière Saint-Lambert.

VIII. Le maréchal Grouchy n'était parti qu'à dix heures du matin de son camp de Gembloux, se trouvant entre midi et une heure à mi-chemin de Wavres, à Sart-à-Walin. Il entendit l'épouvantable canonnade de Waterloo. Aucun homme exercé ne pouvait s'y tromper; c'étaient plusieurs centaines de bouches à feu, et dès lors deux armées qui s'envoyaient réciproquement la mort (1). Le général Excelmans, qui commandait la cavalerie, en fut vivement ému; il se rendit près du maréchal et lui dit : « L'empereur » est aux mains avec l'armée anglaise; cela n'est » pas douteux; un feu aussi terrible ne peut pas

(1) Le conseil de passer la Dyle pour marcher au canon a été donné par le général comte GÉRARD. L'Empereur, n'ayant pu aller à l'aile droite, a préjugé ce qui s'y était passé d'après les ordres qu'il avait donnés. (*Note de l'éditeur.*)

» être une rencontre. Monsieur le maréchal, il faut » marcher sur le feu. Je suis un vieux soldat de » l'armée d'Italie ; j'ai cent fois entendu le général » Bonaparte prêcher ce principe. Si nous prenons » à gauche nous serons dans deux heures sur le » champ de bataille. — Je crois, lui dit le maré- » chal, que vous avez raison ; mais si Blücher dé- » bouche de Wavres sur moi, et me prend en flanc, » je serai compromis pour n'avoir point obéi à mon » ordre, qui est de marcher contre Blücher. » Le comte GÉRARD joignit dans ce moment le maréchal et lui donna le même conseil que le général Excelmans (1). « Votre ordre porte, lui dit-il, d'être hier à » Wavres, et non aujourd'hui ; le plus sûr est d'aller » sur le champ de bataille. Vous ne pouvez vous » dissimuler que Blücher a gagné une marche sur » vous ; il était hier à Wavres, et vous à Gembloux, » et qui sait maintenant où il est ? S'il est réuni à » Wellington, nous le trouverons sur le champ de » bataille, et dès lors votre ordre est exécuté à la » lettre ! s'il n'y est pas, votre arrivée décidera de » la bataille ! dans deux heures nous pouvons pren- » dre part au feu, et si nous avons détruit l'armée » anglaise, que nous fait Blücher déjà battu ? » Le maréchal parut convaincu ; mais dans ce moment il reçut le rapport que sa cavalerie légère

(1) Le général Vandamme, que le maréchal joignit, donna le même conseil.

(Note de l'éditeur.)

était arrivée à Wavres, et était aux mains avec les Prussiens; que toutes leurs forces y étaient réunies, et qu'elles consistaient au moins en quatre-vingt mille hommes. A cette nouvelle, il continua son mouvement sur Wavres; il y arriva à quatre heures après midi. Croyant avoir devant lui toute l'armée prussienne, il mit deux heures pour se ranger en bataille et faire ses dispositions. C'est alors qu'il reçut l'officier expédié du champ de bataille à dix heures du matin. Il détacha le général Pajol avec douze mille hommes pour se porter sur Limale, pont sur la Dyle, à une lieue derrière Saint-Lambert. Ce général y arriva à sept heures du soir; il traversa la rivière : pendant ce temps le maréchal Grouchy attaqua Wavres.

IX. Le maréchal Blücher avait passé la nuit du 17 au 18 à Wavres avec les quatre corps de son armée, formant soixante-quinze mille hommes. Instruit que le duc de Wellington était décidé à recevoir la bataille en avant de la forêt de Soignes, s'il pouvait compter sur son concours, il détacha dans la matinée son 4e corps qui passa la Dyle à Limale et se réunit à Saint-Lambert. Ce corps était entier; c'était celui qui n'avait pas donné à Ligny. La cavalerie légère du maréchal Blücher, qui battait l'estrade à deux lieues de son camp de Wavres, n'avait encore aucune nouvelle du maréchal Grouchy; à sept heures du matin, elle ne voyait que quelques piquets de coureurs. Blücher en conclut que toute l'armée était réunie devant Mont-Saint-Jean; il mit en mouvement le 2e corps commandé par le général Pirch. Ce corps était réduit à dix huit mille hommes. Il marcha lui-même avec le 1er corps du général Zietten, réduit à treize mille hommes, et laissa le général Thielman avec le 3e corps en position à Wavres.

Le 2e corps du général Pirch marcha par Lasne, et Blücher avec le 1er corps marcha sur Ohain, où il se réunit à six heures du soir à la brigade de cavalerie anglaise qui était en flanqueurs. Il y reçut le rapport que le maréchal Grouchy, avec des forces considérables, s'était présenté devant Wavres à quatre heures; qu'il faisait des dispositions d'attaque, que le 3e corps n'était pas en mesure de lui résister. Le maréchal Blücher n'avait pas deux partis à prendre. Il appuya sur ses principales forces le général Bulow et les Anglais, et envoya l'ordre au général Thielman de tenir aussi long-temps que possible, et de se retirer sur lui, s'il y était forcé. Effectivement il n'était plus en mesure de retourner sur Wavres; il n'y serait arrivé qu'à la nuit close, et si l'armée anglo-hollandaise était battue, il se serait trouvé entre deux feux; tandis que s'il continuait sur l'armée anglo-hollandaise et qu'elle eût la victoire, il serait toujours à temps de retourner contre le maréchal Grouchy. Son mouvement fut fort lent, ses troupes étaient très-fatiguées et les chemins tout-à-fait défoncés et pleins de défilés. Ces deux colonnes, fortes ensemble de trente-un mille hommes, ouvrirent la communication entre le général Bulow et les Anglais. Le premier, qui était en pleine retraite, s'arrêta ; Wellington, qui était au désespoir et n'avait devant lui que la perspective d'une défaite assurée, vit son salut. La brigade de cavalerie anglaise qui était à Ohain le rejoignit, ainsi qu'une partie de la 4e division des flanqueurs de droite : si le maréchal Grouchy eût couché devant Wavres, comme il le devait et en avait l'ordre, le soir du 17, le maréchal Blücher y fût resté en observation avec toutes ses forces, se croyant poursuivi par toute l'armée française. Si le maréchal Grouchy, comme il l'avait écrit à deux heures après minuit de son camp de Gembloux, eût pris les armes à la pointe du jour, c'est-à-dire à quatre heures du matin, il ne fût pas arrivé à Wavres à temps pour empêcher le détachement du général Bulow, mais il eût arrêté les trois autres corps du maréchal Blücher. La victoire était encore certaine, mais le maréchal Grouchy n'arriva qu'à quatre heures et demie devant Wavres, et n'attaqua qu'à six heures ; il n'était plus temps ! L'armée française, forte de soixante-neuf mille hommes, qui à sept heures du soir était victorieuse d'une armée de cent vingt mille hommes, occupait la moitié du champ de bataille des anglo-hollandais et avait repoussé le corps du général Bulow, se vit arracher la victoire par l'arrivée du maréchal Blücher avec trente mille hommes de troupes fraîches, renfort qui portait l'armée alliée en ligne à près de cent cinquante mille hommes, c'est-à-dire, deux et demi contre un.

X. Aussitôt que l'attaque du général Bulow eut été repoussée, l'empereur donna des ordres au général Drouot, qui faisait les fonctions d'aide-major-général de la garde, pour rallier toute sa garde en avant de la ferme de la Belle-Alliance, où il était avec huit bataillons qui étaient rangés sur deux lignes; les huit autres avaient marché pour soutenir la jeune garde et défendre Planchenoit. Cependant la cavalerie qui continuait à occuper la position sur le plateau d'où elle dominait tout le champ de bataille, s'étant aperçu du mouvement du général Bulow, mais prenant confiance dans les réserves de la garde qu'elle voyait là pour les contenir, n'en conçut pas d'inquiétude et poussa des cris de victoire lors qu'elle vit ce corps repoussé; elle n'attendait que l'arrivée de l'infanterie de la garde pour décider de la victoire; mais elle éprouva de l'étonnement lorsqu'elle aperçut l'arrivée des colonnes nombreuses du maréchal Blücher. Quelques régimens firent un mouvement en arrière; l'empereur s'en aperçut. Il était de la plus haute importance de redonner contenance à la cavalerie, et voyant qu'il lui fallait encore un quart-d'heure pour rallier toute sa garde, il se mit à la tête de quatre bataillons, et s'avança sur la gauche en avant de la Haie-Sainte, envoyant des aides de camp parcourir la ligne pour annoncer l'arrivée du maréchal Grouchy, et dire qu'avec un peu de contenance la victoire allait se décider.

Le général Reille réunit tout son corps sur la gauche en avant du chateau d'Hougomont, et prépara son attaque; il était important que la garde s'engageât tout à la fois; mais les huit autres bataillons étaient encore en arrière. Maîtrisé par les événemens, voyant la cavalerie décontenancée, et qu'il fallait une réserve d'infanterie pour la soutenir, il ordonna au général Friant de se porter avec ses quatre bataillons de la moyenne garde au devant de l'attaque de l'ennemi; la cavalerie se rassit et marcha en avant avec son intrépidité accoutumée. Les quatre bataillons de la garde repoussèrent tout ce qu'ils rencontrèrent; des charges de cavalerie portèrent la terreur dans les rangs anglais. Dix minutes après les autres bataillons de la garde arrivèrent; l'empereur les rangea par brigades, deux bataillons en bataille et deux en colonnes sur la droite et la gauche; la 2e brigade en échelons, ce qui réunissait l'avantage des deux ordres. Le soleil était couché; le général Friant, blessé, passant dans ce moment, dit que tout allait bien; que l'ennemi paraissait former son arrière-garde pour appuyer sa retraite; mais qu'il serait entièrement rompu aussitôt que le reste de la garde déboucherait. Il fallait un quart d'heure ! C'est dans ce moment que le maréchal Blücher arriva à la Haie et culbuta le corps français qui la défendait ; c'était la 4e division du 1er corps ; elle se mit en déroute et ne rendit qu'un léger combat. Quoiqu'elle fût attaquée par des forces quadruples, pour peu qu'elle eût montré quelque résolution, ou qu'elle se fût crénelée dans les maisons, il était nuit, le maréchal Blücher n'aurait pas eu le temps de forcer le village. C'est là où l'on dit avoir entendu le cri de sauve qui peut. La trouée faite, la ligne rompue par le peu de vigueur des troupes de la Haie, la cavalerie ennemie inonda le champ de bataille. Le général Bulow marcha en avant, le comte de Lobau fit bonne contenance. La cohue devint telle qu'il fallut ordonner un changement de front à la garde qui était formée pour se porter en avant. Ce mouvement s'exécuta avec ordre ; la garde fit face en arrière, la gauche du côté de la Haie-Sainte, et la droite du côté de la Belle-Alliance, faisant front aux Prussiens et à l'attaque de la Haie ; immédiatement après, chaque bataillon se forma en carré. Les quatre escadrons de service chargèrent les Prussiens. Dans ce moment la brigade de cavalerie anglaise qui arrivait d'Ohain marcha en avant. Ces deux mille chevaux pénétrèrent entre le général Reille et la garde. Le désordre devint épouvantable sur tout le champ de bataille ; l'empereur n'eut que le temps de se mettre sous la protection d'un des carrés de la garde. Si la division de cavalerie de réserve du général Guyot ne se fût engagée sans ordre à la suite des cuirassiers Kellermann, elle eût repoussé cette charge, empêché la cavalerie anglaise de pénétrer sur le champ de bataille, et la garde à pied eût alors pu contenir tous les efforts de l'ennemi. Le général Bulow marcha par sa gauche, débordant toujours tout le champ de bataille. La nuit augmentait le désordre et s'opposait à tout: s'il eût fait jour, et que les troupes eussent pu voir l'empereur, elles se fussent ralliées: rien n'était possible dans l'obscurité. La garde se mit en retraite, le feu de l'ennemi était déjà à quatre cents toises sur les derrières, et les chaussées coupées. L'empereur, avec son état-major, resta long-temps avec les régimens de la garde sur un mamelon. Quatre pièces de canon qui y étaient, tirèrent vivement dans la plaine, la dernière décharge blessa lord Paget, général de la cavalerie anglaise. Enfin, il n'y avait plus un moment à perdre. L'empereur ne put faire sa retraite qu'à travers champs: cavalerie, artillerie, infanterie, tout était pêle-mêle. L'état-major gagna la petite ville de Genape; il espérait pouvoir y rallier un corps d'arrière-garde; mais le désordre était épouvantable, tous les efforts qu'on fit furent vains. Il était onze heures du soir. Dans l'impossibilité d'organiser une défense, il mit son espoir dans la division Girard, 3e du 2e corps, qu'il avait laissée sur le champ de bataille de Ligny, et à laquelle il avait envoyé l'ordre de se porter aux Quatre-Bras pour soutenir la retraite.

Jamais l'armée française ne s'est mieux battue que dans cette journée; elle a fait des prodiges de valeur; et la supériorité des troupes françaises, infanterie, cavalerie, artillerie, était telle sur l'ennemi, que, sans l'arrivée des 1er et 2e corps prussiens, la victoire avait été remportée et eût été complète contre l'armée anglo-hollandaise et le corps du général Bulow, c'est-à-dire un contre deux (soixante-neuf mille hommes contre cent vingt mille.)

La perte de l'armée anglo-hollandaise et celle du général Bulow furent, pendant la bataille, de beaucoup supérieures à celle des Français, et les pertes que les Français éprouvèrent dans la retraite, quoique très-considérables, puisqu'ils eurent six mille prisonniers, ne compensent pas encore les pertes des alliés dans ces quatre jours, perte qu'ils avouent être de soixante mille hommes, savoir: onze mille trois cents Anglais, trois mille cinq cents Hanovriens, huit mille Belges, Nassaus, Brunswickois; total, vingt-deux mille huit cents, pour l'armée anglo-hollandaise: Prussiens, trente-huit mille; total général, soixante mille huit cents. Les pertes de l'armée française, même y compris celles éprouvées dans la déroute et jusqu'aux portes de Paris, ont été de quarante-un mille hommes.

La garde impériale a soutenu son ancienne réputation; mais elle s'est trouvée engagée dans de malheureuses circonstances; elle était débordée par la droite et la gauche, inondée de fuyards et d'ennemis lorsqu'elle a commencé à entrer en ligne; car si cette grande eût pu se battre, les flancs appuyés, elle eût repoussé les efforts des deux armées ennemies réunies. Pendant plus de quatre heures douze mille hommes de cavalerie française ont été maîtres d'une partie du champ de bataille de l'ennemi, ont lutté contre toute l'infanterie et contre dix-huit mille hommes de cavalerie anglo-hollandaise qui ont été constamment repoussés dans toutes leurs charges. Le lieutenant général Duhesme, vieux soldat couvert de blessures, et de la plus grande bravoure, fut fait prisonnier en voulant rallier une arrière-garde. Le comte de Lobau a été pris de même. Cambronne, général de la garde, est resté grièvement blessé sur le champ de bataille. Sur vingt-quatre généraux anglais, douze ont été tués ou blessés grièvement. Les Hollandais ont perdu trois généraux. Le général français Duhesme a été assassiné le 19 par un hussard de Brunswick, quoique prisonnier; ce crime est resté impuni. C'était un soldat intrépide, un général consommé, qui s'est toujours montré ferme et inébranlable dans la bonne comme dans la mauvaise fortune.

CHAPITRE VII.

RALLIEMENT.

I. Ralliement de l'armée à Laon. — II. Retraite du maréchal Grouchy. — III. Ressources qui restent à la France. — IV. Effets de l'abdication de l'empereur.

I. La chaussée de Charleroi est très-large; elle suffisait pour la retraite de l'armée; le pont de Genape est de même largeur; cinq ou six files de voitures peuvent y passer de front; mais dès que les premiers fuyards arrivèrent, les parcs qui s'y trouvaient jugèrent convenable de se barricader, en plaçant sur la chausée des voitures renversées, de manière à ne laisser qu'un passage de trois toises. La confusion fut bientôt épouvantable. Genape est, d'ailleurs dans un fond; les premières troupes prussiennes qui poursuivaient l'armée, étant arrivées à onze heures du soir sur les hauteurs qui le dominent, parvinrent facilement à désorganiser une poignée de braves qu'avaient ralliés l'intrépide général Duhesme, et entrèrent dans la ville; parmi les voitures qu'ils prirent se trouva la chaise de poste de l'empereur, dans laquelle il n'était pas monté depuis Avesnes. L'usage était qu'elle suivît sur le champ de bataille derrière les réserves de la garde ; elle portait toujours un nécessaire, un rechange d'habillement, une épée, un manteau et un lit de fer. A une heure du matin, l'empereur arriva aux Quatre-Bras, mit pied à terre à un bivouac et expédia plusieurs officiers au maréchal Grouchy, pour lui annoncer la perte de la bataille et lui ordonner de faire sa retraite sur Namur. Les officiers qu'il avait envoyés du champ de bataille pour prendre la division Girard à Ligny et la mettre en position aux Quatre-Bras, ou l'avancer jusqu'à Genape, si on en avait le temps, lui rapportèrent la fâcheuse nouvelle qu'il leur avait été impossible de trouver cette division. Le général d'artillerie Nègre, officier du plus grand mérite, était aux Quatre-Bras avec les parcs de réserve ; mais il n'avait qu'une faible escorte ; quelques centaines de chevaux se rallièrent, le comte de Lobau se mit à leur tête et prit toutes les mesures possibles pour organiser une arrière-garde. Les soldats des 1er et 2e corps, qui avaient passé la Sambre sur le pont de Marchiennes, se dirigeaient sur ce pont et quittaient la chaussée aux Quatre-Bras ou à Gosselies, pour prendre la traverse. Les troupes de la garde et du 6e corps se retirèrent sur Charleroi. L'empereur envoya le prince Jérôme à Marchiennes avec ordre de rallier l'armée entre Avesnes et Maubeuge, et de sa personne il se rendit à Charleroi; quand il y arriva, à six heures du matin, un grand nombre d'hommes et surtout de cavalerie avaient déjà dépassé la Sambre, marchant sur Beaumont. Il s'arrêta une heure sur la rive gauche, expédia quelques ordres et se dirigea sur Philippeville, afin d'être plus à portée de communiquer avec le maréchal Grouchy et d'envoyer ses ordres sur les frontières du Rhin; après s'être arrêté quatre heures dans cette ville, il prit la poste pour se rendre à Laon, où il arriva le 20 à quatre heures après midi. Il conféra avec le préfet, chargea son aide-de-camp, le comte de Bussy, de surveiller la défense de cette place importante, envoya le comte Dejean à Guise, et le comte de Flahaut à Avesnes. Il attendit les dépêches du prince Jérôme qui lui fit connaître qu'il avait rallié plus de vingt-cinq mille hommes derrière Avesnes et une cinquantaine de pièces de canon; que le général Morand commandait la garde à pied, et le général Colbert la cavalerie de la garde; qu'à toute heure l'armée augmentait à vue d'œil; que la plupart des généraux étaient arrivés; que sa perte n'était pas aussi considérable qu'on pouvait le croire; plus de la moitié du matériel de l'artillerie était sauvé, cent soixante-dix bouches à feu étaient perdues, mais les hommes et les chevaux étaient arrivés à Avesnes; l'empereur ordonna qu'ils se rendissent à la Fère pour y prendre des pièces, et chargea des officiers de confiance d'y réorganiser un nouvel équipage de campagne; le maréchal Soult eut ordre de se placer à Laon avec le grand quartier-général. Le préfet prit toutes les mesures pour compléter les magasins de la ville et assurer les approvisionnemens pour une armée de quatre-vingt à quatre-vingt-dix mille hommes, qui serait réunie sous peu de jours autour de cette ville. L'empereur s'attendait à ce que les généraux ennemis, profitant de leur victoire, pousseraient leur armée jusque sur la Somme; il ordonna au prince Jérôme de quitter Avesnes le 22 avec l'armée et de l'amener sous Laon, point de réunion donné au maréchal Grouchy et au général Rapp. N'étant éloigné que de douze heures de marche de Paris, il jugea nécessaire de s'y rendre; sa présence était inutile à l'armée pendant les journées des 21, 22, 23 et 24; il comptait être de retour à Laon le 25; ces six jours dans la capitale, il les emploirait à organiser la crise nationale, à achever les préparatifs de défense de Paris, et à activer tous les secours que pouvaient fournir les dépôts et les provinces. Il était facile dès lors de juger, en supposant, comme on n'en pouvait pas douter, que le corps du maréchal Grouchy arrivât intact, que la perte de l'armée française serait inférieure à celle que les armées ennemies avaient éprouvée aux batailles de Ligny et de Waterloo et au combat des Quatre-Bras; il a effectivement été constaté depuis que la perte des alliés s'est élevée à soixante-trois mille hommes, et que celle des Français n'a pas dépassé quarante et un mille hommes, y compris les prisonniers qu'on leur a faits dans la retraite.

II. Le 18 le maréchal Grouchy avait attaqué Wavres à six heures du soir; le général Thielman opposa une vive résistance; mais il fut battu. Le comte GÉRARD, à la tête du 4e corps, força le passage de la Dyle. Le lieutenant-général Pajol, avec douze mille hommes, avait été détaché sur Limale; il y repoussa l'arrière-garde du général Bulow, passa la Dyle, et couronna les hauteurs opposées; mais l'obscurité de la nuit devint telle à dix heures du soir, qu'il ne pouvait alors continuer sa marche, et n'entendant plus d'ailleurs la canonnade de Mont-Saint-Jean, il prit position. Le comte GÉRARD fut grièvement blessé à l'attaque de Wavres; une balle lui traversa la poitrine; mais heureusement sa blessure ne fut pas mortelle. Le 19 à la pointe du jour, le général Thielman attaqua le maréchal Grouchy et fut vivement repoussé. Le village de Bielwe et toutes les hauteurs au-delà de Wavres furent emportées par les Français. Le général de brigade Peine, officier distingué, fut blessé à mort dans ce combat. Le maréchal Grouchy ordonnait de poursuivre l'ennemi et de marcher dans la direction de Bruxelles, lorsqu'il reçut la nouvelle de la perte de la bataille et l'ordre de l'empereur de faire sa retraite sur Namur. Il la commença sur-le-champ; les Prussiens le suivi-

4...

rent avec précaution ; mais s'étant cependant trop avancés, ils furent repoussés et perdirent quelques pièces de canon et quelques centaines de prisonniers. Le général Vandamme prit position sur Namur, le maréchal Grouchy sur Dinan. Le général Thielman échoua dans toutes les attaques qu'il tenta. Le 24, tout le corps du maréchal Grouchy était à Rethel ; le 26, il se réunit à l'armée de Laon ; il comptait trente-deux mille hommes, dont six mille cinq cents de cavalerie et cent huit pièces de canon, indépendamment d'un millier d'hommes éclopés ou petits dépôts de cavalerie qui étaient à la suite.

III. La position de la France était critique après la bataille de Waterloo, mais non désespérée. Tout avait été préparé dans l'hypothèse qu'on échouât dans l'attaque de la Belgique. Soixante-dix mille hommes étaient ralliés le 27 entre Paris et Laon ; vingt-cinq à trente mille hommes, y compris les dépôts de la garde, étaient en marche de Paris et des dépôts. Le général Rapp, avec vingt-cinq mille hommes de troupes d'élite, devait être arrivé dans les premiers jours de juillet sur la Marne ; toutes les pertes du matériel de l'artillerie étaient réparées. Paris seul contenait cinq cents pièces de canon de campagne, et on n'en avait perdu que cent soixante-dix. Ainsi une armée de cent vingt mille hommes, égale à celle qui avait passé la Sambre le 15, ayant un train d'artillerie de trois cent cinquante bouches à feu, couvrirait Paris au 1er juillet. Cette capitale avait, indépendamment de cela pour sa défense, trente-six mille hommes de garde nationale, trente mille tirailleurs, six mille canonniers, six cents bouches à feu en batterie, des retranchemens formidables sur la rive droite de la Seine, et en peu de jours ceux de la rive gauche eussent été entièrement terminés. Cependant les armées anglo-hollandaise et prusso-saxonne, affaiblies de plus de quatre-vingt mille hommes, n'étant plus que de cent quarante mille, ne pouvaient dépasser la Somme avec plus de quatre-vingt-dix mille hommes; elles y attendraient la coopération des armées autrichienne et russe, qui ne pouvaient être avant le 15 juillet sur la Marne. Paris avait donc vingt-cinq jours pour préparer sa défense, achever son armement, ses approvisionnemens, ses fortifications, et attirer des troupes de tous les points de la France; au 15 juillet même il n'y aurait que trente ou quarante mille hommes arrivés sur le Rhin; la masse des armées russe et autrichienne ne pouvait entrer en action que plus tard. Ni les armes, ni les munitions, ni les officiers ne manquaient dans la capitale; on pouvait porter facilement les tirailleurs à quatre-vingt mille hommes, et augmenter l'artillerie de campagne jusqu'à six cents bouches à feu.

Le maréchal Suchet, réuni au général Lecourbe, aurait, à la même époque, plus trente mille hommes devant Lyon, indépendamment de la garnison de cette ville qui serait bien armée, bien approvisionnée et bien retranchée. La défense de toutes les places fortes était assurée; elles étaient commandées par des officiers de choix, et gardées par des troupes fidèles. Tout pouvait se réparer, mais il fallait du caractère, de l'énergie, de la fermeté de la part des officiers, du gouvernement, des Chambres, de la nation tout entière! Il fallait qu'elle fût animée par le sentiment de l'honneur, de la gloire, de l'indépendance nationale; qu'elle fixât les yeux sur Rome après la bataille de Cannes, et non sur Carthage après Zama! Si la France s'élevait à cette hauteur, elle était invincible; son peuple contenait plus d'élémens militaires qu'aucun autre peuple du monde; le matériel de la guerre était en abondance et pouvait suffire à tous les besoins.

IV. Le 21 juin le maréchal Blücher et le duc de Wellington entrèrent sur deux colonnes sur le territoire français; le 22, le feu prit au magasin à poudre d'Avesnes; la place se rendit. Le 24, les Prussiens entrèrent dans Guise, et le duc de Wellington à Cambrai; le 26 il était à Péronne. Pendant tout ce temps les places de 1re, 2e, 3e ligne de la Flandre étaient investies. Cependant ces deux généraux apprirent le 25 l'abdication de l'empereur, qui avait eu lieu le 22, l'insurrection des Chambres, le découragement que ces circonstances jetèrent dans l'armée et les espérances qu'en concevaient les ennemis intérieurs; dès lors ils ne songèrent plus qu'à marcher sur la capitale, sous les murs de laquelle ils arrivèrent les derniers jours de juin, avec moins de quatre-vingt-dix mille hommes, démarche qui leur aurait été funeste et eût entrainé leur ruine totale, s'ils l'eussent hasardée devant Napoléon; mais ce prince avait abdiqué!!! Les troupes de ligne qui se trouvaient à Paris, plus de six mille hommes des dépôts de la garde, les tirailleurs de la garde nationale, choisis dans le peuple de cette grande capitale, lui étaient tous dévoués; il pouvait foudroyer les ennemis extérieurs!!! Mais pour développer les motifs qui ont réglé sa conduite dans cette occasion si importante, et qui a eu de si funestes conséquences pour lui et pour la France, il faut reprendre le récit de plus loin, et c'est ce que nous allons faire dans le livre suivant.

CHAPITRE VIII.

OBSERVATIONS.

I. — II. — III. — IV. — V. — VI. — VII. — VIII. — IX.

I. *Première observation.* On a reproché à l'empereur 1° de s'être démis de la dictature au moment où la France avait le plus grand besoin d'un dictateur; 2° d'avoir changé les constitutions de l'empire dans un moment où il ne fallait songer qu'à le préserver de l'invasion; 3° d'avoir souffert que l'on alarmât les Vendéens, qui d'abord avaient refusé de prendre les armes contre le régime impérial; 4° d'avoir réuni les chambres lorsqu'il suffisait de réunir les armées; 5° d'avoir abdiqué et laissé la France à la merci d'une assemblée divisée et sans expérience; car enfin, s'il est vrai qu'il fût impossible au prince de sauver la patrie sans la confiance de la nation, il ne l'est pas moins que la nation, dans ces circonstances critiques, ne pourrait sauver ni son honneur ni son indépendance sans Napoléon.

Nous ne ferons aucune réflexion sur des matières

qui sont approfondies et longuement traitées dans le livre X.

II. *Deuxième observation.* L'art avec lequel les mouvemens des divers corps d'armée ont été dérobés à la connaissance de l'ennemi au début de la campagne ne saurait être trop remarqué. Le maréchal Blücher et le duc de Wellington ont été surpris ; ils n'ont rien vu, rien su de tous les mouvemens qui s'opéraient près de leurs avant-postes.

Pour attaquer les deux armées ennemies, les Français pouvaient déborder leur droite, leur gauche, et percer leur centre. Dans le premier cas, ils déboucheraient par Lille, et rencontreraient l'armée anglo-hollandaise : dans le second, ils déboucheraient par Givet et Charlemont, et rencontreraient l'armée prusso-saxonne. Ces deux armées restaient réunies, puisqu'elles seraient pressées l'une sur l'autre, de la droite sur la gauche, et de la gauche sur la droite. L'empereur adopta le parti de couvrir ses mouvemens par la Sambre, et de percer la ligne des deux armées à Charleroi, point de leur jonction, manœuvrant avec rapidité et habileté. Il trouva ainsi dans les secrets de l'art des moyens supplémentaires qui lui tinrent lieu de cent mille hommes qui lui manquaient ; ce plan fut conçu et exécuté avec audace et sagesse.

III. *Troisième observation.* Le caractère de plusieurs généraux avait été détrempé par les événemens de 1814 ; ils avaient perdu quelque chose de cette audace, de cette résolution et de cette confiance qui leur avaient valu tant de gloire, et avaient tant contribué aux succès des campagnes passées.

1°. Le 15 juin, le 3e corps devait prendre les armes à trois heures du matin, et arriver devant Charleroi à dix heures; il n'arriva qu'à trois heures après midi.

2°. Le même jour, l'attaque des bois en avant de Fleurus, qui avait été ordonnée pour quatre heures après midi, n'eut lieu qu'à sept heures. La nuit survint avant qu'on pût entrer à Fleurus, où le projet du chef avait été de placer son quartier-général ce même jour. Cette perte de sept heures était bien fâcheuse au début d'une campagne.

3°. Ney reçut l'ordre de se porter le 16, avec quarante-trois mille hommes qui composaient la gauche qu'il commandait, en avant des Quatre-Bras, d'y prendre position à la pointe du jour, et même de s'y retrancher; il hésita, perdit huit heures: le prince d'Orange, avec neuf mille hommes seulement, conserva, le 16, jusqu'à trois heures après midi, cette importante position. Lorsqu'enfin le maréchal reçut, à midi, l'ordre daté de Fleurus, et qu'il vit que l'empereur allait en venir aux mains avec les Prussiens, il se porta sur les Quatre-Bras, mais seulement avec la moitié de son monde; il laissa l'autre moitié pour appuyer sa retraite à deux lieues derrière; il l'oublia jusqu'à six heures du soir, où il en sentit le besoin pour sa propre défense. Dans les autres campagnes ce général eût occupé à six heures du matin la position en avant des Quatre-Bras, eût défait et pris toute la division belge, et eût ou tourné l'armée prussienne, en faisant, par la chaussée de Namur, un détachement qui fût tombé sur les derrières de la ligne de bataille, ou, en se portant avec rapidité sur la chaussée de Genape, il eût surpris en marche et détruit la division de Brunswick et la 5e division anglaise qui venait de Bruxelles, et de là marché à la rencontre des 1re et 3e divisions anglaises, qui arrivaient par la chaussée de Nivelles, l'une et l'autre sans cavalerie ni artillerie, et harassées de fatigue : toujours le premier dans le feu, Ney oubliait les troupes qui n'étaient pas sous ses yeux. La bravoure que doit montrer un général en chef est différente de celle que doit avoir un général de division, comme celle-ci ne doit pas être celle d'un capitaine de grenadiers.

4°. L'avant-garde de l'armée française n'arriva le 17 devant Waterloo qu'à six heures du soir : sans de fâcheuses hésitations, elle y fût arrivée à trois heures. L'empereur en parut fort contrarié; il dit, en montrant le soleil : « *Que ne donnerais-je pas pour avoir aujourd'hui le pouvoir de Josué, et retarder sa marche de deux heures.*

IV. *Quatrième observation.* Jamais le soldat français n'a montré plus de courage, de bonne volonté et d'enthousiasme; il était plein du sentiment de sa supériorité sur tous les soldats de l'Europe. Sa confiance dans l'empereur était tout entière, et peut-être encore accrue; mais il était ombrageux et méfiant envers ses autres chefs. Les trahisons de 1814 étaient toujours présentes à son esprit, tout mouvement qu'il ne comprenait pas l'inquiétait; il se croyait trahi. Au moment où les premiers coups de canon se tiraient près de Saint-Amand, un vieux caporal s'approcha de l'Empereur, et lui dit: « Sire, méfiez-vous du maréchal Soult, soyez certain qu'il nous trahit. » — « Sois tranquille, lui répond ce prince, j'en réponds comme de moi. » Au milieu de la bataille, un officier fit le rapport au maréchal Soult que le général Vandamme était passé à l'ennemi; que ses soldats demandaient à grands cris qu'on en instruisît l'empereur. Sur la fin de la bataille, un dragon, le sabre tout dégouttant de sang, accourut, criant: « Sire, venez vite à la division; le général Dhénin harangue les dragons pour passer à l'ennemi. » — « L'as-tu entendu? » — « Non, Sire; mais un officier qui vous cherche l'a vu, et m'a chargé de vous le dire. » Pendant ce temps, le brave général Dhénin recevait un boulet de canon qui lui emportait une cuisse, après avoir repoussé une charge ennemie.

Le 14 au soir le lieutenant-général B*******, le colonel G*****, et l'officier de l'état-major V*********, avaient déserté du 4e corps et passé à l'ennemi. Leurs noms seront en exécration tant que le peuple français formera une nation. Cette désertion avait fort augmenté l'inquiétude du soldat. Il parait à peu près constant qu'on a crié sauve qui peut à la 4e division du 1er corps, le soir de la bataille de Waterloo, à l'attaque du village de la Haie par le maréchal Blücher. Ce village n'a pas été défendu comme il devait l'être. Il est également probable que plusieurs officiers, porteurs d'ordres, ont disparu. Mais si quelques officiers ont déserté, pas un seul soldat ne s'est rendu coupable de ce crime. Plusieurs se tuèrent sur le champ de bataille où ils étaient restés blessés, lorsqu'ils apprirent la déroute de l'armée.

V. *Cinquième observation*. Dans la journée du 17, l'armée française se trouva partagée en trois parties : soixante-neuf mille hommes, sous les ordres de l'empereur, marchèrent sur Bruxelles par la chaussée de Charleroi ; trente-quatre mille, sous les ordres du maréchal Grouchy, se dirigèrent sur cette capitale par la chaussée de Wavres à la suite des Prussiens ; sept à huit mille hommes restèrent sur le champ de bataille de Ligny, savoir : trois mille hommes de la division Girard, pour porter secours aux blessés et former dans tous les cas imprévus une réserve aux Quatre-Bras ; quatre à cinq mille hommes, formant les parcs de réserve, restèrent à Fleurus et à Charleroi. Les trente-quatre mille hommes du maréchal Grouchy, ayant cent huit pièces de canon, étaient suffisans pour culbuter l'arrière-garde prussienne dans toutes les positions qu'elle prendrait, presser la retraite de l'armée vaincue et la contenir. C'était un beau résultat de la victoire de Ligny, de pouvoir ainsi opposer trente-quatre mille hommes à une armée qui avait été de cent vingt mille hommes. Les soixante-neuf mille hommes sous les ordres de l'empereur étaient suffisans pour battre l'armée anglo-hollandaise de quatre-vingt-dix mille hommes. La disproportion qui existait le 15 entre les deux masses belligérantes, qui était alors dans le rapport d'un à deux, était bien changée; elle n'était plus que dans le rapport de trois à quatre. Si l'armée anglo-hollandaise avait battu les soixante-neuf mille hommes qui marchaient contre elle, on eût pu reprocher à Napoléon d'avoir mal calculé; mais il est constant, même de l'aveu des ennemis, que sans l'arrivée du général Blücher l'armée anglo-hollandaise aurait perdu son champ de bataille entre huit et neuf heures du soir. Sans l'arrivée du maréchal Blücher à huit heures du soir avec ses 1er et 2e corps, la marche sur Bruxelles sur deux colonnes pendant la journée du 17 avait plusieurs avantages : la gauche poussait et contenait l'armée anglo-hollandaise; la droite, sous les ordres du maréchal Grouchy, poursuivait et contenait l'armée prusso-saxonne, et le soir toute l'armée française devait se trouver réunie sur une ligne de cinq petites lieues de Mont-Saint-Jean à Wavres, ayant ses avant-postes au bord de la forêt. Mais la faute que fit le maréchal Grouchy de s'arrêter le 17 à Gembloux, n'ayant fait dans la journée que deux petites lieues, au lieu de continuer jusques vis-à-vis Wavres, c'est-à-dire d'en faire encore trois, fut aggravée et rendue irréparable par celle qu'il fit le lendemain 18, en perdant douze heures et n'arrivant qu'à quatre heures après-midi devant Wavres, au lieu d'y arriver à six heures du matin.

1°. Chargé de poursuivre le maréchal Blücher, Grouchy le perdit de vue pendant vingt-quatre heures, depuis le 17 à quatre heures après midi jusqu'au 18 à quatre heures après midi.

2°. Le mouvement de la cavalerie sur le plateau, pendant que l'attaque du général Bulow n'était pas encore repoussée, fut un accident fâcheux : l'intention du chef était d'ordonner ce mouvement, mais une heure plus tard, et de le faire soutenir par les seize bataillons d'infanterie de la garde et cent pièces de canon.

3°. Les grenadiers à cheval et les dragons de la garde, que commandait le général Guyot, s'engagèrent sans ordre. Ainsi à cinq heures après midi l'armée se trouva sans avoir une réserve de cavalerie. Si, à huit heures et demie, cette réserve eût existé, l'orage qui bouleversa le champ de bataille eût été conjuré ; les charges de cavalerie ennemie repoussées; les deux armées eussent couché sur le champ de bataille, malgré l'arrivée successive du général Bulow et du maréchal Blücher; l'avantage eût encore été pour l'armée française, car les trente-quatre mille hommes du maréchal Grouchy, ayant cent huit pièces de cannon, étaient frais et bivouaquèrent sur le champ de bataille; les deux armées ennemies se fussent dans la nuit couvertes par la forêt de Soignes. L'usage constant, dans toutes les batailles, était que la division des grenadiers et des dragons de la garde ne perdit pas de vue l'empereur et ne chargeait qu'en vertu d'un ordre donné verbalement par ce prince au général qui la commandait.

Le maréchal Mortier, qui commandait en chef la garde, quitta ce commandement, le 15, à Beaumont, comme les hostilités commençaient; il ne fut pas remplacé, ce qui eut plusieurs inconvéniens.

VI. *Sixième observation.* 1° L'armée française manœuvra sur la droite de la Sambre le 13 et le 14. Elle campa la nuit du 14 au 15, à une demi-lieue des avant-postes prussiens; et cependant le maréchal Blücher n'eut connaissance de rien, et lors que le 15, dans la matinée, il apprit de son quartier-général de Namur que l'empereur entrait à Charleroi, l'armée prusso-saxonne était encore cantonnée sur une étendue de pays de trente lieues, il lui fallait deux jours pour se réunir. Il eût dû, dès le 15 mai, porter son quartier-général à Fleurus, concentrer les cantonnemens de son armée dans un rayon de huit lieues, tenant des avant-gardes sur les débouchés de la Meuse et de la Sambre; son armée eût pu alors être réunie à Ligny, le 15, à midi, y attendre l'attaque de l'armée française, ou dans la soirée du 15 marcher contre elle pour la jeter dans la Sambre.

2°. Cependant, quoique surpris, le maréchal Blücher persista dans le projet de réunir son armée sur les hauteurs de Ligny derrière Fleurus, bravant la chance d'y être attaqué avant que son armée n'y fût arrivée. Le 16 au matin, il n'avait encore réuni que deux corps d'armée, et déjà l'armée francaise était à Fleurus. Le 3e corps rejoignit dans la journée, mais le 4e, que commandait le général Bulow, ne put arriver à la bataille. Le maréchal Blücher eût dû, aussitôt qu'il sut les Français à Charleroi, c'est-à-dire dans la soirée du 15, donner pour point de rassemblement à son armée, non Fleurus, non Ligny qui se trouvaient déjà sous le canon de son ennemi, mais Wavres où les Français ne pouvaient arriver que le 17; il eût eu de plus toute la journée du 16 et la nuit du 16 au 17 pour opérer le rassemblement total de son armée.

3°. Après avoir perdu la bataille de Ligny, le général prussien, au lieu de faire sa retraite sur Wavres, eût dû l'opérer sur l'armée du duc de Wellington, soit sur les Quatre-Bras, puisque celui-ci s'y était maintenu, soit sur Waterloo. Toute la retraite du maréchal Blücher, dans la matinée du 17, fut à contre-sens, puisque les deux armées, qui n'étaient qu'à trois mille toises l'une de l'autre, pendant la soirée du 16, ayant pour communication une belle chaussée, ce qui les pouvait faire considérer comme réunies, se trouvèrent, le soir du 17, éloignées de plus de dix mille toises et séparées par des défilés et des chemins impraticables.

Le général prussien a violé les trois grandes règles de la guerre : 1° tenir ses cantonnemens rapprochés; 2° donner pour point de rassemblement un lieu où ils puissent tous arriver avant l'ennemi ; 3° opérer sa retraite sur ses renforts.

VII. *Septième observation.* 1° Le duc de Wellington a été surpris dans ses cantonnemens; il eût dû, le 15 mai, les concentrer à huit lieues autour de Bruxelles, tenant des avant-gardes sur les débouchés de Flandre. L'armée française manœuvrait depuis trois jours à portée de ses avant-postes ; elle avait, depuis vingt-quatre heures, commencé les hostilités ; son quartier-général était depuis douze heures à Charleroi, que le général anglais ignorait encore tout à Bruxelles, et tous les cantonnemens de son armée étaient encore en pleine sécurité, occupant un terrain de plus de vingt lieues.

2°. Le prince de Saxe-Weimar, qui faisait partie de l'armée anglo-hollandaise, était, le 15, à quatre heures du soir, en position en avant de

Frasne, et savait que l'armée française était à Charleroi ; s'il eût envoyé directement un aide-de-camp à Bruxelles, il y serait arrivé à six heures du soir, et cependant ce ne fut qu'à onze heures du soir que le duc de Wellington fut instruit que l'armée française était à Charleroi ; il perdit ainsi cinq heures dans une circonstance et contre un homme où la perte d'une seule heure était d'une grande importance.

3°. L'infanterie, la cavalerie et l'artillerie de cette armée étaient cantonnées séparément, de sorte que l'infanterie se trouva engagée aux Quatre-Bras sans cavalerie ni artillerie, ce qui lui fit éprouver une grande perte, puisqu'elle fut obligée de se tenir en colonnes serrées pour faire face aux charges de cuirassiers, et sous la mitraille de cinquante bouches à feu. Ces braves étaient ainsi à la boucherie, sans cavalerie pour les protéger, et sans artillerie pour les venger. Comme les trois armes ne peuvent pas se passer un moment l'une de l'autre, elles doivent toujours être cantonnées et placées de manière à pouvoir toujours s'assister.

4°. Le général anglais, quoique surpris, donna pour point de réunion à son armée les Quatre-Bras ; depuis vingt-quatre heures au pouvoir des Français. Il exposait ses troupes à être défaites partiellement et à mesure de leur arrivée ; le danger qu'il leur faisait courir était bien plus considérable encore, puisqu'il les faisait arriver sans artillerie et sans cavalerie; il livrait son infanterie morcelée et sans l'assistance des deux autres armes, à son ennemi. Son point de rassemblement devait être Waterloo. Il aurait eu alors toute la journée du 16 et la nuit du 16 au 17, ce qui était suffisant pour y réunir toute son armée, infanterie, cavalerie, artillerie. Les Français ne pouvaient y arriver que le 17, et eussent trouvé toute son armée en position.

VIII. *Huitième observation.* 1° Le général anglais a livré le 18 la bataille de Waterloo. Ce parti était contraire aux intérêts de sa nation, au plan général de guerre adopté par les alliés; il violait toutes les règles de la guerre. Il n'était pas de l'intérêt de l'Angleterre, qui a besoin de tant d'hommes pour recruter ses armées des Indes, de ses colonies d'Amérique et de ses vastes établissemens, de s'exposer, de gaîté de cœur, à une lutte meurtrière qui pouvait lui faire perdre la seule armée qu'elle eût, et lui coûter tout au moins le plus pur de son sang. Le plan de guerre des alliés consistait à agir en masse et à ne s'engager dans aucune affaire partielle. Rien n'était plus contraire à leur intérêt et à leur plan, que d'exposer le succès de leur cause dans une bataille chanceuse, à peu près à forces égales, où toutes les probabilités étaient contre eux. Si l'armée anglo-hollandaise eût été détruite à Waterloo, qu'eût servi aux alliés ce grand nombre d'armées qui se disposaient à franchir le Rhin, les Alpes et les Pyrénées!

2°. Le général anglais, en prenant la résolution de recevoir la bataille à Waterloo, ne la fondait que sur la coopération des Prussiens; mais cette coopération ne pouvait avoir lieu que dans l'après-midi; il restait donc exposé seul, depuis quatre heures du matin jusqu'à cinq heures du soir, c'est-à-dire pendant treize heures. Une bataille ne dure pas ordinairement plus de six heures. Cette coopération était donc illusoire.

Mais, pour compter sur la coopération des Prussiens, il supposait donc que l'armée française était tout entière vis-à-vis lui, et si cela était, il prétendait donc, pendant treize heures, avec quatre-vingt-dix mille hommes de troupes de diverses nations, défendre son champs de bataille contre une armée de cent quatre mille Français. Ce calcul était évidemment faux; il ne se fût pas maintenu trois heures, tout aurait été décidé à huit heures du matin, et les Prussiens ne seraient arrivés que pour être pris à revers. Dans une même journée les deux armées eussent été détruites. S'il comptait qu'une partie de l'armée française aurait, conformément aux règles de guerre, suivi l'armée prussienne, il devait dès lors lui être évident qu'il n'en aurait aucune assistance, et que les Prussiens, battus à Ligny, ayant perdu vingt-cinq à trente mille hommes sur le champ de bataille, en ayant eu vingt mille d'éparpillés, poursuivis par trente-cinq à quarante mille Français victorieux, ne se seraient pas dégarnis et se seraient crus à peine suffisans pour se maintenir. Dans ce cas, l'armée anglo-hollandaise aurait dû seule soutenir l'effort de soixante-neuf mille Français pendant toute la journée du 18, et il n'est pas d'Anglais qui ne convienne que le résultat de cette lutte n'était que douteux, et que leur armée n'était pas constituée de manière à supporter le choc de l'armée impériale pendant quatre heures.

Pendant toute la nuit du 17 au 18, le temps a été horrible, ce qui a rendu les terres impraticables jusqu'à neuf heures du matin. Cette perte de six heures, depuis la pointe du jour, a été toute à l'avantage de l'ennemi; mais son général pouvait-il faire dépendre le sort d'une pareille lutte du temps qu'il faisait dans la nuit du 17 au 18. Le maréchal Grouchy avec trente-quatre mille hommes et cent huit pièces de canon a trouvé le secret qui paraissait introuvable, de n'être, dans la journée du 18, ni sur le champ de bataille de Mont-Saint-Jean, ni sur Wavres. Mais le général anglais avait-il l'assurance de ce maréchal qu'il se fourvoierait d'une si étrange manière? La conduite du maréchal Grouchy était aussi imprévoyable que si sur sa route son armée eût éprouvé un tremblement de terre qui l'eût engloutie.

Récapitulation. Si le maréchal Grouchy eût été sur le champ de bataille de Mont-Saint-Jean, comme l'ont cru le général anglais et le général prussien pendant toute la nuit du 17 au 18, et toute la matinée du 18, et que le temps eût permis à l'armée française de se ranger en bataille à quatre heures du matin, avant sept heures l'armée anglo-hollandaise eût été écharpée, éparpillée; elle eût tout perdu. Et si le temps n'eût permis à l'armée française de prendre son ordre de bataille qu'à dix heures, à une heure après midi l'armée anglo-hollandaise eût fini ses destins, les débris en eussent été rejetés au-delà de la forêt ou dans la direction de Hal, et l'on eût eu tout le temps dans la soirée d'aller à la rencontre du maréchal Blücher, et de lui faire éprouver un pareil sort. Si le maréchal Grouchy eût campé devant Wavres la nuit du 17 au 18, l'armée prussienne n'eût fait aucun détachement pour sauver l'armée anglaise, et celle-ci eût été complétement battue par les soixante-neuf mille Français qui lui étaient opposés.

3o. La position de Mont-Saint-Jean était mal choisie. La première condition d'un champ de bataille est de n'avoir pas de défilés sur ses derrières. Pendant la bataille, le général anglais ne sut pas tirer parti de sa nombreuse cavalerie; il ne jugea pas qu'il devait être et serait attaqué par sa gauche; il crut qu'il le serait par sa droite. Malgré la diversion opérée en sa faveur par les trente mille Prussiens du général Bulow, il eût deux fois opéré sa retraite dans la journée si cela lui eût été possible. Ainsi, par le fait, ô étrange bizarrerie des événemens humains! le mauvais choix de son champ de bataille, qui rendait toute retraite impossible, a été la cause de son succès!!!

IX. *Neuvième observation.* On demandera : que devait donc faire le général anglais après la bataille de Ligny et le combat des Quatre-Bras? La postérité n'aura pas deux opinions. Il devait traverser, dans la nuit du 17 au 18, la forêt de Soignes sur la chaussée de Charleroi; l'armée prussienne la devait également traverser sur la chaussée de Wavres; les deux armées se réunir à la pointe du jour sur Bruxelles; laisser des arrière-gardes pour défendre la forêt; gagner quelques jours pour donner le temps aux Prussiens, dispersés par la bataille de Ligny, de rejoindre leur armée; se renforcer de quatorze régimens anglais qui étaient en garnison dans les places fortes de la Belgique, ou venaient de débarquer à Ostende de retour d'Amérique; et laisser manœuvrer l'empereur des Français comme il aurait voulu. Aurait-il, avec une armée de cent mille hommes, traversé la forêt de Soignes, pour attaquer au débouché les deux armées réunies, fortes de plus de deux cent mille hommes, et en position? c'était certainement tout ce qui pouvait arriver de plus avantageux aux alliés. Se serait-il contenté de prendre lui-même position? Son inaction ne pouvait pas être longue, puisque trois cent mille Russes, Autrichiens, Bavarois, etc., étaient arrivés sur le Rhin; ils seraient dans peu de semaines sur la Marne, ce qui l'obligerait à courir au secours de sa capitale. C'est alors que l'armée anglo-prussienne devait marcher et se joindre aux alliés sous Paris ; elle n'aurait couru aucune chance, n'aurait éprouvé aucune perte, aurait agi conformément aux intérêts de la nation anglaise, au plan général de guerre adopté par les alliés, et aux règles de l'art de la guerre. Du 15 au 18 le duc de Wellington a constamment manœuvré comme l'a désiré son ennemi ; il n'a rien fait de ce que celui-ci craignait qu'il fît. L'infanterie anglaise a été ferme et solide. La cavalerie pouvait mieux faire. L'armée anglo-hollandaise a été deux fois sauvée dans la journée par les Prussiens ; la première fois, avant trois heures, par l'arrivée du général Bulow avec trente mille hommes, et la deuxième fois par l'arrivée du maréchal Blücher avec trente-et-un mille hommes. Dans cette journée, soixante-neuf mille Français ont battu cent-vingt mille hommes. La victoire leur a été arrachée entre huit et neuf heures, mais par cent cinquante mille hommes.

Qu'on se figure la contenance du peuple de Londres, au moment où il aurait appris la catastrophe de son armée, et que l'on avait prodigué le plus pur de son sang pour soutenir la cause des rois contre celle des peuples, des priviléges contre l'égalité, des oligarques contre les libéraux, des principes de la sainte alliance contre ceux de la souveraineté du peuple !!!

NOTE.

Le chapitre premier étant très-succinct, il nous a paru convenable de réimprimer ici treize pièces, la plupart officielles, propres à donner des idées plus claires sur les matières contenues dans ce chapitre. Nous avons pensé qu'il serait également agréable au lecteur d'avoir sous les yeux les quatre pièces que nous avons jointes pour servir de développement au chapitre III, et faire bien connaître l'agitation qui existait encore en France pendant la première quinzaine d'avril.

PIECES OFFICIELLES

A LA SUITE

DU CHAPITRE PREMIER.

N° I.

Relation officielle de la marche de Napoléon de l'île d'Elbe à Paris, publiée dans le Moniteur le 23 mars. (N° 82.)

L'EMPEREUR, instruit que le peuple, en France, avait perdu tous ses droits acquis par vingt-cinq années de combats et de victoires, et que l'armée était attaquée dans sa gloire, résolut de faire changer cet état de choses, de rétablir le trône impérial, qui seul pouvait garantir les droits de la nation, et de faire disparaître ce trône royal que le peuple avait proscrit comme ne garantissant que les intérêts d'un petit nombre d'individus.

Le 26 février, à cinq heures du soir, il s'embarqua sur un brick portant vingt-six canons, avec quatre cents hommes de sa garde. Trois autres bâtimens qui se trouvaient dans le port, et qui furent saisis, reçurent deux cents hommes d'infanterie, cent chevau-légers polonais, et le bataillon de flanqueurs, de deux cents hommes. Le vent était au sud et paraissait favorable. Le capitaine Chautard avait espoir qu'avant la pointe du jour l'île de Capraja serait doublée, et qu'on serait hors des croisières française et anglaise qui observaient de ce côté : cet espoir fut déçu. On avait à peine doublé le cap Saint-André de l'ile d'Elbe, que le vent mollit, la mer devint calme ; à la pointe du jour on n'avait fait que six lieues, et l'on était encore entre l'ile de Capraïa et l'île d'Elbe, en vue des croisières.

Le péril paraissait imminent. Plusieurs marins étaient de l'opinion de retourner à Porto-Ferrajo. L'empereur ordonna qu'on continuât la navigation, ayant pour ressource en dernier événement de s'emparer de la croisière française. Elle se composait de deux frégates et d'un brick ; mais tout ce qu'on savait de l'attachement des équipages à la gloire nationale ne permettait pas de douter qu'ils arboreraient le pavillon tricolore, et se rangeraient de notre côté. Vers midi le vent fraichit un peu ; à quatre heures après midi, on se trouva à la hauteur de Livourne. Une frégate paraissait à cinq lieues sous le vent, une autre était sur les côtes de Corse, et, de loin, un bâtiment de guerre venait droit, vent arrière, à la rencontre du brick. A six heures du soir, le brick que montait l'empereur se croisa avec un brick qu'on reconnut être le *Zéphir*, monté par le capitaine Andrieux, officier distingué autant par ses talens que par son véritable patriotisme. On proposa d'abord de parler au brick et de lui faire arborer le pavillon tricolore. Cependant l'empereur donna ordre aux soldats de la garde d'ôter leurs bonnets, et de se cacher sous le pont, préférant passer à côté du brick sans se laisser reconnaître, et se réservant le parti de le faire changer de pavillon, si on était obligé d'y recourir. Les deux bricks passèrent bord à bord. Le lieutenant de vaisseau Taillade, officier de la marine française, était très-connu du capitaine Andrieux ; et dès qu'on fut à portée, on parlementa. On demanda au capitaine Andrieux s'il avait des commissions pour Gênes ; on se fit quelques honnêtetés, et les deux bricks, allant en sens contraire, furent bientôt hors de vue, sans que le capitaine Andrieux se doutât de ce que portait ce frêle bâtiment.

Dans la nuit du 27 au 28 le vent continua de fraîchir. A la pointe du jour on reconnût un bâtiment de soixante-quatorze qui avait l'air de se diriger ou sur Saint-Florent ou sur la Sardaigne. On ne tarda pas à s'apercevoir que ce bâtiment ne s'occupait pas du brick.

Le 28, à sept heures du matin, on découvrit les côtes de Noli ; à midi, Antibes. A trois heures, le 1er mars, on entra dans le golfe Juan.

L'empereur ordonna qu'un capitaine de la garde, avec vingt-cinq hommes, débarquât avant la garnison du brick, pour s'assurer de la batterie de côte, s'il en existait une. Ce capitaine conçut, de son chef, l'idée de faire changer de cocarde au bataillon qui était dans Antibes. Il se jeta imprudemment dans la place ; l'officier qui y commandait pour le roi fit lever les ponts-levis et fermer les portes : sa troupe prit les armes, mais elle eut respect pour ces vieux soldats, et pour leur cocarde qu'elle chérissait. Cependant l'opération du capitaine échoua, et ses hommes restèrent prisonniers dans Antibes.

A cinq heures après midi le débarquement au golfe Juan était achevé ; on établit un bivouac au bord de la mer, jusqu'au lever de la lune.

A onze heures du soir, l'empereur se mit à la tête de cette poignée de braves, au sort de laquelle étaient attachées de si grandes destinées. Il se rendit à Cannes, de là à Grasse, et, par Saint-Vallier, il arriva dans la soirée du 2 au village de Cérénon, ayant fait vingt lieues dans cette première journée. Le peuple de Cannes reçut l'empereur avec des sentimens qui furent le premier présage du succès de l'entreprise.

Le 3 l'empereur coucha à Barême; le 4 il dîna à Digne. De Castellane à Digne, et dans tout le département des Basses-Alpes, les paysans, instruits de la marche de l'empereur, accouraient de tous côtés sur la route, et manifestaient leurs sentimens avec une énergie qui ne laissait plus de doutes.

Le 5 le général Cambronne, avec une avant-garde de quarante grenadiers, s'empara du pont et de la forteresse de Sisteron.

Le même jour l'empereur coucha à Gap avec dix hommes à cheval et quarante grenadiers.

L'enthousiasme qu'inspirait la présence de l'empereur aux habitans des Basses-Alpes, la haine qu'ils portaient à la noblesse, faisaient assez comprendre quel était le vœu général de la province du Dauphiné.

A deux heures après-midi, le 6, l'empereur partit de Gap, et la population de la ville tout entière était sur son passage.

A Saint-Bonnet, les habitans, voyant le petit nombre de sa troupe, eurent des craintes, et proposèrent à l'empereur de sonner le tocsin pour réunir les villages et l'accompagner en masse. « Non, dit l'empereur, vos sentimens » me font connaître que je ne me suis pas trompé; ils sont » pour moi un sûr garant des sentimens de mes soldats. » Ceux que je rencontrerai se rangeront de mon côté; plus » ils seront, plus mon succès sera assuré. Restez donc tran- » quilles chez vous! »

On avait imprimé à Gap plusieurs milliers des proclamations adressées par l'empereur à l'armée et au peuple, et de celles des soldats de la garde à leurs camarades. Ces proclamations se répandirent avec la rapidité de l'éclair dans tout le Dauphiné.

Le même jour l'empereur vint coucher à Corps. Les quarante hommes d'avant-garde du général Cambronne allèrent coucher jusqu'à la Mure. Ils se rencontrèrent avec l'avant-garde d'une division de six mille hommes de troupes de ligne, qui venait de Grenoble pour arrêter leur marche. Le général Cambronne voulut parlementer avec les avant-postes. On lui répondit qu'il y avait défense de communiquer. Cependant cette avant-garde de la division de Grenoble recula de trois lieues, et vint prendre position entre les lacs au village de......

L'empereur, instruit de cette circonstance, se porta sur les lieux; il trouva sur la ligne opposée :

Un bataillon du cinquième de ligne,

Une compagnie de sapeurs,

Une compagnie de mineurs; en tout, sept à huit cents hommes. Il envoya son officier d'ordonnance, le chef d'escadron Raoul, pour faire connaître à ces troupes la nouvelle de son arrivée; mais cet officier ne pouvait se faire entendre : on lui opposait toujours la défense qui avait été faite de communiquer. L'empereur mit pied à terre, et alla droit au bataillon, suivi de la garde portant l'arme sous le bras. Il se fit reconnaître, et dit que le premier soldat qui voudrait tuer son empereur le pouvait. Le cri unanime de vive l'empereur fut leur réponse. Ce brave régiment avait été sous les ordres de l'empereur dès ses premières campagnes d'Italie. La garde et les soldats s'embrassèrent; les soldats du 5e arrachèrent sur-le-champ leurs cocardes, et prirent, avec enthousiasme et la larme à l'œil, la cocarde tricolore. Lorsqu'ils furent rangés en bataille, l'empereur leur dit : « Je viens avec une poignée de braves, » parce que je compte sur le peuple et sur vous. Le trône

» des Bourbons est illégitime, puisqu'il n'a pas été élevé » par la nation; il est contraire à la volonté nationale, » puisqu'il est contraire aux intérêts de notre pays et qu'il » n'existe que dans l'intérêt de quelques familles. Demandez » à vos pères; interrogez tous ces habitans qui arrivent ici » des environs : vous apprendrez de leur propre bouche la » véritable situation des choses. Ils sont menacés du retour » des dimes, des privilèges, des droits féodaux et de tous » les abus dont vos succès les avaient délivrés. N'est-il pas » vrai, paysans ? » — « Oui, sire, répondent-ils tous d'un » cri unanime; on voulait nous attacher à la terre; vous » venez comme l'ange du Seigneur pour nous sauver. »

Les braves du bataillon du 5e demandèrent à marcher des premiers sur la division qui couvrait Grenoble. On se mit en marche au milieu de la foule d'habitans qui s'augmentait à chaque instant : Vizille se distingua par son enthousiasme.

« C'est ici qu'est née la révolution! disaient ces braves » gens; c'est nous qui, les premiers, avons osé réclamer » les privilèges des hommes! C'est encore ici que ressuscite » la liberté française, et que la France recouvre son hon- » neur et son indépendance! »

Quelque fatigué que fût l'empereur, il voulut entrer le soir même dans Grenoble. Entre Vizille et Grenoble, le jeune adjudant-major du 7e de ligne vint annoncer que le colonel Labédoyère, profondément navré du déshonneur qui couvrait la France, et déterminé par les plus nobles sentimens, s'était détaché de la division de Grenoble, et venait avec le régiment au pas accéléré à la rencontre de l'empereur. Une demi-heure après, ce brave régiment vint doubler la force des troupes impériales; à neuf heures du soir, l'empereur fit son entrée dans le faubourg de.....

On avait fait rentrer les troupes dans Grenoble, et les

portes de la ville étaient fermées. Les remparts qui devaient défendre cette ville étaient couverts par le 3e régiment du génie, composé de deux mille sapeurs, tous vieux soldats couverts d'honorables blessures, par le 4e d'artillerie de ligne, ce même régiment où, vingt-cinq ans auparavant, l'empereur avait été fait capitaine; par les deux autres bataillons du 5e de ligne, par le 11e de ligne et les fidèles hussards du 4e.

La garde nationale et la population entière de Grenoble étaient placées derrière la garnison, et tous faisaient retentir l'air des cris de vive l'empereur! On enfonça les portes; et à dix heures du soir l'empereur entra dans Grenoble au milieu d'une armée et d'un peuple animés du plus vif enthousiasme.

Le lendemain l'empereur fut harangué par la municipalité et par toutes les autorités départementales. Les discours des chefs militaires et ceux des magistrats étaient unanimes. Tous disaient que des princes imposés par une force étrangère n'étaient pas des princes légitimes, et qu'on n'était tenu à aucun engagement envers des princes dont la nation ne voulait pas.

A deux heures l'empereur passa la revue de ces troupes, au milieu de la population de tout le département, aux cris: A bas les Bourbons! à bas les ennemis du peuple! vive l'empereur et un gouvernement de notre choix! La garnison de Grenoble, immédiatement après, se mit en marche forcée pour se porter sur Lyon.

Une remarque qui n'a pas échappé aux observateurs; c'est qu'en un clin d'œil ces six mille hommes se trouvèrent parés de la cocarde nationale, et chacun d'une cocarde vieille et usée car, en quittant leur cocarde tricolore, ils l'avaient cachée au fond de leur sac: pas une ne fut achetée au Petit-Grenoble. « C'est la même, disaient-ils en passant devant

» l'empereur, c'est la même que nous portions à Austerlitz!
» Celle-ci, disaient d'autres, nous l'avions à Marengo! »

Le 9, l'empereur coucha à Bourgoin. La foule et l'enthousiasme allaient, s'il est possible, en augmentant. « Il y
» a long-temps que nous vous attendions, disaient tous ces
» braves gens à l'empereur. Vous voilà enfin arrivé pour
» délivrer la France de l'insolence de la noblesse, des prétentions des prêtres et de la honte du joug de l'étranger! » De Grenoble à Lyon, la marche de l'empereur ne fut qu'un triomphe. L'empereur, fatigué, était dans sa calèche allant toujours au pas, environné d'une foule de paysans chantant des chansons qui exprimaient toute la noblesse des sentimens des braves Dauphinois. « Ah! dit l'empereur, je retrouve
» ici les sentimens qui, il y a vingt ans, me firent saluer la
» France du nom de la grande nation! Oui, vous êtes encore
» la grande nation, et vous le serez toujours! »

Cependant le comte d'Artois, le duc d'Orléans et plusieurs maréchaux étaient arrivés à Lyon. L'argent avait été prodigué aux troupes; les promesses aux officiers. On voulait couper le pont de la Guillotière et le pont Morand. L'empereur riait de ces ridicules préparatifs; il ne pouvait avoir de doute sur les dispositions des Lyonnais, encore moins sur les dispositions des soldats. Cependant il avait donné ordre au général Bertrand de réunir des bateaux à Mirbel, dans l'intention de passer dans la nuit, et d'intercepter les routes de Moulins et de Mâcon au prince qui voulait lui interdire le passage du Rhône. A quatre heures, une reconnaissance du 4e de hussards arriva à la Guillotière, et fut accueillie aux cris de vive l'empereur! par cette immense population d'un faubourg qui s'est toujours distingué par son attachement à la patrie. Le passage de Mirbel fut contremandé, et l'empereur se porta au galop sur Lyon, à la tête des troupes qui devaient lui en défendre l'entrée.

Le comte d'Artois avait tout fait pour s'assurer les troupes. Il ignorait que rien n'est possible en France quand on y est l'agent de l'étranger, et qu'on n'est pas du côté de l'honneur national et de la cause du peuple! Passant devant le 13e régiment de dragons, il dit à un brave que des cicatrices et trois chevrons décoraient : « Allons, camarade, » crie donc vive le roi ! » — « Non, Monsieur, répond ce brave » dragon, aucun soldat ne combattra contre son père! je ne » puis vous répondre qu'en criant vive l'empereur! » Le comte d'Artois monta en voiture, et quitta Lyon, escorté d'un seul gendarme.

A neuf heures du soir, l'empereur traversa la Guillotière presque seul, mais environné d'une immense population.

Le lendemain 11, il passa la revue de toute la division de Lyon, et le brave général Brayer, à la tête, se mit en marche pour avancer sur la capitale.

Les sentimens que, pendant deux jours, les habitans de cette grande ville et les paysans des environs témoignèrent à l'empereur, le touchèrent tellement qu'il ne put leur exprimer ce qu'il sentait qu'en disant : « Lyonnais, je vous » aime. » C'est pour la seconde fois que les acclamations de cette ville avaient été le présage des nouvelles destinées réservées à la France.

Le 13, à trois heures après midi, l'empereur arriva à Villefranche, petite ville de quatre mille âmes, qui en renfermait en ce moment plus de soixante mille. Il s'arrêta à l'hôtel-de-ville. Un grand nombre de militaire blessés lui furent présentés.

Il entra en Mâcon à sept heures du soir, toujours environné du peuple des cantons voisins. Il témoigna son étonnement aux Mâconnais du peu d'efforts qu'ils avaient faits dans la dernière guerre pour se défendre contre l'ennemi et soutenir l'honneur des Bourguignons : « Sire, pourquoi » aviez-vous nommé un mauvais maire ? »

A Tournus, l'empereur n'eut que des éloges à donner aux habitans pour la belle conduite et le patriotisme qui, dans ces mêmes circonstances, ont distingué Tournus, Châlons et Saint-Jean-de-Losne. A Châlons, qui, pendant quarante jours, a résisté aux forces de l'ennemi, et défendu le passage de la Saône, l'empereur s'est fait rendre compte de tous les traits de bravoure, et ne pouvant se rendre à Saint-Jean-de-Losne, il a du moins envoyé la décoration de la Légion-d'Honneur au digne maire de cette ville. A cette occasion l'empereur s'écria : « C'est pour vous, braves » gens, que j'ai institué la Légion-d'Honneur, et non pour » les émigrés pensionnés de nos ennemis ! »

L'empereur reçut à Châlons la députation de la ville de Dijon qui venait de chasser de son sein le préfet et le mauvais maire dont la conduite, dans la dernière campagne, a déshonoré Dijon et les Dijonnais ! L'empereur destitua ce maire, en nomma un autre, et confia le commandement de la division au brave général Devaux.

Le 15 l'empereur vint coucher à Autun, et d'Autun il alla coucher, le 16, à Avallon. Il trouva sur cette route les mêmes sentimens que dans les montagnes du Dauphiné. Il rétablit dans leurs places tous les fonctionnaires qui avaient été destitués pour avoir concouru à la défense de la patrie contre l'étranger. Les habitans de Chiffey étaient spécialement l'objet des persécutions d'un freluquet, sous-préfet à Sémur, pour avoir pris les armes contre les ennemis de notre pays. L'empereur a donné ordre à un brigadier de gendarmerie d'arrêter ce sous-préfet, et de le conduire dans les prisons d'Avallon.

L'empereur déjeuna le 17 à Vermanton, et vint à Auxerre, où le préfet Gamot était resté fidèle à son poste. Le brave 14e avait foulé aux pieds la cocarde blanche. L'empereur apprit que le 6e de lanciers avait également arboré la cocarde tricolore, et se portait sur Montereau pour garder ce pont contre un détachement de gardes-du-corps qui voulait le faire sauter. Les jeunes gardes-du-corps, n'étant pas encore accoutumés aux coups de lance, prirent la fuite à l'aspect de ce corps et on leur fit deux prisonniers.

A Auxerre, le comte Bertrand, major-général, donna ordre qu'on réunît tous les bateaux pour embarquer l'armée, que était déjà forte de quatre divisions, et la porter le soir même à Fossard, de manière à pouvoir arriver à une heure du matin à Fontainebleau.

Avant de partir d'Auxerre, l'empereur fut rejoint par le prince de la Moskowa. Ce maréchal avait fait arborer le drapeau tricolore dans tout son gouvernement.

L'empereur arriva à Fontainebleau le 20, à quatre heures du matin; à sept heures il apprit que les Bourbons étaient partis de Paris, et que la capitale était libre. Il partit sur-le-champ pour s'y rendre; il est entré aux Tuileries à neuf heures du soir, au moment où on l'attendait le moins.

Ainsi s'est terminée, sans répandre une goutte de sang, sans trouver aucun obstacle, cette légitime entreprise qui a rétabli la nation dans ses droits, dans sa gloire, et a effacé la souillure que la trahison et la présence de l'étranger avaient répandue sur la capitale; ainsi s'est vérifié ce passage de l'adresse de l'empereur aux soldats, que l'aigle, avec les couleurs nationales, volerait de clocher en clocher jusqu'aux tours de Notre-Dame.

En dix-huit jours, le brave bataillon de la garde a franchi

l'espace entre le golfe Juan et Paris, espace qu'en temps ordinaire on met quarante-cinq jours à parcourir.

Arrivé aux portes de Paris, l'empereur vit venir à sa rencontre l'armée tout entière que commandait le duc de Berry. Officiers, soldats, généraux, infanterie légère, infanterie de ligne, lanciers, dragons, cuirassiers, artillerie, tous vinrent au-devant de leur général, que le choix du peuple et le vœu de l'armée avaient élevé à l'empire, et la cocarde tricolore fut arborée par chaque soldat qui l'avait dans son sac. Tous foulèrent aux pieds cette cocarde blanche qui a été pendant vingt-cinq ans le signe de ralliement des ennemis de la France et du peuple.

Le 21, à une heure après-midi, l'empereur a passé la revue de toutes les troupes qui composaient l'armée de Paris. La capitale entière a été témoin des sentimens d'enthousiasme et d'attachement qui animaient ces braves soldats. Tous avaient reconquis leur patrie! tous étaient sortis d'oppression! tous avaient retrouvé, dans les couleurs nationales, le souvenir de tous les sentimens généreux qui ont toujours distingué la nation française! Après que l'empereur eut passé dans les rangs, toutes les troupes furent rangées en bataillon carré.

« Soldats, dit l'empereur, je suis venu avec six cents » hommes en France, parce que je comptais sur l'amour du » peuple et sur le souvenir des vieux soldats. Je n'ai pas été » trompé dans mon attente! Soldats! je vous en remercie. » La gloire de ce que nous venons de faire est toute au » peuple et à vous. La mienne se réduit à vous avoir connus » et appréciés.

» Soldats, le trône des Bourbons était illégitime, puis» qu'il avait été relevé par des mains étrangères, puisqu'il » avait été proscrit par le vœu de la nation exprimé par » toutes nos assemblées nationales; puisqu'enfin il n'offrait

» de garantie qu'aux intérêts d'un petit nombre d'hommes » arrogans dont les prétentions sont opposées à nos droits. » Soldats, le trône impérial peut seul garantir les droits du » peuple, et surtout le premier de nos intérêts, celui de » notre gloire. Soldats, nous allons marcher pour chasser » du territoire ces princes auxiliaires de l'étranger; la nation » non-seulement nous secondera de ses vœux, mais même » suivra notre impulsion. Le peuple français et moi nous » comptons sur vous. Nous ne voulons pas nous mêler des » affaires des nations étrangères; mais malheur à qui se » mêlerait des nôtres! »

Ce discours fut accueilli par les acclamations du peuple et des soldats.

Un instant après, le général Cambronne et des officiers de la garde du bataillon de l'île d'Elbe parurent avec les anciennes aigles de la garde. L'empereur reprit la parole, et dit aux soldats : « Voilà les officiers du bataillon qui m'a » accompagné dans mon malheur; ils sont tous mes amis; » ils étaient chers à mon cœur! Toutes les fois que je » les voyais, ils me représentaient les différens régimens » de l'armée; car dans ces six cents braves il y a des » hommes de tous les régimens : tous me rappelaient ces » grandes journées dont le souvenir est si cher; car tous » sont couverts d'honorables cicatrices reçues à ces batailles » mémorables. En les aimant, c'est vous tous, soldats de » toute l'armée française, que j'aimais! Ils vous rapportent » ces aigles : qu'elles vous servent de point de ralliement! » En les donnant à la garde, je les donne à toute l'armée.

» La trahison et des circonstances malheureuses les avaient » couverts d'un crêpe funèbre! Mais, grâces au peuple fran- » çais et à vous, elles reparaissent resplendissantes de toute » leur gloire. Jurez qu'elles se trouveront toujours partout » où l'intérêt de la patrie les appellera! Que les traîtres

» et ceux qui voudraient envahir notre territoire, n'en » puissent jamais soutenir le regard! »

« Nous le jurons! » s'écrièrent avec enthousiasme tous les soldats. Les troupes défilèrent ensuite au son de la musique, qui jouait l'air : *Veillons au salut de l'empire.*

N° 2.

Proclamation de S. M. l'empereur au peuple français (1).

Au golfe Juan, le 1er mars 1815.

NAPOLÉON, par la grâce de Dieu et les constitutions de l'État, empereur des Français, etc., etc., etc.

FRANÇAIS!

La défection du duc de Castiglione livra Lyon sans défense à nos ennemis; l'armée dont je lui avais confié le commandement était, par le nombre de ses bataillons, la bravoure et le patriotisme des troupes qui la composaient, à même de battre le corps d'armée autrichien qui lui était opposé, et d'arriver sur les derrières du flanc gauche de l'armée ennemie qui menaçait Paris.

Les victoires de Champaubert, de Montmirail, de Château-Thierry, de Vauchamp, de Mormans, de Montereau, de Craonne, de Reims, d'Arcis-sur-Aube et de Saint-Dizier; l'insurrection des braves paysans de la Lorraine, de la Champagne, de l'Alsace, de la Franche-Comté et de la Bourgogne, et la position que j'avais prise sur les derrières de l'armée ennemie, en la séparant de ses magasins, de ses parcs de réserve, de ses convois et de tous ses équipages, l'avaient

(1) Moniteur du 21 mars 1815.

placée dans une position désespérée. Les Français ne furent jamais sur le point d'être plus puissans, et l'élite de l'armée ennemie était perdue sans ressource; elle eût trouvé son tombeau dans ces vastes contrées qu'elle avait si impitoyablement saccagées, lorsque la trahison du duc de Raguse livra la capitale et désorganisa l'armée. La conduite inattendue de ces deux généraux qui trahirent à la fois leur patrie, leur prince et leur bienfaiteur, changea le destin de la guerre. La situation désastreuse de l'ennemi était telle, qu'à la fin de l'affaire qui eut lieu devant Paris, il était sans munitions, par la séparation de ses parcs de réserve.

Dans ces nouvelles et grandes circonstances, mon cœur fut déchiré, mais mon âme resta inébranlable. Je ne consultai que l'intérêt de la patrie; je m'exilai sur un rocher au milieu des mers. Ma vie vous était et devait encore vous être utile. Je ne permis pas que le grand nombre de citoyens qui voulaient m'accompagner partageassent mon sort. Je crus leur présence utile à la France, et je n'emmenai avec moi qu'une poignée de braves nécessaires à ma garde.

Elevé au trône par votre choix, tout ce qui a été fait sans vous est illégitime. Depuis vingt-cinq ans, la France a de nouveaux intérêts, de nouvelles institutions, une nouvelle gloire, qui ne peuvent être garantis que par un gouvernement national et par une dynastie née dans ces nouvelles circonstances. Un prince qui régnerait sur vous, qui serait assis sur mon trône par la force des mêmes armées qui ont ravagé notre territoire, chercherait en vain à s'étayer des principes du droit féodal; il ne pourrait assurer l'honneur et les droits que d'un petit nombre d'individus ennemis du peuple, qui, depuis vinq-cinq ans, les a condamnés dans toutes nos assemblées nationales; votre tranquillité intérieure et votre considération extérieure seraient perdues à jamais.

Français! dans mon exil, j'ai entendu vos plaintes et vos

vœux : vous réclamez ce gouvernement de votre choix qui seul est légitime : vous accusiez mon long sommeil; vous me reprochiez de sacrifier à mon repos les grands intérêts de la patrie.

J'ai traversé les mers au milieu des périls de toute espèce ; j'arrive parmi vous reprendre mes droits qui sont les vôtres. Tout ce que des individus ont fait, écrit ou dit depuis la prise de Paris, je l'ignorerai toujours ; cela n'influera en rien sur le souvenir que je conserve des services importans qu'ils ont rendus : car il est des événemens d'une telle nature, qu'ils sont au-dessus de l'organisation humaine.

Français ! il n'est aucune nation, quelque petite qu'elle soit, qui n'ait eu le droit et ne se soit soustraite au déshonneur d'obéir à un prince imposé par un ennemi momentanément victorieux. Lorsque Charles VII rentra à Paris, et renversa le trône éphémère de Henri VI, il reconnut tenir son trône de la vaillance de ses braves, et non d'un prince régent d'Angleterre.

C'est aussi à vous seuls et aux braves de l'armée que je fais et ferai toujours gloire de tout devoir.

Signé NAPOLÉON.

Par l'empereur.

Le grand-maréchal faisant les fonctions de major-général de la grande armée,

Signé comte BERTRAND.

N° 3.

Proclamation de S. M. l'empereur à l'armée (1).

Au golfe Juan, le 1er mars 1815.

NAPOLÉON, par la grâce de Dieu et les constitutions de l'empire, empereur des Français, etc., etc., etc.

SOLDATS !

Nous n'avons pas été vaincus : deux hommes sortis de nos rangs ont trahi nos lauriers, leur pays, leur prince, leur bienfaiteur.

Ceux que nous avons vus pendant vingt-cinq ans parcourir toute l'Europe pour nous susciter des ennemis, qui ont passé leur vie à combattre contre nous dans les rangs des armées étrangères, en maudissant notre belle France, prétendraient-ils commander et enchaîner nos aigles, eux qui n'ont jamais pu en soutenir les regards ? Souffrirons-nous qu'ils héritent du fruit de nos glorieux travaux ; qu'ils s'emparent de nos honneurs, de nos biens, qu'ils calomnient notre gloire ? Si leur règne durait, tout serait perdu, même le souvenir de ces immortelles journées. Avec quel acharnement ils les dénaturent ! Ils cherchent à empoisonner ce que le monde admire ; et s'il reste encore des défenseurs de notre gloire,

(1) Moniteur du 21 mars 1815.

c'est parmi ces mêmes ennemis que nous avons combattus sur le champ de bataille.

Soldats ! dans mon exil j'ai entendu votre voix ; je suis arrivé à travers tous les obstacles et tous les périls ; votre général, appelé au trône par le choix du peuple, et élevé sur vos pavois, vous est rendu; venez le joindre...

Arrachez ces couleurs que la nation a proscrites, et qui, pendant vingt-cinq ans, servirent de ralliement à tous les ennemis de la France; arborez cette cocarde tricolore ; vous la portiez dans nos grandes journées !

Nous devons oublier que nous avons été les maîtres des nations ; mais nous ne devons point souffrir qu'aucune se mêle de nos affaires.

Qui prétendrait être maître chez nous ? qui en aurait le pouvoir ? Reprenez ces aigles que vous aviez à Ulm, à Austerlitz, à Iéna, à Eylau, à Friedland, à Tudela, à Eckmulh, à Essling, à Wagram, à Smolensk, à la Moskowa, à Lutzen, à Wurschen, à Montmirail. Pensez-vous que cette poignée de Français, aujourd'hui si arrogans, puissent en soutenir la vue ? Ils retourneront d'où ils viennent ; et là, s'ils le veulent, ils régneront, comme ils prétendent avoir régné depuis dix-neuf ans.

Vos biens, vos rangs, votre gloire, les biens, les rangs et la gloire de vos enfans n'ont pas de plus grands ennemis que ces princes que les étrangers nous ont imposés : ils sont les ennemis de notre gloire, puisque le récit de tant d'actions héroïques, qui ont illustré le peuple français combattant contre eux pour se soustraire à leur joug, est leur condamnation.

Les vétérans des armées de Sambre-et-Meuse, du Rhin, d'Italie et d'Egypte, de l'Ouest, de la grande armée, sont humiliés ; leurs honorables cicatrices sont flétries. Leurs succès seraient des crimes, ces braves seraient des rebelles, si, comme le prétendent les ennemis du peuple, des souverains légitimes étaient au milieu des armées étrangères.

Les honneurs, les récompenses, les affections sont pour ceux qui les ont servis contre la patrie et nous.

Soldats! venez vous ranger sous les drapeaux de votre chef: son existence ne se compose que de la vôtre; ses droits ne sont que ceux du peuple et les vôtres; son intérêt, son honneur, sa gloire, ne sont autres que votre intérêt, votre honneur et votre gloire. La victoire marchera au pas de charge; l'aigle, avec les couleurs nationales, volera de clocher en clocher jusqu'aux tours de Notre-Dame; alors, vous pourrez montrer avec honneur vos cicatrices; alors, vous pourrez vous vanter de ce que vous aurez fait: vous serez les libérateurs de la patrie.

Dans votre vieillesse, entourés et considérés de vos concitoyens, ils vous entendront avec respect raconter vos hauts faits; vous pourrez dire avec orgueil:

« Et moi aussi je faisais partie de cette grande armée qui » est entrée deux fois dans les murs de Vienne, dans ceux » de Rome, de Berlin, de Madrid, de Moscou, qui a délivré » Paris de la souillure que la trahison et la présence de l'en» nemi y ont empreinte. »

Honneur à ces braves soldats, la gloire de la patrie! et honte éternelle aux Français criminels, dans quelque rang que la fortune les ait fait naître, qui combattirent vingt-cinq ans avec l'étranger pour déchirer le sein de la patrie!

Signé Napoléon.

Par l'empereur,

Le grand-maréchal faisant les fonctions de major-général de la grande armée,

Signé le comte Bertrand.

N° 4.

Au golfe Juan, le 1er mars 1815.

Les généraux, officiers et soldats de la garde impériale; aux généraux, officiers et soldats de l'armée (1).

SOLDATS ET CAMARADES!

Nous vous avons conservé votre empereur, malgré les nombreuses embûches qu'on lui a tendues; nous vous le ramenons au travers des mers, au milieu de mille dangers; nous avons abordé sur la terre sacrée de la patrie avec la cocarde nationale et l'aigle impériale. Foulez aux pieds la cocarde blanche; elle est le signe de la honte et du joug imposé par l'étranger et la trahison. Nous aurions inutilement versé notre sang, si nous souffrions que les vaincus nous donnassent la loi!!!

Depuis le peu de mois que les Bourbons règnent, ils vous ont convaincus qu'ils n'ont rien oublié ni rien appris. Ils sont toujours gouvernés par les préjugés, ennemis de nos droits et de ceux du peuple.

Ceux qui ont porté les armes contre leur pays, contre nous, sont des héros; vous êtes des rebelles à qui l'on veut bien pardonner, jusqu'à ce que l'on soit assez consolidé par la formation d'un corps d'armée d'émigrés, par l'introduction à

(1) Moniteur du 21 mars 1815.

Paris d'une garde suisse, et par le remplacement successif de nouveaux officiers dans vos rangs! Alors, il faudra avoir porté les armes contre la patrie, pour pouvoir prétendre aux honneurs et aux récompenses; il faudra avoir une naissance conforme à leurs préjugés pour être officier. Le soldat devra toujours être soldat; le peuple aura les charges, et eux les honneurs.

En attendant le moment où ils oseraient détruire la Légion-d'Honneur, ils l'ont donnée à tous les traîtres, et l'ont prodiguée pour l'avilir; ils lui ont ôté toutes les prérogatives politiques que nous avions gagnées au prix de notre sang.

Les 400 millions du domaine extraordinaire sur lesquels étaient assignées nos dotations, qui étaient le patrimoine de l'armée et les prix de nos succès, ils se les sont appropriés.

Soldats de la grande nation! soldats du grand Napoléon! consentirez-vous à l'être d'un prince qui, vingt ans, fut l'ennemi de la France, et qui se vante de devoir son trône à un prince régent d'Angleterre?

Tout ce qui a été fait sans le consentement du peuple et le nôtre, et sans nous avoir consultés, est illégitime.

Soldats! officiers en retraite! vétérans de nos armées! venez avec nous conquérir le trône, palladium de nos droits, et que la postérité dise un jour: « Les étrangers, secondés » par des traîtres, avaient imposé un joug honteux à la » France; les braves se sont levés, et les ennemis du peuple, » de l'armée, ont disparu et sont rentrés dans le néant. »

Soldats! la générale bat, nous marchons, courez aux armes! Venez, venez nous rejoindre, joindre notre empereur et nos aigles tricolores.

Signé à l'original,

Le général de brigade baron Cambronne, major du premier régiment de chasseurs à pied de la garde; le lieutenant-colonel chevalier Mallet. — Artillerie de la garde : Cornuel, Raoul, capitaines ; Lanoue, Demons, lieutenans. — Infanterie de la garde : Loubert, Lamourette, Monprez, Combes, capitaines ; Dequeux, Thibault, Chaumet, Franconnin, Mallet, lieutenans ; Laborde, Eymery-Moissot, Arnaud. — Chevau-légers de la garde : le baron Jermanouski, major ; Balinski, Schultz, capitaines ; Fintoski et Skoronski, lieutenans.

Signé, le général de division aide-de-camp de sa majesté l'empereur, aide-major-général de la garde, comte Drouot.

N° 5.

Adresse du conseil d'État, présentée le 26 (1).

SIRE,

Les membres de votre conseil d'état ont pensé, au moment de leur première réunion, qu'il était de leur devoir de professer solennellement les principes qui dirigent leur opinion et leur conduite. Ils viennent présenter à votre majesté la délibération qu'ils ont prise à l'unanimité, et vous supplier d'agréer l'assurance de leur dévouement, de leur reconnaissance, de leur respect et de leur amour pour votre personne sacrée.

CONSEIL D'ÉTAT.

Extrait du registre des délibérations.

(Séance du 25 mars 1815.)

Le conseil d'état, en reprenant ses fonctions, croit devoir faire connaître les principes qui sont la règle de ses opinions et de sa conduite.

La souveraineté réside dans le peuple; il est la seule source légitime du pouvoir.

(1) Moniteur du 27 mars 1815.

En 1789 la nation reconquit ses droits, depuis long-temps usurpés ou méconnus.

L'assemblée nationale abolit la monarchie féodale, établit une monarchie constitutionnelle et le gouvernement représentatif.

La résistance des Bourbons aux vœux du peuple amena leur chute et leur bannissement du territoire français.

Deux fois le peuple consacra par ses votes la nouvelle forme du gouvernement établie par ses représentans.

En l'an VIII Bonaparte, déjà couronné par la victoire, se trouva porté au gouvernement par l'assentiment national; une constitution créa la magistrature consulaire.

Le sénatus-consulte du 16 thermidor an X nomma Bonaparte consul à vie.

Le sénatus-consulte du 28 floréal an XII conféra à Napoléon la dignité impériale, et la rendit héréditaire dans sa famille.

Ces trois actes solennels furent soumis à l'acceptation du peuple, qui les consacra par près de quatre millions de votes.

Ainsi pendant vingt-deux ans les Bourbons avaient cessé de régner en France; ils y étaient oubliés par leurs contemporains : étrangers à nos lois, à nos institutions, à nos mœurs, à notre gloire, la génération actuelle ne les connaissait que par le souvenir de la guerre étrangère qu'ils avaient suscitée contre la patrie, et les dissensions intestines qu'ils y avaient allumées.

En 1814 la France fut envahie par les armées ennemies, et la capitale occupée. L'étranger créa un prétendu gouvernement provisoire. Il assembla la minorité des sénateurs, et les força, contre leur mission et contre leur volonté, à détruire les constitutions existantes, à renverser le trône impérial, et à rappeler la famille des Bourbons.

Le sénat, qui n'avait été institué que pour conserver

les constitutions de l'empire, reconnut lui-même qu'il n'avait point le pouvoir de les changer. Il décréta que le projet de constitution qu'il avait préparé serait soumis à l'acceptation du peuple, et que Louis-Stanislas-Xavier serait proclamé roi des Français aussitôt qu'il aurait accepté la constitution, et juré de l'observer et de la faire observer.

L'abdication de l'empereur Napoléon ne fut que le résultat de la situation malheureuse où la France et l'empereur avaient été réduits par les événemens de la guerre, par la trahison et par l'occupation de la capitale; l'abdication n'eut pour objet que d'éviter la guerre civile et l'effusion du sang français. Non consacré par le vœu du peuple, cet acte ne pouvait détruire le contrat solennel qui s'était formé entre lui et l'empereur; et quand Napoléon aurait pu abdiquer personnellement la couronne, il n'aurait pu sacrifier les droits de son fils, appelé à régner après lui.

Cependant un Bourbon fut nommé lieutenant-général du royaume, et prit les rênes du gouvernement.

Louis-Stanislas-Xavier arriva en France; il fit son entrée dans la capitale; il s'empara du trône d'après l'ordre établi dans l'ancienne monarchie féodale.

Il n'avait point accepté la constitution décrétée par le sénat; il n'avait point juré de l'observer et de la faire observer; elle n'avait point été envoyée à l'acceptation du peuple; le peuple, subjugué par la présence des armées étrangères, ne pouvait pas même exprimer librement ni valablement son vœu.

Sous leur protection, après avoir remercié un prince étranger de l'avoir fait remonter sur le trône, Louis-Stanislas-Xavier data le premier acte de son autorité de la dix-neuvième année de son règne, déclarant ainsi que les actes émanés de la volonté du peuple n'étaient que le produit d'une longue révolte; il accorda volontairement, et par le libre exercice de son autorité royale, une charte constitutionnelle appelée ordonnance de réformation ; et, pour toute sanction, il la fit lire en présence d'un nouveau corps qu'il venait de créer ; et d'une réunion de députés qui n'était pas libre, qui ne l'accepta point, dont aucun n'avait caractère pour consentir à ce changement, et dont les deux cinquièmes n'avaient même plus de caractère de représentans.

Tous ces actes sont donc illégaux ; faits en présence des armées ennemies, et sous la domination étrangère, ils ne sont que l'ouvrage de la violence ; ils sont essentiellement nuls et attentoires à l'honneur, à la liberté et aux droits du peuple.

Les adhésions données par des individus et par des fonctionnaires sans mission n'ont pu ni anéantir ni suppléer le consentement du peuple, exprimé par des votes solennellement provoqués et légalement émis.

Si ces adhésions ainsi que les sermens avaient jamais pu même être obligatoires pour ceux qui les ont faits, ils auraient cessé de l'être dès que le gouvernement qui les a reçus a cessé d'exister.

La conduite des citoyens qui sous ce gouvernement ont servi l'Etat ne peut être blâmée. Ils sont même dignes d'éloges, ceux qui n'ont profité de leur position que pour défendre les intérêts nationaux, et s'opposer à l'esprit de réaction et de contre-révolution qui désolait la France.

Les Bourbons eux-mêmes avaient constamment violé leurs promesses : ils favorisèrent les prétentions de la noblesse féodale ; ils ébranlèrent les ventes des biens nationaux de toutes les origines ; ils préparèrent le rétablissement des droits féodaux et des dîmes ; ils menacèrent toutes les existences nouvelles ; ils déclarèrent la guerre à toutes les opinions libérales ; ils attaquèrent toutes les institutions que la France avait acquises au prix de son sang, aimant mieux humilier la nation que de s'unir à sa gloire ; ils dépouillèrent la Légion-d'Honneur de sa dotation et de ses droits politiques; ils en prodiguèrent la décoration pour l'avilir; ils enlevèrent à l'armée, aux braves, leur solde, leurs grades et leurs honneurs pour les donner à des émigrés, à des chefs de révolte; ils voulurent enfin régner et opprimer le peuple par l'émigration.

Profondément affectée de son humiliation et de ses malheurs, la France appelait de tous ses vœux son gouvernement national, la dynastie liée à ses nouveaux intérêts, à ses nouvelles institutions.

Lorsque l'empereur approchait de la capitale, les Bourbons ont en vain voulu réparer, par des lois improvisées et des sermens tardifs à leur charte constitutionnelle, les outrages faits à la nation et à l'armée; le temps des illusions était passé, la confiance était aliénée pour jamais. Aucun bras ne s'est armé pour leur défense; la nation et l'armée ont volé au-devant de leur libérateur.

L'empereur, en remontant sur le trône où le peuple l'avait élevé, rétablit donc le peuple dans ses droits les plus sacrés. Il ne fait que rappeler à leur exécution les décrets des assemblées représentatives sanctionnées par la nation; il revient régner par le seul principe de légitimité que la France ait reconnu et consacré depuis vingt-cinq ans, et auquel toutes les autorités s'étaient liées par des sermens dont la volonté du peuple aurait pu seule les dégager.

L'empereur est appelé à garantir de nouveau par des institutions (et il en a pris l'engagement dans ses proclamations à la nation et à l'armée) tous les principes libéraux, la liberté individuelle et l'égalité des droits, la liberté de la presse et l'abolition de la censure, la liberté des cultes, le vote des contributions et des lois par les représentans de la nation légalement élus, les propriétés nationales de toute origine, l'indépendance et l'inamovibilité des tribunaux, la responsabilité des ministres et de tous les agens du pouvoir.

Pour mieux consacrer les droits et les obligations du peuple et du monarque, les institutions nationales doivent être revues dans une grande assemblée des représentans, déjà annoncée par l'empereur.

Jusqu'à la réunion de cette grande assemblée représentative, l'empereur doit exercer et faire exercer, conformément aux constitutions et aux lois existantes, le pouvoir qu'elles lui ont délégué, qui n'a pu lui être enlevé, qu'il n'a pu abdiquer sans l'assentiment de la nation, que le vœu et l'intérêt général du peuple français lui font un devoir de reprendre.

Signés : comte Defermon, comte Regnault de Saint-Jean-d'Angely, comte Boulay, comte Andréossy, comte Daru, comte Thibeaudeau, comte Maret, baron de Pommereul, comte Najac, comte Jolivet, comte Berlier, comte Miot, comte Duchâtel, comte Dumas, comte Dulauloy, comte Pelet de la Lozère, comte Français, comte de Las-Cazes, baron Costaz, baron Marchant, comte Jaubert, comte Lavalette, comte Réal, Gilbert de Voisins, baron Quinette, comte Merlin, chevalier Jaubert, baron Belleville, baron d'Alphonse, baron Félix, baron Merlet, Charles Maillard, Gasson, comte Delaborde, baron Finot, baron Janet, baron de Préval, baron Fain, baron Champy, C. D. Lacuée, baron Freville, baron Pelet, comte de Bondy, chevalier Bruyère.

Signé, le comte DEFERMON.

Le secrétaire général du conseil d'état,

Signé, le baron LOCRÉ.

Réponse de Sa Majesté.

« Les princes sont les premiers citoyens de l'État. Leur » autorité est plus ou moins étendue, selon l'intérêt des

» nations qu'ils gouvernent. La souveraineté elle-même n'est
» héréditaire que parce que l'intérêt des peuples l'exige.
» Hors de ces principes, je ne connais pas de légitimité.

» J'ai renoncé aux idées du grand empire, dont depuis
» quinze ans je n'avais encore que posé les bases. Désormais
» le bonheur et la consolidation de l'empire français seront
» l'objet de toutes mes pensées. »

N° 6.

CONSEIL DES MINISTRES (1).

(Les ministres d'état appelés.)

Séance du dimanche 2 avril.

Rapport de la commission des présidens du conseil d'état.

1. En conséquence du renvoi qui lui a été fait, la commission, composée des présidens des sections du conseil d'état, a examiné la déclaration du 13 mars, le rapport du ministre de la police générale, et les pièces qu'il y a jointes.

2. La déclaration est dans une forme si inusitée, conçue dans des termes si étranges, exprime des idées tellement anti-sociales, que la commission était portée à la regarder comme une de ces productions supposées par lesquelles des hommes méprisables cherchent à égarer les esprits et à faire prendre le change à l'opinion publique.

3. Mais la vérification des procès-verbaux dressés à Metz, et des interrogatoires des courriers, n'a pas permis de douter que l'envoi de cette déclaration n'eût été fait par les membres de la légation française à Vienne, et elle doit conséquemment être considérée comme adoptée et signée par eux.

4. C'est sous ce premier point de vue que la commission a cru devoir d'abord examiner cette production qui n'a point

(1) Moniteur du 13 avril 1815.

de modèle dans les annales de la diplomatie, et dans laquelle des Français, des hommes revêtus du caractère public le plus respectable, commencent par une espèce de mise hors la loi, ou pour parler plus nettement, par une provocation à l'assassinat de l'empereur Napoléon.

5. Nous disons, avec le ministre de la police, que cette déclaration est l'ouvrage des plénipotentiaires français, parce que ceux d'Autriche, de Russie, de Prusse, d'Angleterre, n'ont pu signer un acte que les souverains et les peuples auxquels ils appartiennent s'empresseraient de désavouer.

6. Et d'abord ces plénipotentiaires coopérateurs, pour la plupart, du traité de Paris, savent que Napoléon y a été reconnu comme conservant le titre d'empereur et comme souverain de l'île d'Elbe : ils l'auraient désigné par ces titres, et ne se seraient écartés, ni au fond, ni dans la forme, du respectueux égard qu'ils imposent.

7. Ils auraient senti que, d'après les lois des nations, le prince le moins fort par l'étendue ou la population de ses états jouit, quant à son caractère politique et civil, des droits appartenans à tout prince souverain à l'égal du monarque le plus puissant, et Napoléon, reconnu sous le titre d'empereur, et en qualité de prince souverain par toutes les puissances, n'était pas plus qu'aucune d'elles justiciable du congrès de Vienne.

8. L'oubli de ces principes, impossible à supposer dans des plénipotentiaires qui pèsent les droits des nations avec réflexion, sagesse et maturité, n'a rien d'étonnant quand il est manifesté par quelques ministres français à qui leur conscience reproche plus d'une trahison, chez qui la crainte a produit l'emportement, et dont les remords égarent la raison.

9. Ceux-là ont pu risquer la fabrication, la publication

d'une pièce telle que la prétendue déclaration du 13 mars, dans l'espoir d'arrêter la marche de Napoléon, et d'abuser le peuple français sur les vrais sentimens des puissances étrangères.

10. Mais il ne leur est pas donné de juger comme elle le mérite d'une nation qu'ils ont méconnue, trahie, livrée aux armes des étrangers.

11. Cette nation, brave et généreuse, se révolte contre tout ce qui porte le caractère de la lâcheté et de l'oppression; ses affections s'exaltent quand leur objet est menacé ou atteint par une grande injustice; et l'assassinat, auquel provoquent les premières phrases de la déclaration du 13 mars, ne trouvera de bras pour l'accomplir, ni parmi les vingt-cinq millions de Français dont la majorité a suivi, gardé, protégé Napoléon de la Méditerranée à la capitale, ni parmi les dix-huit millions d'Italiens, les six millions de Belges ou riverains du Rhin, et les peuples nombreux d'Allemagne qui, dans cette conjoncture solennelle, n'ont prononcé son nom qu'avec un souvenir respectueux, ni au sein de la nation anglaise indignée, dont les honorables sentimens désavouent le langage qu'on a osé prêter aux souverains.

12. Les peuples de l'Europe sont éclairés: ils jugent les droits de Napoléon, les droits des princes alliés et ceux des Bourbons.

13. Ils savent que la convention de Fontainebleau est un traité entre souverains. Sa violation, l'entrée de Napoléon sur le territoire français, ne pouvait, comme toute infraction à un acte diplomatique, comme toute invasion hostile, amener qu'une guerre ordinaire, dont le résultat ne peut être, quant à la personne, que d'être vainqueur ou vaincu, libre ou prisonnier de guerre; quant aux possessions, de les conserver ou de les perdre, de les accroître ou de les diminuer; et que toute pensée, toute menace, tout attentat

contre la vie d'un prince en guerre contre un autre, est une chose inouïe dans l'histoire des nations et des cabinets de l'Europe.

14. A la violence, à l'emportement, à l'oubli des principes qui caractérisent la déclaration du 13 mars, on reconnait les envoyés du même prince, les organes des mêmes conseils qui, par l'ordonnance du 9 mars, mettaient aussi Napoléon hors la loi, appelaient aussi sur lui les poignards des assassins, promettaient aussi un salaire à qui apporterait sa tête.

15. Et cependant qu'a fait Napoléon ? Il a honoré par sa sécurité les hommes de toutes les nations, qu'insultait l'infâme mission à laquelle on voulait les appeler ; il s'est montré modéré, généreux, protecteur envers ceux-là mêmes qui avaient dévoué sa tête à mort.

16. Quand il a parlé au général Excelmans, marchant vers la colonne qui suivait de près Louis-Stanislas-Xavier ; au général comte d'Erlon, qui devait le recevoir à Lille ; au général Clausel, qui allait à Bordeaux, où se trouvait la duchesse d'Angoulême ; au général Grouchy, qui marchait pour arrêter les troubles civils excités par le duc d'Angoulême ; partout enfin des ordres ont été donnés par l'empereur pour que les personnes fussent respectées et mises à l'abri de toute attaque, de tout danger, de toute violence dans leur marche sur le territoire français, et au moment où elles le quitteraient.

17. Les nations et la postérité jugeront de quel côté a été dans cette grande conjoncture le respect pour le droit des peuples et des souverains, pour les règles de la guerre, les principes de la civilisation, les maximes des lois civiles et religieuses. Elles prononceront entre Napoléon et la maison de Bourbon.

18. Si, après avoir examiné la prétendue déclaration du

congrès sous ce premier aspect, on la discute dans ses rapports avec les conventions diplomatiques, avec le traité de Fontainebleau du 11 avril, ratifié par le gouvernement français, on trouvera que sa violation n'est imputable qu'à ceux-là mêmes qui la reprochent à Napoléon.

19. Le traité de Fontainebleau a été violé par les puissances alliées et par la maison de Bourbon, en ce qui touche l'empereur Napoléon et sa famille, en ce qui touche les intérêts et les droits de la nation française.

20. I. L'impératrice Marie-Louise et son fils devaient obtenir des passe-ports et une escorte pour se rendre près de l'empereur; et, loin d'exécuter cette promesse, on a séparé violemment l'épouse de l'époux, le fils du père, et cela dans les circonstances douloureuses où l'âme la plus forte a besoin de chercher de la consolation et du support au sein de sa famille et des affections domestiques.

21. II. La sûreté de Napoléon, de la famille impériale et de leur suite, était garantie (article 14 du traité) par toutes les puissances; et des bandes d'assassins ont été organisées en France sous les yeux du gouvernement français, et même par ses ordres, comme le prouvera bientôt la procédure solennelle contre le sieur de Maubreuil, pour attaquer et l'empereur, et ses frères, et leurs épouses. A défaut du succès qu'on espérait de cette première branche du complot, une émeute a été disposée à Orgon, sur la route de l'empereur, pour essayer d'attenter à ses jours par les mains de quelques brigands; on a envoyé en Corse, comme gouverneur, un sicaire de Georges, le sieur Brulart, élevé exprès au grade de maréchal-de-camp, connu en Bretagne, en Anjou, en Normandie, dans la Vendée, dans toute l'Angleterre, par le sang qu'il a répandu, afin qu'il préparât et assurât le crime; et en effet plusieurs assassins isolés ont tenté, à l'île d'Elbe, de gagner, par le meurtre de Napo-

léon, le coupable et honteux salaire qui leur était promis.

22. III. Les duchés de Parme et de Plaisance étaient donnés en toute propriété à Marie-Louise, pour elle, son fils et ses descendans; et, après de longs refus de les mettre en possession, on a consommé l'injustice par une spoliation absolue, sous le prétexte illusoire d'un échange sans évaluation, sans proportion, sans souveraineté, sans consentement; et les documens existans aux relations extérieures, que nous nous sommes fait représenter, prouvent que c'est sur les sollicitations, sur les instances, par les intrigues du prince de Bénévent, que Marie-Louise et son fils ont été dépouillés.

23. IV. Il devait être donné au prince Eugène, fils adoptif de Napoléon, qui a honoré la France qui le vit naître, et conquis l'affection de l'Italie qui l'adopta, un établissement convenable hors de France, et il n'a rien obtenu.

24. V. L'empereur avait (article 9 du traité) stipulé, en faveur des braves de l'armée, la conservation de leurs dotations sur le Monte Napoleone; il avait réservé, sur le domaine extraordinaire et sur des fonds restans de sa liste civile, des moyens de récompenser ses serviteurs, de payer les soldats qui s'attachaient à sa destinée; tout a été enlevé, réservé par les ministres des Bourbons. Un agent des militaires français, M. Bresson, est allé inutilement à Vienne réclamer pour eux la plus sacrée des propriétés, le prix de leur courage et de leur sang.

25. VI. La conservation des biens meubles et immeubles de la famille de l'empereur est stipulée par le même traité (article 6); et elle a été dépouillée des uns et des autres; savoir, à main armée, en France, par des brigands commissionnés; en Italie, par la violence des chefs militaires; dans les deux pays, par des séquestres et des saisies solennellement ordonnées.

26. VII. L'empereur Napoléon devait recevoir 2 mil-

lions, et sa famille 2,500,000 francs par an, selon la répartition établie article 6 du traité; et le gouvernement français a constamment refusé d'acquitter cet engagement; et Napoléon se serait vu bientôt réduit à licencier sa garde fidèle, faute de moyens pour assurer sa paie, s'il n'eût trouvé, dans les reconnaissans souvenirs des banquiers et négocians de Gênes et d'Italie, l'honorable ressource d'un prêt de 12 millions qui lui fut offert.

27. VIII. Enfin ce n'était pas sans motif qu'on voulait, par tous les moyens, éloigner de Napoléon ces compagnons de sa gloire, modèles de dévouement et de constance, garans inébranlables de sa sûreté et de sa vie. L'île d'Elbe lui était assurée en toute propriété (art. 3 du traité), et la résolution de l'en dépouiller, désirée par les Bourbons, sollicitée par leurs agens, avait été prise au congrès.

28. Et si la Providence n'y eût pourvu dans sa justice, l'Europe aurait vu attenter à la personne, à la liberté de Napoléon, relégué désormais à la merci de ses ennemis, loin de sa famille, et séparé de ses serviteurs, ou à Sainte-Lucie, ou à Sainte-Hélène, qu'on lui assignait pour prison.

29. Et quand les puissances alliées, cédant aux vœux imprudens, aux instances cruelles de la maison de Bourbon, ont condescendu à la violation du contrat solennel sur la foi duquel Napoléon avait dégagé la nation française de ses sermens; quand lui-même et tous les membres de sa famille se sont vus menacés, atteints dans leurs personnes, dans leurs propriétés, dans leurs affections, dans tous les droits stipulés en leur faveur comme princes, dans ceux mêmes assurés par les lois aux simples citoyens, que devait faire Napoléon?

30. Devait-il, après avoir enduré tant d'offenses, supporté tant d'injustices, consentir à la violation complète des engagemens pris avec lui, et, se résignant personnelle-

6..

ment au sort qu'on lui préparait, abandonner encore son épouse, son fils, sa famille, ses serviteurs fidèles à leur affreuse destinée?

31. Une telle résolution semble au-dessus des forces humaines, et pourtant Napoléon aurait pu la prendre, si la paix, le bonheur de la France eussent été le prix de ce nouveau sacrifice. Il se serait encore dévoué pour le peuple français, duquel, ainsi qu'il veut le déclarer à l'Europe, il se fait gloire de tout tenir, auquel il veut tout rapporter, à qui seul il veut répondre de ses actions et dévouer sa vie.

32. C'est pour la France seule, et pour lui éviter les malheurs d'une guerre intestine, qu'il abdiqua la couronne en 1814. Il rendit au peuple français les droits qu'il tenait de lui, il le laissa libre de se choisir un nouveau monarque, et de fonder sa liberté et son bonheur sur des institutions protectrices de l'un et de l'autre.

33. Il espérait pour la nation la conservation de tout ce qu'elle avait acquis par vingt-cinq années de combats et de gloire, l'exercice de sa souveraineté dans le choix d'une dynastie et dans la stipulation des conditions auxquelles elle serait appelée à régner.

34. Il attendait du nouveau gouvernement le respect pour la gloire des armées, les droits des braves, la garantie de tous les intérêts nouveaux; de ces intérêts nés et maintenus depuis un quart de siècle, résultant de toutes les lois politiques et civiles, observées, révérées depuis ce temps, parce qu'elles sont identifiées avec les mœurs, les habitudes, les besoins de la nation.

35. Loin de là, toute idée de la souveraineté du peuple a été écartée.

36. Le principe sur lequel a reposé toute la législation politique et civile depuis la révolution a été écarté également.

37. La France a été traitée par les Bourbons comme un pays révolté, reconquis par les armes de ses anciens maîtres, et asservi de nouveau à une domination féodale.

38. Louis-Stanislas-Xavier a méconnu le traité qui seul avait rendu le trône de France vacant, et l'abdication qui seule lui permettait d'y monter.

39. Il a prétendu avoir régné dix-neuf ans, insultant ainsi et les gouvernemens établis depuis ce temps, et le peuple qui les a consacrés par ses suffrages, et l'armée qui les a défendus, et jusqu'aux souverains qui les ont reconnus dans leurs nombreux traités.

40. Une charte rédigée par le sénat, tout imparfaite qu'elle fût, a été mise en oubli.

41. On a imposé à la France une loi prétendue constitutionnelle, aussi facile à éluder qu'à révoquer, et dans la forme des simples ordonnances royales, sans consulter la nation, sans entendre même ces corps devenus illégaux, fantômes de représentation nationale.

42. Et comme les Bourbons ont ordonné sans droits et promis sans garantie, ils ont éludé sans bonne foi et exécuté sans fidélité.

43. La violation de cette prétendue charte n'a été restreinte que par la timidité du gouvernement; l'étendue des abus d'autorité n'a été bornée que par sa faiblesse.

44. La dislocation de l'armée, la dispersion de ses officiers, l'exil de plusieurs, l'avilissement des soldats, la suppression de leurs dotations, la privation de leur solde ou de leur retraite, la réduction des traitemens des légionnaires, le dépouillement de leurs honneurs, la prééminence des décorations de la monarchie féodale, le mépris des citoyens, désignés de nouveau sous le nom de tiers-état, le dépouillement préparé et déjà commencé des acquéreurs de biens nationaux, l'avilissement actuel de la valeur de ceux qu'on

était obligé de vendre; le retour de la féodalité dans ses titres, ses priviléges, ses droits utiles; le rétablissement des principes ultramontains, l'abolition des libertés de l'Église gallicane, l'anéantissement du concordat, le rétablissement des dîmes, l'intolérance renaissante d'un culte exclusif, la domination d'une poignée de nobles sur un peuple accoutumé à l'égalité : voilà ce que les Bourbons ont fait ou voulaient faire pour la France.

45. C'est dans de telles circonstances que l'empereur Napoléon a quitté l'île d'Elbe : tels sont les motifs de la détermination qu'il a prise, et non la considération de ses intérêts personnels, si faible près de lui, comparée aux intérêts de la nation à qui il a consacré son existence.

46. Il n'a pas apporté la guerre au sein de la France; il y a au contraire éteint la guerre que les propriétaires de biens nationaux, formant les quatre cinquièmes des propriétaires français, auraient été forcés de faire à leurs spoliateurs; la guerre que les citoyens opprimés, abaissés, humiliés par les nobles, auraient été forcés de déclarer à leurs oppresseurs; la guerre que les protestans, les juifs, les hommes des cultes divers auraient été forcés de soutenir contre leurs persécuteurs.

47. Il est venu délivrer la France, et c'est aussi comme libérateur qu'il a été reçu.

48. Il est arrivé presque seul; il a parcouru 220 lieues sans obstacles, sans combats, et a repris sans résistance, au milieu de la capitale et des acclamations de l'immense majorité des citoyens, le trône délaissé par les Bourbons, qui, dans l'armée, dans leur maison, dans les gardes nationales, dans le peuple, n'ont pu armer personne pour essayer de s'y maintenir.

49. Et cependant, replacé à la tête de la nation qui l'avait déjà choisi trois fois, qui vient de le désigner une quatrième

épris par l'accueil qu'elle lui a fait dans sa marche et son arrivée rapides et triomphales ; de cette nation par laquelle et pour l'intérêt de laquelle il veut régner, que veut Napoléon ?

50. Ce que veut le peuple français : l'indépendance de la France, la paix intérieure, la paix avec tous les peuples, l'exécution du traité de Paris du 30 mai 1814.

51. Qu'y a-t-il donc désormais de changé dans l'état de l'Europe et dans l'espoir du repos qui lui était promis ? Quelle voix s'élève pour demander ces secours qui, suivant la déclaration, ne doivent être donnés qu'autant qu'ils seront réclamés ?

52. Il n'y a rien de changé, si les puissances alliées reviennent, comme on doit l'attendre d'elles, à des sentimens justes, modérés ; si elles reconnaissent que l'existence de la France dans un état respectable et indépendant, aussi éloigné de conquérir que d'être conquis, de dominer que d'être asservi, est nécessaire à la balance des grands royaumes comme à la garantie des petits États.

53. Il n'y a rien de changé, si, respectant les droits d'une grande nation qui veut respecter les droits de tous les autres, qui, fière et généreuse, a été abaissée, mais ne fut jamais avilie, on lui laisse reprendre un monarque, et se donner une constitution et des lois qui conviennent à ses mœurs, à ses intérêts, à ses habitudes, à ses besoins nouveaux.

54. Il n'y a rien de changé, si, n'essayant pas de contraindre la France à reprendre, avec une dynastie dont elle ne peut plus vouloir, les chaînes féodales qu'elle a brisées, à se soumettre à des prestations seigneuriales ou ecclésiastiques dont elle est affranchie, on ne veut pas lui imposer des lois, s'immiscer dans ses affaires intérieures, lui assigner une forme de gouvernement, lui donner des maîtres au gré des intérêts ou des passions de ses voisins.

55. Il n'y a rien de changé, si, quand la France est oc-

cupée de préparer le nouveau pacte social qui garantira la liberté de ses citoyens, le triomphe des idées généreuses qui dominent en Europe, et qui ne peuvent plus y être étouffées, on ne la force pas de se distraire, pour combattre, de ses pacifiques pensées et des moyens de prospérité intérieure auxquels le peuple et son chef veulent se consacrer dans un heureux accord.

56. Il n'y a rien de changé, si, quand la nation française ne demande qu'à rester en paix avec l'Europe entière, une injuste coalition ne la force pas de défendre, comme elle l'a fait en 1792, sa volonté et ses droits, et son indépendance, et le souverain de son choix.

Signés : Le ministre d'état président de la section des finances,

Le comte DEFERMON.

Le ministre d'état président de la section de l'intérieur,

Le comte REGNAULT DE SAINT-JEAN-D'ANGELY.

Le président de la section de législation,

Le comte BOULAY.

Le président de la section de la guerre,

Le comte ANDRÉOSSY.

Certifié conforme :

Le ministre secrétaire d'état,

Le duc de BASSANO.

N° 7.

Ordonnance du roi contenant des mesures de sûreté générale (1).

Louis, par la grâce de Dieu, roi de France et de Navarre, à tous ceux qui ces présentes verront, salut.

L'art. 12 de la charte constitutionnelle nous charge spécialement de faire les réglemens et ordonnances nécessaires pour la sûreté de l'État; elle serait essentiellement compromise si nous ne prenions pas des mesures promptes pour réprimer l'entreprise qui vient d'être formée sur un des points de notre royaume, et arrêter l'effet des complots et attentats tendans à exciter la guerre civile et détruire le gouvernement.

A ces causes, et sur le rapport qui nous a été fait par notre amé et féal chevalier, chancelier de France, le sieur Dambray, commandeur de nos ordres, sur l'avis de notre conseil, nous avons ordonné et ordonnons, déclaré et déclarons ce qui suit :

Art. 1er. Napoléon Bonaparte est déclaré traître et rebelle, pour s'être introduit à main armée dans le département du Var. Il est enjoint à tous les gouverneurs, commandans de la force armée, gardes nationales, autorités civiles, et même aux simples citoyens, de lui courir sus, de l'arrêter, et de le traduire incontinent devant un conseil de guerre, qui, après avoir reconnu l'identité, provoquera contre lui l'application des peines prononcées par la loi.

(1) Moniteur du 7 mars 1815.

2. Seront punis des mêmes peines et comme coupables des mêmes crimes, les militaires et les employés de tout grade qui auraient accompagné ou suivi ledit Bonaparte dans son invasion du territoire français, à moins que dans le délai de huit jours, à compter de la publication de la présente ordonnance, ils ne viennent faire leur soumission entre les mains de nos gouverneurs, commandans de divisions militaires, généraux ou administrateurs civils.

3. Seront pareillement poursuivis et punis comme fauteurs et complices de rébellion et d'attentat tendant à changer la forme du gouvernement et provoquer la guerre civile, tous administrateurs civils et militaires, chefs et employés dans lesdites administrations, payeurs et receveurs de deniers publics, même les simples citoyens qui prêteraient directement ou indirectement aide et assistance à Bonaparte.

4. Seront punis des mêmes peines, conformément à l'article 102 du Code pénal, ceux qui, par des discours tenus dans des lieux ou réunions publiques, par des placards affichés, ou par des écrits imprimés, auraient pris part ou engagé les citoyens à prendre part à la révolte, ou s'abstenir de la repousser.

5. Notre chancelier, nos ministres secrétaires d'état et notre directeur général de la police, chacun en ce qui le concerne, sont chargés de l'exécution de la présente ordonnance, qui sera insérée au Bulletin des lois, adressée à tous les gouverneurs de divisions militaires, généraux, commandans, préfets, sous-préfets et maires de notre royaume, avec ordre de la faire imprimer et afficher tant à Paris qu'ailleurs, et partout où besoin sera.

Donné au château des Tuileries, le 6 mars de l'an de grâce 1815, et de notre règne le vingtième.

Signé Louis.

Par le Roi,
Le chancelier de France, *Signé* Dambray.

N° 8.

(Moniteur du 12 avril 1815.)

M. LE COMTE GROUCHY,

L'ORDONNANCE du roi en date du 6 mars, et la déclaration signée le 13 à Vienne par ses ministres, pouvaient m'autoriser à traiter le duc d'Angoulême comme celle ordonnance et celle déclaration voulaient qu'on traitât moi et ma famille. Mais, constant dans les dispositions qui m'avaient porté à ordonner que les membres de la famille des Bourbons pussent sortir librement de France, mon intention est que vous donniez des ordres pour que le duc d'Angoulême soit conduit à Cette où il sera embarqué, et que vous veilliez à sa sûreté, et à écarter de lui tout mauvais traitement. Vous aurez soin seulement de retirer les fonds qui ont été enlevés des caisses publiques, et de demander au duc d'Angoulême qu'il s'oblige à la restitution des diamans de la couronne, qui sont la propriété de la nation. Vous lui ferez connaître en même temps les dispositions des lois des assemblées nationales qui ont été renouvelées, et qui s'appliquent aux membres de la famille des Bourbons qui entreraient sur le territoire français. Vous remercierez en mon nom les gardes nationales du patriotisme et du zèle qu'elles ont fait éclater, et de l'attachement qu'elles m'ont montré dans ces circonstances importantes.

Au palais des Tuileries, le 11 avril 1815.

Signé NAPOLÉON.

N° 9.

Adresse du Champ-de-Mai (1).

SIRE,

Le peuple français vous avait décerné la couronne, vous l'avez déposée sans son aveu; ses suffrages viennent de vous imposer le devoir de la reprendre. Un contrat nouveau s'est formé entre la nation et Votre Majesté. Rassemblés de tous les points de l'empire autour des tables de la loi, où nous venons inscrire le vœu du peuple, ce vœu, seule source légitime du pouvoir, il nous est impossible de ne pas faire retentir la voix de la France dont nous sommes les organes immédiats; de ne pas dire en présence de l'Europe, au chef auguste de la nation, ce qu'elle attend de lui, ce qu'il doit attendre d'elle.

Nos paroles seront graves comme les circonstances qui les inspirent.

Que veut la ligue des rois alliés avec cet appareil de guerre dont elle épouvante l'Europe et afflige l'humanité?

Par quel acte, par quelle violation avons-nous provoqué leur vengeance, motivé leur agression?

Avons-nous, depuis la paix, essayé de leur donner des lois? Nous voulons seulement faire suivre celles qui s'adaptent à nos mœurs.

Nous ne voulons point du chef que veulent pour nous nos ennemis, et nous voulons celui dont ils ne veulent pas.

(1) Moniteur du 2 juin 1815.

Ils osent vous proscrire personnellement, vous, sire, qui, maître tant de fois de leurs capitales, les avez raffermis généreusement sur leurs trônes ébranlés !...... Cette haine de nos ennemis ajoute à notre amour pour vous. On proscrirait le moins connu de nos citoyens que nous devrions le défendre avec la même énergie. Il serait comme vous sous l'égide de la loi et de la puissance française.

On nous menace d'une invasion ! et cependant, resserrés dans des frontières que la nature ne nous a point imposées, que long-temps et avant votre règne la victoire et la paix même avaient reculées, nous n'avons point franchi cette étroite enceinte, par respect pour des traités que vous n'avez point signés, et que vous avez offert de respecter.

Ne craint-on pas de nous rappeler des temps, un état de choses naguère si différens, et qui pourraient encore se reproduire ? Ne demande-t-on que des garanties ? Elles sont toutes dans nos institutions et dans la volonté du peuple français, unie désormais à la vôtre.

Ce ne serait point la première fois que nous aurions vaincu l'Europe entière armée contre nous.

Ces droits sacrés, imprescriptibles, que la moindre peuplade n'a jamais réclamés en vain au tribunal de la justice et de l'histoire, c'est à la nation française qu'on ose les disputer une seconde fois, au dix-neuvième siècle, à la face du monde civilisé !

Parce que la France veut être la France, faut-il qu'elle soit dégradée, déchirée, démembrée ? et nous réserve-t-on le sort de la Pologne ?

Vainement veut-on cacher de funestes desseins sous l'apparence du dessein unique de vous séparer de nous, pour nous donner à des maîtres avec qui nous n'avons plus rien de commun, que nous n'entendons plus, et qui ne peuvent pas nous entendre ; qui ne semblent appartenir ni au siècle, ni à la nation qui ne les a reçus un moment dans son sein que pour voir proscrire et avilir par eux ses plus généreux citoyens.

Leur présence a détruit toutes les illusions qui s'attachaient encore à leur nom.

Ils ne pourraient plus croire à nos sermens, nous ne pourrions plus croire à leurs promesses. La dîme, la féodalité, les priviléges, tout ce qui nous est odieux, était trop évidemment le but et le fond de leur pensée, quand l'un d'eux, pour consoler l'impatience du présent, assurait à ses confidens qu'il leur répondait de l'avenir.

Ce que chacun de nous avait regardé pendant vingt-cinq ans comme titre de gloire, comme services dignes de récompense, a été pour eux un titre de proscription, un sceau de réprobation.

Un million de fonctionnaires, de magistrats qui depuis vingt-cinq ans suivent les mêmes maximes, parmi lesquels nous venons de choisir nos représentans; cinq cent mille guerriers, notre force et notre gloire; six millions de propriétaires investis par la révolution; un plus grand nombre encore de citoyens éclairés, qui font une profession réfléchie de ces idées devenues parmi nous des dogmes politiques; tous ces dignes Français n'étaient point les Français des Bourbons: ils ne voulaient régner que pour une poignée de privilégiés, depuis vingt-cinq ans punis ou pardonnés.

L'opinion même, cette propriété sacrée de l'homme, ils l'ont poursuivie, persécutée jusque dans le paisible sanctuaire des lettres et des arts.

Sire, un trône un moment relevé par les armées étrangères, et environné d'erreurs incurables, s'est écroulé en un instant devant vous, parce que vous nous rapportiez de la retraite, qui n'est féconde en grandes pensées que pour les grands hommes, tous les erremens de notre véritable gloire, et toutes les espérances de notre véritable prospérité.

Comment votre marche triomphale de Cannes à Paris n'a-t-elle pas dessillé tous les yeux? Dans l'histoire de tous les peuples et de tous les siècles, est-il une scène nationale plus héroïque, plus imposante? Ce triomphe, qui n'a point coûté de sang, ne suffit-il pas pour détromper nos ennemis? En veulent-ils de plus sanglans? Eh bien! Sire, attendez de nous tout ce qu'un héros fondateur est en droit d'attendre d'une nation fidèle, énergique, généreuse, inébranlable dans ses principes, invariable dans le but de ses efforts, l'indépendance à l'extérieur et la liberté au dedans.

Les trois branches de la législature vont se mettre en action: un seul sentiment les animera. Confians dans les promesses de Votre Majesté, nous lui remettons, nous remettons à nos représentans et à la chambre des pairs, le soin de revoir, de consolider, de perfectionner de concert, sans précipitation, sans secousse, avec maturité, avec sagesse, notre système constitutionnel et les institutions qui doivent en être la garantie.

Et cependant, si nous sommes forcés de combattre, qu'un seul cri retentisse dans tous les cœurs: « Marchons à » l'ennemi, qui veut nous traiter comme la dernière des na- » tions! Serrons-nous tous autour du trône, où siége le » père et le chef du peuple et de l'armée. »

Sire, rien n'est impossible, rien ne sera épargné pour nous assurer l'honneur et l'indépendance, ces biens plus chers que la vie. Tout sera tenté, tout sera exécuté pour repousser un joug ignominieux. Nous le disons aux nations: puissent leurs chefs nous entendre! S'ils acceptent vos offres de paix, le peuple français attendra de votre administration forte, libérale, paternelle, des motifs de se consoler des sacrifices que lui a coûté la paix. Mais

6...

si l'on ne nous laisse que le choix entre la guerre et la honte, la nation tout entière se lève pour la guerre ; elle est prête à vous dégager des offres trop modérées peut-être que vous avez faites pour épargner à l'Europe un nouveau bouleversement ; tout Français est soldat ; la victoire suivra vos aigles, et nos ennemis, qui comptaient sur nos divisions, regretteront bientôt de nous avoir provoqués.

N° 10.

Discours prononcé par Sa Majesté au Champ-de-Mai (1).

Messieurs les électeurs des colléges de département et d'arrondissement ;

Messieurs les députés de l'armée de terre et de mer au Champ-de-Mai ;

Empereur, consul, soldat, je tiens tout du peuple. Dans la prospérité, dans l'adversité, sur le champ de bataille, au conseil, sur le trône, dans l'exil, la France a été l'objet unique et constant de mes pensées et de mes actions.

Comme ce roi d'Athènes, je me suis sacrifié pour mon peuple, dans l'espoir de voir se réaliser la promesse donnée de conserver à la France son intégrité naturelle, ses honneurs et ses droits.

L'indignation de voir ces droits sacrés, acquis par vingt-cinq années de victoires, méconnus et perdus à jamais ; le cri de l'honneur français flétri, les vœux de la nation m'ont ramené sur ce trône qui m'est cher, parce qu'il est le palladium de l'indépendance, de l'honneur et des droits du peuple.

Français, en traversant au milieu de l'allégresse publique les diverses provinces de l'empire pour arriver dans ma capitale, j'ai dû compter sur une longue paix ; les nations sont

(1) Moniteur du 2 juin 1815.

liées par les traités conclus par leurs gouvernemens, quels qu'ils soient.

Ma pensée se portait alors tout entière sur les moyens de fonder notre liberté par une constitution conforme à la volonté et à l'intérêt du peuple, j'ai convoqué le Champ-de-Mai.

Je ne tardai pas à apprendre que les princes qui ont méconnu tous les principes, froissé l'opinion et les plus chers intérêts de tant de peuples, veulent nous faire la guerre. Ils méditent d'accroître le royaume des Pays-Bas, de lui donner pour barrières toutes nos places frontières du nord, et de concilier les différends qui les divisent encore en se partageant la Lorraine et l'Alsace.

Il a fallu se préparer à la guerre.

Cependant, devant courir personnellement les hasards des combats, ma première sollicitude a dû être de constituer sans retard la nation. Le peuple a accepté l'acte que je lui ai présenté.

Français, lorsque nous aurons repoussé ces injustes agressions, et que l'Europe sera convaincue de ce qu'on doit aux droits et à l'indépendance de vingt-huit millions de Français, une loi solennelle, faite dans les formes voulues par l'acte constitutionnel, réunira les différentes dispositions de nos constitutions aujourd'hui éparses.

Français, vous allez retourner dans vos départemens : dites aux citoyens que les circonstances sont grandes!!! qu'avec de l'union, de l'énergie et de la persévérance, nous sortirons victorieux de cette lutte d'un grand peuple contre ses oppresseurs ; que les générations à venir scruteront sévèrement notre conduite ; qu'une nation a tout perdu quand elle a perdu l'indépendance. Dites-leur que les rois étrangers que j'ai élevés sur le trône, ou qui me doivent la conservation de leur couronne, qui tous, au temps de ma prospérité, ont brigué mon alliance et la protection du peuple français, dirigent aujourd'hui tous leurs coups contre ma personne. Si je ne voyais que c'est à la patrie qu'ils en veulent, je mettrais à leur merci cette existence contre laquelle ils se montrent si acharnés. Mais dites aussi aux citoyens que, tant que les Français me conserveront les sentimens d'amour dont ils me donnent tant de preuves, cette rage de nos ennemis sera impuissante.

Français, ma volonté est celle du peuple; mes droits sont les siens; mon honneur, ma gloire, mon bonheur, ne peuvent être autres que l'honneur, la gloire et le bonheur de la France.

N° 11.

Discours prononcé par Sa Majesté à la séance impériale du 7 juin (1).

Messieurs de la chambre des pairs,

Et Messieurs de la chambre des représentans,

Depuis trois mois, les circonstances et la confiance du peuple m'ont revêtu d'un pouvoir illimité. Aujourd'hui s'accomplit le désir le plus pressant de mon cœur, je viens commencer la monarchie constitutionnelle.

Les hommes sont trop impuissans pour assurer l'avenir; les institutions seules fixent les destinées des nations. La monarchie est nécessaire en France pour garantir la liberté, l'indépendance et les droits du peuple.

Nos constitutions sont éparses : une de nos plus importantes occupations sera de les reunir dans un seul cadre, et de les coordonner dans une seule pensée. Ce travail recommandera l'époque actuelle aux générations futures.

J'ambitionne de voir la France jouir de toute la liberté possible ; je dis possible, parce que l'anarchie ramène toujours au gouvernement absolu.

Une coalition formidable de rois en veut à notre indépendance; ses armées arrivent sur nos frontières.

La frégate la Melpomène a été attaquée et prise dans la

(1) Moniteur du 8 juin 1815.

Méditerranée, après un combat sanglant contre un vaisseau anglais de 74. Le sang a coulé pendant la paix.

Nos ennemis comptent sur nos divisions intestines; ils excitent et fomentent la guerre civile. Des rassemblemens ont lieu; on communique avec Gand, comme en 1792 avec Coblentz. Des mesures législatives sont indispensables. C'est à votre patriotisme, à vos lumières et à votre attachement à ma personne que je me confie sans réserve.

La liberté de la presse est inhérente à la constitution actuelle; on n'y peut rien changer sans altérer tout notre système politique; mais il faut des lois répressives, surtout dans l'état actuel de la nation. Je recommande à vos méditations cet objet important.

Mes ministres vous feront connaître la situation de nos affaires.

Les finances seraient dans un état satisfaisant, sans le surcroît de dépenses que les circonstances actuelles ont exigé.

Cependant on pourrait faire face à tout, si les recettes comprises dans le budget étaient toutes réalisables dans l'année; et c'est sur les moyens d'arriver à ce résultat que mon ministre des finances fixera votre attention.

Il est possible que le premier devoir du prince m'appelle bientôt à la tête des enfans de la nation pour combattre pour la patrie. L'armée et moi nous ferons notre devoir.

Vous, pairs et représentans, donnez à la nation l'exemple de la confiance, de l'énergie et du patriotisme; et comme le sénat du grand peuple de l'antiquité, soyez décidés à mourir plutôt que de survivre au déshonneur et à la dégradation de la France: la cause sainte de la patrie triomphera!

N° 12.

Adresse de la Chambre des pairs, du 11 juin, et réponse de Sa Majesté (1).

SIRE,

VOTRE empressement à soumettre aux formes et aux règles constitutionnelles le pouvoir absolu que les circonstances et la confiance du peuple vous avaient imposé, les nouvelles garanties données aux droits de la nation, le dévouement qui vous conduit au milieu des périls que va braver l'armée, pénètrent tous les cœurs d'une profonde reconnaissance. Les pairs de France viennent offrir à Votre Majesté l'hommage de ce sentiment.

Vous avez manifesté, sire, des principes qui sont ceux de la nation : ils doivent être les nôtres. Oui, tout pouvoir vient du peuple, est institué pour le peuple; la monarchie constitutionnelle est nécessaire au peuple français, comme garantie de sa liberté et de son indépendance.

Sire, tandis que vous serez à la frontière, à la tête des enfans de la patrie, la chambre des pairs concourra avec zèle à toutes les mesures législatives que les circonstances exigeront, pour forcer l'étranger à reconnaître l'indépendance nationale, et faire triompher dans l'intérieur les principes consacrés par la volonté du peuple.

L'intérêt de la France est inséparable du vôtre; si la fortune

(1) Moniteur du 12 juin 1815.

trompait vos efforts, des revers, sire, n'affaibliraient pas notre persévérance, et redoubleraient notre attachement pour vous.

Si les succès répondent à la justice de notre cause, et aux espérances que nous sommes accoutumés à concevoir de votre génie et de la bravoure de nos armées, la France n'en veut d'autre fruit que la paix. Nos institutions garantissent à l'Europe que jamais le gouvernement français ne peut être entraîné par les séductions de la victoire.

Sa Majesté a répondu :

M. le président et MM. les députés de la chambre des pairs,

La lutte dans laquelle nous sommes engagés est sérieuse. L'entraînement de la prospérité n'est pas le danger qui nous menace aujourd'hui. C'est sous les Fourches Caudines que les étrangers veulent nous faire passer.

La justice de notre cause, l'esprit public de la nation et le courage de l'armée sont de puissans motifs pour espérer des succès ; mais si nous avions des revers, c'est alors surtout que j'aimerais à voir déployer toute l'énergie de ce grand peuple ; c'est alors que je trouverais dans la chambre des pairs des preuves d'attachement à la patrie et à moi.

C'est dans des temps difficiles que les grandes nations, comme les grands hommes, déploient toute l'énergie de leur caractère ; et deviennent un objet d'admiration pour la postérité.

M. le président et MM. les députés de la chambre des pairs, je vous remercie des sentimens que vous m'exprimez au nom de la chambre.

N° 13.

Adresse des Représentans, et réponse de S. M. (1).

Sire,

La chambre des représentans a recueilli avec une profonde émotion les paroles émanées du trône dans la séance solennelle où Votre Majesté, déposant le pouvoir extraordinaire qu'elle exerçait, a proclamé le commencement de la monarchie constitutionnelle.

Les principales bases de cette monarchie protectrice de la liberté, de l'égalité, du bonheur du peuple, ont été reconnues par Votre Majesté, qui, se portant d'elle-même au-devant de tous les scrupules comme au-devant de tous les vœux, a déclaré que le soin de réunir nos constitutions éparses et de les coordonner était une des plus importantes occupations réservées à la législature.

Fidèle à sa mission, la chambre des représentans remplira la tâche qui lui est dévolue dans ce noble travail. Elle demande que, pour satisfaire à la volonté publique ainsi qu'au vœu de Votre Majesté, la délibération nationale rectifie le plus tôt possible ce que l'urgence de notre situation a pu produire de défectueux, ou laisser d'imparfait dans l'ensemble de nos constitutions.

Mais, en même temps, Sire, la chambre des représentans ne se montrera pas moins empressée de proclamer ses sentimens et ses principes sur la lutte terrible qui menace d'ensanglanter l'Europe.

(1) Moniteur du 12 juin 1815

À la suite d'événemens désastreux, la France, envahie, ne parut un moment écoutée sur l'établissement de sa constitution, que pour se voir presque aussitôt soumise à une charte royale émanée du pouvoir absolu, à une ordonnance de réformation toujours révocable de sa nature, et qui, n'ayant pas l'assentiment exprimé du peuple, n'a jamais pu être considérée comme obligatoire pour la nation. Reprenant aujourd'hui l'exercice de ses droits, se ralliant autour du héros que sa confiance investit de nouveau du gouvernement de l'Etat, la France s'étonne et s'afflige de voir des souverains en armes lui demander raison d'un changement intérieur qui est le résultat de la volonté nationale, et qui ne porte atteinte ni aux relations existantes avec les autres gouvernemens, ni à leur sécurité.

La France ne peut admettre les distinctions à l'aide desquelles les puissances coalisées cherchent à voiler leur agression. Attaquer le monarque de son choix, c'est attaquer l'indépendance de la nation. Elle est armée tout entière pour défendre cette indépendance, et pour repousser, sans exception, toute famille et tout prince qu'on oserait vouloir lui imposer.

Aucun projet ambitieux n'entre dans la pensée du peuple français, la volonté même du prince victorieux serait impuissante pour entraîner la nation hors des limites de sa propre défense; mais aussi, pour garantir son territoire, pour maintenir sa liberté, son honneur, sa dignité, elle est prête à tous les sacrifices.

Que n'est-il permis, sire, d'espérer encore que cet appareil de guerre, formé peut-être par les irritations de l'orgueil et par des illusions que chaque jour doit affaiblir, s'éloignera devant le besoin d'une paix nécessaire à tous les peuples de l'Europe, et qui rendrait à Votre Majesté sa compagne aux Français l'héritier du trône! Mais déjà le sang a coulé, et le signal des combats préparés contre l'indépendance et la liberté française a été donné au nom d'un peuple qui porte au plus haut degré l'enthousiasme de l'indépendance et de la liberté !

Sans doute, au nombre des communications que nous promet Votre Majesté, les chambres trouveront la preuve des efforts qu'elle a faits pour maintenir la paix du monde. Si tous ces efforts doivent rester inutiles, que les malheurs de la guerre retombent sur ceux qui les auront provoqués.

La chambre des représentans n'attend que les documens qui lui sont annoncés pour concourir de tout son pouvoir aux mesures qu'exigera le succès d'une guerre aussi légitime. Il lui tarde, pour énoncer son vœu, de connaître les besoins et les ressources de l'Etat; et tandis que Votre Majesté, opposant à la plus injuste agression la valeur des armées nationales et la force de son génie, ne cherchera dans la victoire qu'un moyen d'arriver à une paix durable, la chambre des représentans croira marcher vers le même but en travaillant sans relâche au pacte dont le perfectionnement doit cimenter encore l'union du peuple et du trône, et fortifier aux yeux de l'Europe, par l'amélioration de nos institutions, la garantie de nos engagemens.

S. M. a répondu :

M. le président,

Et MM. les députés de la chambre des représentans,

Je retrouve avec satisfaction mes propres sentimens dans ceux que vous m'exprimez. Dans ces graves circonstances, ma pensée est absorbée par la guerre imminente au succès de laquelle sont attachés l'indépendance et l'honneur de la France.

Je partirai cette nuit pour me rendre à la tête de mes armées; les mouvemens de différens corps ennemis y rendent ma présence indispensable. Pendant mon absence, je verrais avec plaisir qu'une commission, nommée par chaque membre, méditât sur nos constitutions.

La constitution est notre point de ralliement, elle doit être notre étoile polaire dans ces momens d'orage. Toute discussion publique qui tendrait à diminuer directement ou indirectement la confiance qu'on doit avoir dans ses dispositions serait un malheur pour l'État; nous nous trouverions au milieu des écueils, sans boussole et sans direction. La crise où nous sommes engagés est forte. N'imitons pas l'exemple du Bas-Empire, qui, pressé de tous côtés par les barbares, se rendit la risée de la postérité en s'occupant de discussions abstraites au moment où le bélier brisait les portes de la ville.

Indépendamment des mesures législatives qu'exigent les circonstances de l'intérieur, vous jugerez peut-être utile de vous occuper des lois organiques destinées à faire marcher la constitution. Elles peuvent être l'objet de vos travaux publics sans avoir aucun inconvénient.

M. le président et MM. les députés de la chambre des représentans, les sentimens exprimés dans votre adresse me démontrent assez l'attachement de la chambre à ma personne, et tout le patriotisme dont elle est animée. Dans toutes les affaires, ma marche sera toujours droite et ferme. Aidez-moi à sauver la patrie. Premier représentant du peuple, j'ai contracté l'obligation que je renouvelle, d'employer, dans des temps plus tranquilles, toutes les prérogatives de la couronne, et le peu d'expérience que j'ai acquise, à vous seconder dans l'amélioration de nos institutions.

PIECES OFFICIELLES

A LA SUITE

DU CHAPITRE III.

No 1.

Exposé des faits qui ont eu lieu dans le midi de la France, depuis le 24 mars 1815 jusqu'au 17 avril de la même année.

Des ordres avaient été donnés dans tous les départemens du midi pour la formation des gardes nationales et de corps de volontaires ; plusieurs employés du gouvernement usaient de leur pouvoir pour empêcher et retarder la formation de ces différens corps.

Ces employés, de toute classe et de tout état, ne pouvaient point être destitués sur-le-champ ; il fallait se contenter de la bonne volonté de ceux qu'aucun obstacle pour le service du roi ne pouvait arrêter. Tous, par des lettres multipliées, assuraient monseigneur le duc d'Angoulême de leur dévouement absolu.

Les lieutenans-généraux Ambert à Montpellier, Daricaud à Perpignan, Rey de la Haute-Loire, Saint-Paul dans la Lozère, Cassagne dans la Haute-Garonne ; les maréchaux-de-camp Lafitte dans l'Ardèche, Aimar à Montpellier, Gardanne dans le Var, étaient ceux qui renouvelaient le plus souvent leurs protestations. Les lieutenans-généraux Ambert et Cassagne avaient été plus particulièrement honorés des bontés de S. A. R.

Le sieur Descorches, préfet de la Drôme, obéissait aux ordres de Bonaparte, instruisait de tout monseigneur le duc d'Angoulême, et certifiait qu'il ne conservait sa place que pour être mieux à même de servir le roi.

Le régiment d'infanterie Colonel-Général était le seul dont on fût assuré; il eut ordre de se rendre à Nîmes; le 14e régimens de chasseurs à cheval, dont on espérait tirer parti, s'y rendit aussi.

Les lieux de rassemblement pour les gardes nationales étaient fixés à Sisteron, au Saint-Esprit et à Clermont.

Le roi avait nommé monseigneur le duc d'Angoulême lieutenant-général du royaume dans le midi; monseigneur le duc de Bourbon était nommé gouverneur des provinces de l'Ouest. S. A. R. n'en fut informée que le 24.

Le Lyonnais et le Dauphiné avaient arboré la cocarde tricolore; toute communication avec le Nord était interrompue.

Un gouvernement provisoire fut établi à Toulouse.

Le lieutenant-général Ernouf fut nommé commandant du premier corps de l'armée du midi. S. A. R. devait commander le second en personne, et le lieutenant-général comte Compans devait partir pour prendre le commandement en chef du 3e corps à Clermont.

Le 1er corps devait déboucher de Sisteron, se porter sur Gap et Grenoble; le 2e, déboucher du Saint-Esprit sur Montélimart et Valence; tous deux passer la Drôme, et se porter rapidement sur Lyon.

Le lieutenant-général Compans devait maintenir l'Auvergne, faciliter le mouvement sur Lyon, et entretenir la communication avec monseigneur le duc de Bourbon.

Un corps intermédiaire, sous les ordres du lieutenant-général Rey, composé de gardes nationales de l'Ardèche et de la Haute-Loire, devait marcher sur la droite du Rhône, entre le 2e et le 3e corps.

Les généraux Loverdo et Gardanne étaient sous les ordres du lieutenant-général Ernouf.

Les lieutenans-généraux Merle et Monnier faisaient partie du 2e corps.

Le lieutenant-général Solignac et le maréchal-de-camp Dariul devaient agir sous les ordres du lieutenant-général Compans.

Madame était à Bordeaux.

Le maréchal prince d'Essling assurait la 8e division militaire.

Les munitions de toute espèce devaient être fournies au corps de droite par Toulon et Marseille; au centre et au 3e corps par Montpellier; des entrepôts étaient établis à Saint-Flour et au Saint-Esprit.

Les généraux commandant les divisions militaires et ceux commandant les départemens étaient chargés de la prompte formation et de l'expédition des gardes nationales pour renforcer l'armée.

Le 24, monseigneur le duc d'Angoulême reçut la nouvelle de l'occupation de Paris par Bonaparte; S. A. R. l'apprit elle-même au général Compans, qui jura fidélité, excepté seulement dans le cas où S. A. R. viendrait à s'embarquer. Monseigneur le duc d'Angoulême n'a plus entendu parler du général Compans.

Le corps d'armée commandé par le lieutenant-général Ernouf se composait des 58e et 83e de ligne, des gardes nationales de Marseille, au nombre de trois mille hommes; et de six bouches à feu.

Le 2e corps était composé de gardes nationales des départemens du Gard, de l'Hérault, de Vaucluse, se montant à deux mille hommes; du 10e de ligne, fort de neuf cents hommes; du 1er régiment Royal-Etranger, de trois cent cinquante hommes; gardes nationales à cheval, soixante-dix hommes; le 14e de chasseurs à cheval, trois cents hommes; douze bouches à feu, dont deux servies par les gardes nationales.

Le 10e de ligne, le 12e de chasseurs, et le grand quartier-général ne purent arriver au Saint-Esprit que le 31; S. A. R. s'y était rendue le 28.

Des ordres furent expédiés au lieutenant-général Ernouf pour qu'il se portât en avant.

Le général Chabert, avec trois ou quatre cents hommes, pouvait seul s'opposer à sa marche.

Le 29, l'avant-garde du 2e corps, commandée par le vicomte d'Escars, occupa Montélimart. Le corps d'armée commandé par le lieutenant-général Monnier prit position à Donzère.

Le 30, le général Debelle, venu de Valence, attaqua l'avant-garde du 2e corps; il fut repoussé; mais sur cinquante chasseurs du 14e qui se trouvaient à l'avant-garde, quarante-neuf passèrent à l'ennemi avec leurs officiers.

On fut obligé de laisser le 14e de chasseurs sur les derrières.

Le 31, on apprit que les généraux Rey dans la Haute-Loire, Saint-Paul dans la Lozère, et Lafitte dans l'Ardèche, après avoir licencié les gardes nationales de ces départemens, avaient arboré la cocarde tricolore; le premier avait également renvoyé des bataillons de gardes nationales qui se dirigeaient sur Clermont.

Il devenait indispensable de s'assurer du Saint-Esprit: un bataillon du régiment Royal-Etranger, deux bataillons du Gard et six canons furent mis à la disposition du lieutenant-général Merle: on travailla à mettre la citadelle à l'abri d'un coup de main.

Il était essentiel de faire observer la rive droite du Rhône le colonel Magnier, avec un des bataillons laissés à la disposition du lieutenant général Merle, fut chargé de suivre sur la droite la marche du corps commandé par S. A. R. sur la gauche du fleuve.

Le 1er avril, le quartier-général de S. A. R. et toutes les troupes disponibles se portèrent à Montélimart.

On reçut la nouvelle qu'en conséquence des ordres qui avaient été donnés, le lieutenant-général Ernouf était à Gap, et que les généraux Gardanne et Loverdo, commandant son avant-garde, s'étaient emparé des importans défilés de Travers-de-Corps et de la Mure.

Le 2, le corps commandé par S. A. R. se porta sur Valence.

Un bataillon, sous les ordres du chef d'escadron d'Hautpoul, assura la droite en marchant sur Crest.

L'ennemi fut attaqué de front à Loriol et tourné par les hauteurs qui sont entre ce village et la route de Crest.

L'ennemi poursuivi se retira jusqu'au delà de la Drôme; et, en occupant le pont, il prit position sur les hauteurs qui bordent la rive droite de cette rivière.

Un nouveau combat s'engagea; mais pendant qu'un bataillon de gardes nationales traversait la Drôme à gué au-dessous du pont, une compagnie de voltigeurs du 10e, et quelques gardes nationales soutenues par deux compagnies de grenadiers, se précipitèrent sur le pont qu'ils enlevèrent, ainsi qu'un canon destiné à le défendre.

Le village et la hauteur de Liveron ne tinrent pas longtemps; un second canon fut enlevé par vingt-cinq chasseurs du 14e qui servaient d'escorte à S. A. R. Le colonel Noël, commandant le corps ennemi, le chef de bataillon Chataigner, presque tous les officiers et trois cents hommes furent faits prisonniers. Le reste du corps ennemi se dispersa.

Les journaux de Bonaparte ont dit que la compagnie de voltigeurs du 10e s'était précipitée sur le pont en criant vive l'empereur ; qu'alors le passage leur ayant été ouvert, ils s'étaient emparé du pont sans coup férir. Le contraire est arrivé : les troupes postées sur la droite de la Drôme crièrent vive le roi ; les voltigeurs s'étant avancés furent entourés : en vain on voulut les forcer à crier vive l'empereur ; on les attaqua, plusieurs d'entre eux furent blessés. Deux compagnies de grenadiers, destinées à les soutenir, les délivrèrent : tous les prisonniers ont crié vive le roi.

Les forces de l'ennemi, pendant l'action, étaient de douze à quinze cents hommes ; la position qu'il occupait était aussi difficile à attaquer que facile à défendre.

A Crest, le chef d'escadron d'Hautpoul avait également rencontré l'ennemi ; dans la nuit le pont fut abandonné.

Le corps commandé par S. A. R. s'arrêta au village de la Paillasse, à une lieue de Valence.

Le 3, S. A. R. entra dans Valence ; le pont de Romans et toute la gauche de l'Isère furent occupés, malgré les efforts des troupes qui s'y trouvaient.

Le 14e régiment de chasseurs eut l'ordre de rejoindre l'armée.

Le 4, le colonel Magnier occupa Saint-Péray, sur la droite du Rhône.

On apprit que le général Gardanne, qui commandait l'avant-garde du 1er corps, avait passé à l'ennemi avec le 58e de ligne qui était sous ses ordres ; qu'en conséquence le général Loverdo se repliait sur le général Ernouf qui revenait à Sisteron.

Tout mouvement offensif devenait impossible ; il eût été difficile de se maintenir à Valence, si l'on n'avait appris que le général Ernouf, sûr du 83e et de ses gardes nationales, avait repris l'offensive.

Le 5, on reçut la nouvelle que le lieutenant-général Ambert avait fait reconnaitre à Montpellier, et dans toute sa division, le gouvernement de Bonaparte. En vain le lieutenant-général Briche, le maréchal-de-camp Pélissier, à Nîmes, avaient voulu s'y opposer; forcés par les troupes, ils avaient été arrêtés.

Le général Grouchy avait quitté Lyon avec deux mille cinq cents hommes de troupes de ligne, et avançait à marches forcées sur Valence; d'autres troupes venaient pour le soutenir.

Le général Ernouf ne pouvait pas passer Grenoble, et la nature du pays ne permettait pas d'ouvrir une communication directe avec lui.

Le 6, au matin, une lettre du général Merle apprit à S. A. R. que des troupes ennemies venaient de Montpellier pour s'emparer du Saint-Esprit, que le général Merle n'était pas disposé à défendre.

Une démonstration assez vive fut faite en vain par l'ennemi pour le passage de l'Isère.

Des moyens de corruption, préparés de longue main, furent employés à Valence pour séduire et pour effrayer les troupes royales; il y eut beaucoup de déserteurs.

La retraite fut ordonnée le 7; S. A. R. transporta son quartier-général à Montélimart; le colonel Magnier, sur la droite, agit en conséquence.

Le même jour le colonel du 14e de chasseurs annonça qu'il n'était plus maitre de son régiment; on fut obligé de le renvoyer à Livron.

Le 8, au matin, le colonel du 10e de ligne déclara que la majeure partie de ses soldats ne voulaient plus se battre; tous les officiers étaient au désespoir; ils obtinrent la promesse que S. R. A. serait escortée par eux jusqu'à Marseille ; quelques soldats cependant jurèrent de ne pas servir Bonaparte.

L'artillerie refusa également de servir le roi.

Le régiment Royal-Étranger, et sept ou huit cents gardes nationales restaient donc seuls à S. A. R. lorsqu'elle apprit que Toulouse et Avignon avaient arboré l'étendard de la révolte.

On savait aussi que monseigneur le duc de Bourbon avait quitté la France, et que Madame s'était embarquée à Pouillac.

Le lieutenant-général Merle avait abandonné le Saint-Esprit.

Le régiment de Berri, infanterie légère, s'était porté sur la route d'Avignon au Saint-Esprit pour s'opposer au passage de S. A. R.

Le régiment Royal-Etranger était également affaibli; cependant le corps d'armée se dirigea sur la Pallud.

Le lieutenant-général d'Aultanne, chef d'état-major, partit pour le Saint-Esprit, avec pouvoir de traiter pour que le passage de S. A. R. jusqu'à Marseille, fût assuré.

Il convint avec le colonel Saint-Laurens que S. A. R., escortée par le 10e de ligne, se rendrait à Marseille pour s'y embarquer; le lieutenant-général d'Aultanne fut retenu comme otage.

Une heure plus tard, une lettre du général Gilly apprit à S. A. R. que la première convention ne serait point observée. Le maréchal-de-camp sous-chef d'état-major-général fut envoyé pour en conclure une seconde : le mouvement sur la Pallud fut continué.

Il était en outre convenu, entre le général Gilly et le baron de Damas, qu'aucune troupe, excepté les escortes, ne se trouverait sur le passage de S. A. R.

En conséquence de la convention sus-mentionnée, un courrier fut envoyé au général Grouchy pour suspendre sa marche; des ordres furent expédiés pour faire arrêter l'effusion du sang partout où des corps se soutenaient encore.

Le 9, les gardes nationales furent licenciées; l'artillerie se joignit au Saint-Esprit avec le corps du lieutenant-général Gilly : le 10e régiment de ligne et le régiment Royal-Étranger restèrent seuls pour la garde de S. A. R.

Monseigneur le duc d'Angoulême, après avoir ainsi rempli toutes les conditions arrêtées, monta en voiture le 9, à 9 heures du soir, pour se rendre à Cette.

S. A. R. fut étonnée de trouver, malgré la convention faite entre le lieutenant-général Gilly et le baron de Damas, des postes sur la route, entre la Pallud et le Saint-Esprit.

Arrivé au Saint-Esprit; le général Grouchy remit au baron de Damas la note non signée ci-après :

« Monseigneur le duc d'Angoulême ayant capitulé avec » le général Gilly, et le général en chef, qui arrive à » l'instant au Pont-Saint-Esprit, n'ayant pas eu de part à » cette capitulation, est forcé, par ses instructions, de » ne l'approuver qu'après avoir pris les ordres de Sa Majesté : jusque là S. A. R. est priée de s'arrêter au Pont- » Saint-Esprit, ou de se rendre à petites journées à Cette; » les ordres de Sa Majesté arriveront avant que S. A. R., » allant à petites journées, puisse être rendue à Cette. »

En conséquence S. A. R. fut conduite dans la maison qui lui était destinée; une forte garde y était placée, et ce ne fut qu'en donnant sa parole d'honneur de ne point s'absenter, que S. A. R. obtint qu'il n'y aurait plus d'officiers de gendarmerie dans sa chambre.

Le 11, on apprit que le colonel Magnier, ou n'avait pas

reçu, on ne s'était point conformé à la convention; le baron de Damas lui expédia aussitôt l'ordre de maintenir la parole donnée.

Le 16, au soir, le lieutenant-général Corbineau, aide-de-camp de Bonaparte, envoya chercher le baron de Damas.

Le général Corbineau dit qu'il avait ordre de faire partir S. A. R., à condition qu'elle s'engagerait à faire restituer les objets précieux appartenans à la couronne.

S. A. R., ne pouvant s'engager à obtenir la restitution de ces objets, les articles ci-dessous ont été ajoutés.

En conséquence de ces articles, il a été arrêté que S. A. R. quitterait le Saint-Esprit le 15.

Des sujets fidèles avaient proposé à monseigneur le duc d'Angoulême de gagner les montagnes, pour tâcher de se rendre en Piémont; mais alors ou S. A. R. serait partie seule, ou elle serait partie avec le peu de personnes sur lesquelles elle pouvait compter. Dans le premier cas monseigneur le duc d'Angoulême abandonnait à la merci de l'ennemi, sans convention ni sûreté aucune, les troupes qui avaient combattu sous ses ordres; dans le second, rien ne pouvait assurer une marche de quatre-vingt quatre lieues à travers un pays difficile, dont presque tous les points principaux étaient occupés par l'ennemi.

Certifié véritable.

Le lieutenant-général sous-chef d'état-major-général.

Signé le baron de Damas.

N° 2.

Relation des événemens de Bordeaux à la fin de mars 1815.

Ce ne sont pas des fêtes brillantes, ce ne sont plus des jours de bonheur que j'ai à vous raconter. Au milieu des transports de joie que la présence de Madame excitait à Bordeaux, au milieu des fêtes qui se succédaient à l'approche du 12 mars, anniversaire si cher et si glorieux pour les Bordelais, un cri d'alarme s'est fait entendre, et la gaité a disparu. Mais le dévouement sans bornes, le zèle sans égal de ces mêmes Bordelais, aussitôt que ce nouveau cri d'alarme a retenti, voilà ce que j'aime tant à vous redire. Bordeaux sera toujours Bordeaux : telle fut leur devise à l'aspect de nouveaux dangers... et ils y ont été fidèles. Animés d'une double ardeur par la présence de Madame, tous veulent s'enrôler pour la défense de la patrie. Chacun offre sa fortune, ses enfans, son sang, sa vie, et c'est entre les mains de Madame qu'on vient avec transport renouveler le serment de mourir pour le roi. La troupe de ligne même (alors elle n'était pas égarée) prête de nouveau le serment de fidélité, et semble partager l'esprit qui anime Bordeaux pour la cause du roi. Cependant l'orage grossissait de plus en plus au nord, et s'étendait avec une rapidité incroyable de ville en ville. On apprend enfin que le drapeau tricolore flotte à Angoulême, et que le général Clausel se disposait à venir prendre possession de Bordeaux. Cette alarmante nouvelle, loin d'abattre le courage des Bordelais, ne fait que le ranimer davantage. On est prêt à tout.... On ne craint rien....... La présence de Madame électrise tous les cœurs...... Sous ses yeux on brave tous les dangers..... On est sûr d'être victorieux si S. A. R. reste dans la ville : on la supplie de ne pas l'abandonner; on a besoin de la voir. Partout on la désire. Elle paraît ce jour-là, comme de coutume, vers deux heures, pour aller à la promenade en calèche découverte, et sa contenance calme et ferme inspire une confiante sécurité. On se presse en foule sur son passage, comme on était accoutumé de faire chaque jour à cette même heure, lorsqu'elle sortait du palais pour aller se promener aux environs de Bordeaux; les ouvriers, les marchands quittaient leurs travaux comme si c'eût été la première fois qu'ils l'eussent vue. Avec la même précipitation, ce jour-là, ils accourent pour la voir encore, pour la bénir davantage, et former mille vœux pour sa conservation. Dans tous les villages qu'elle traverse, même empressement : des troupes de jeunes filles viennent lui offrir des bouquets, et au retour de sa promenade, elle trouve, comme à l'ordinaire, les chemins jonchés de fleurs. Plus les périls augmentaient, et plus on redoublait d'attachement pour elle.

Sensible à tant de témoignages d'amour, Madame était bien déterminée à ne pas quitter Bordeaux, et à mettre tout en œuvre pour conserver au roi, jusqu'à la dernière extrémité, cette ville fidèle. On redoubla de zèle et d'activité pour organiser différens corps de troupes choisies dans l'élite de la garde nationale; on les équipe à la hâte; et sur la nouvelle que le général Clausel avançait de plus en plus, on fit partir aussitôt un de ces corps pour défendre le passage de la Dordogne à Saint-André de Cubzac. Une affaire s'engage, et je n'oublierai jamais le cri de joie qui se fit entendre dans le palais, en répétant ces mots..... *Enfin on se bat!*

Notre petite troupe eut l'avantage, et le général Clausel eut quelques-uns des siens tués par notre artillerie. La nuit suspendit le combat qui devait recommencer le lendemain à la pointe du jour, lorsqu'un incident, malheureusement trop à craindre depuis long-temps, survint enfin, et fut la principale cause de la perte de Bordeaux.

La garnison de Blaye, forteresse si importante pour la sûreté de cette ville, venait de se révolter; l'étendard tricolore y était arboré, et la troupe de ligne était sortie de ce fort pour aller se joindre au général Clausel, ce qui lui donnait des forces bien supérieures à celles qu'on pouvait lui opposer; il ne trouva donc plus aucun obstacle sur sa route, et le samedi 1er d'avril il parut avec sa troupe sur la rive droite de la Garonne, en face de Bordeaux. S'étant posté à la Bastide, il n'avait plus que la rivière entre la ville et lui. C'est de là qu'il proposa une capitulation. Comme, selon lui, Madame était la seule cause des mesures hostiles, il promettait que, si la ville voulait promptement se soumettre, les habitans ne seraient point inquiétés; personne n'aurait rien à craindre pour sa sûreté. Tout le monde devait être parfaitement tranquille; la tête seule de M. Lynch était exceptée de ces conditions pacifiques. Un cri général d'indignation retentit dans toute la ville, et d'une voix unanime on entendit répéter : « Des armes! des armes!.... Combattons tous pour sauver Bordeaux. » Le tumulte augmentait à chaque instant, Madame ne demandait pas mieux que de tout tenter pour soutenir une si courageuse disposition.

Mais pour assurer le succès de l'entreprise contre le général Clausel, le concours des troupes de ligne en garnison dans la ville était nécessaire, les seules forces de la garde nationale n'étant pas suffisantes. Malgré le serment de fidélité que ces troupes avaient renouvelé, comme je l'ai déjà dit plus haut, malgré un grand et magnifique repas où, peu de jours auparavant, ces régimens et la garde nationale avaient fraternisé, le verre à la main, en buvant ensemble à la santé du roi, ce n'était plus le même esprit: ils étaient totalement changés; de perfides agens de Bonaparte les avaient excités à la révolte, et, selon le rapport des officiers généraux, l'insurrection était à son comble dans les casernes. Les autorités militaires tenaient un langage très-effrayant sur la disposition des troupes, même à l'égard de Madame ! Des chefs de bataillon déclarèrent qu'ils ne répondaient plus de la sûreté de S. A. R., tant les propos devenaient affreux! On avait tout à redouter pour ses jours, ajoutaient-ils, si elle ne quittait pas promptement Bordeaux. Une opinion bien différente était établie parmi les chefs de la garde fidèle. Ils étaient si persuadés que rien ne pouvait résister à la vue de Madame, qu'ils ne doutaient pas que, si elle se montrait à la troupe de ligne, elle ne la ramenât sous les drapeaux du roi, et, qu'en ralliant ainsi leur force à celle de la garde nationale, on sauverait Bordeaux de cette honteuse soumission, à laquelle on ne pouvait penser sans frémir, tant l'idée de voir flotter l'étendard tricolore était en horreur.

Dans cette diversité d'opinions, Madame n'hésista pas une minute à prendre un parti décisif. « Je vais aller visiter les casernes, dit-elle, et juger par moi-même de la disposition des troupes. » En effet, à deux heures elle monte en voiture découverte: une escorte nombreuse d'officiers généraux l'accompagne à cheval. Je vous assure que cette marche guerrière avait quelque chose de bien imposant. On arrive à la caserne de Saint-Raphaël. Un profond silence y régnait à l'entrée de Madame. Elle mit pied à terre; et passant deux fois dans les rangs avec cette dignité que vous lui connaissez, elle vint ensuite se placer au centre, annonçant l'intention de parler aux officiers. Ils se réunirent autour d'elle. Alors, d'un ton très-élevé, elle leur adressa ces mots:

« Messieurs, vous n'ignorez pas les événemens qui se » passent. Un étranger vient de s'emparer du trône de votre » roi légitime. Bordeaux est menacé par une poignée de » révoltés; la garde nationale est déterminée à défendre la » ville. Voilà le moment de montrer qu'on est fidèle à ses » sermens. Je viens ici vous les rappeler, et juger par moi- » même des sentimens de chacun pour son souverain légi- » time. Je veux qu'on parle avec franchise; je l'exige. Etes- » vous disposés à seconder la garde nationale dans les efforts » qu'elle veut faire pour défendre Bordeaux contre ceux qui » viennent l'attaquer? Répondez franchement. » Pour toute « réponse, ...silence absolu. « Vous ne vous souvenez donc » plus des sermens que vous avez renouvelés il y a si peu de » jours entre mes mains? S'il existe encore parmi vous quel- » ques hommes qui s'en souviennent, qui restent fidèles à la » cause du roi, qu'ils sortent des rangs, et qu'ils l'expriment » hautement. » Alors on vit quelques épées en l'air. « Vous » êtes en bien petit nombre, reprit Madame, mais n'im- » porte; on connaît au moins ceux sur qui l'on peut comp- » ter. » Des protestations d'attachement à sa personne lui furent adressées par quelques soldats. « Nous ne souffrirons » pas qu'on vous fasse du mal, nous vous défendrons, » s'écrièrent plusieurs voix. « Il ne s'agit pas de moi, mais » du service du roi, répondit Madame avec véhémence; » voulez-vous le servir? — Dans tout ce que nos chefs » nous commanderont pour la patrie, nous obéirons; mais » nous ne voulons pas la guerre civile, et jamais nous ne nous » battrons contre nos frères. » En vain Madame leur rappela tout ce que le devoir et l'honneur leur commandaient, ils furent sourds à sa voix. Avant de les quitter, elle leur fit promettre qu'au moins ils contribueraient à maintenir l'ordre dans la ville si on y entrait, et qu'ils veilleraient à ce qu'on ne fît aucun mal à la garde nationale si on avait de mauvaises intentions contre elle. Ils le promirent. Madame s'en alla le cœur navré de ce dont elle venait d'être témoin.

Mais ce n'était rien encore; la visite de la seconde caserne fut bien plus pénible. L'esprit de révolte s'y montrait mille fois davantage, et ce fut bien plus inutilement encore que Madame essaya de les ramener dans le chemin de l'honneur. Malgré le peu de succès que S. A. R. pouvait espérer d'une troisième tentative auprès de semblables troupes, elle ne voulut rien négliger, et ce fut au Château-Trompette que les derniers efforts de son héroïque courage furent portés au plus haut point. Quelle réception l'on y préparait à l'auguste fille de tant de rois ! De ma vie je ne l'oublierai ; j'en ai tant souffert ! Après avoir passé les sombres voûtes de ce château fort, représentez-vous le coup d'œil qui nous frappa, en entrant dans l'intérieur de cette caserne, transformée en un véritable repaire de brigands : l'air farouche, la contenance morne, et frémissant de rage, comme au moment de saisir leur proie, telle nous trouvâmes cette soldatesque mutinée, rangée sous les armes. Avec une âme, une énergie sans égale, Madame leur adressa le discours le plus fait pour émouvoir les cœurs les plus endurcis. Dans tout autre temps, ils en auraient été attendris. Mais à quel excès d'égarement ne les avait-on pas poussés, puisqu'ils semblaient redoubler de rage en écoutant un langage si noble et si touchant : plus l'émotion de Madame augmentait, et plus elle redoublait d'éloquence; des larmes inondaient son visage. « Eh! quoi, leur dit-elle,
» est-ce bien à ce même régiment d'Angoulême que je parle?
» Avez-vous pu si promptement oublier les grâces dont vous
» avez été comblés par le duc d'Angoulême?.... Ne le regar-
» dez-vous donc plus comme votre chef, lui que vous appeliez
» votre prince? Et moi, dans les mains de qui vous avez
» renouvelé votre serment de fidélité...., moi que vous nom-
» miez votre princesse ... ne me reconnaissez-vous plus? —

» O Dieu ! » ajouta-t-elle avec l'accent de la plus vive dou-» leur... après vingt ans de malheur, il est bien cruel de s'ex-» patrier encore ! Je n'ai cessé de faire des vœux pour le bon-» heur de ma patrie ; car je suis Française, moi......, et vous » n'êtes plus Français. Allez, retirez-vous. » Pourra-t-on jamais croire que dans cet instant il se soit trouvé un être assez vil pour oser dire avec ironie...... : Je ne réponds rien, parce que je sais respecter le malheur. Au seul souvenir de tant d'insolence, tout mon sang bouillonne encore ; jamais je n'éprouvai un tel mouvement d'indignation. Madame donna le signal du départ. Un roulement de tambour se fit entendre, et nous repassâmes sous les batteries de ce triste fort, le cœur encore plus déchiré que lorsque nous y étions entrés.

Pour adoucir l'amertume de ce pénible calice, il semblait que Madame eût réservé pour la fin de sa course la revue qu'elle se proposait de faire de cette fidèle garde nationale, qui était en bataille sur le superbe quai qui longe les bords de la Garonne. Une scène bien différente de celle dont elle venait d'être témoin l'attendait là. Lorsqu'elle parut, un cri général de vive le roi ! vive Madame ! se fit entendre. A la vue de la profonde douleur répandue sur son visage, on redouble encore d'attachement pour elle, et c'est avec transport qu'on le lui exprime. Elle eut beaucoup de peine à se faire entendre au milieu des cris : elle obtint enfin qu'on fit silence ; et restant debout dans sa calèche pour être mieux entendue de la troupe nombreuse qui l'entourait, elle adressa à cette garde fidèle tout ce que son cœur lui inspira de plus noble et de plus sensible, pour lui exprimer combien elle était touchée de tant de zèle et de dévouement pour le roi.

« Je viens, ajouta-t-elle, vous demander un dernier sa-» crifice. Promettez-moi de m'obéir dans tout ce que je vous » commanderai. — Nous le jurons ! — Eh bien, continua » Madame, d'après ce que je viens de voir, on ne peut.

» pas compter sur le secours de la garnison ; il est inutile » de chercher à se défendre.

» Vous avez assez fait pour l'honneur ; conservez au roi » des sujets fidèles pour un temps plus heureux. Je prends » tout sur moi ; je vous ordonne de ne plus combattre. » — Non, non, rendez-nous notre serment, nous voulons » mourir pour vous. » On se presse autour de sa voiture, on saisit la main de Madame, on la baise, on l'inonde de larmes; on demande pour toute grâce qu'il soit permis aux braves Bordelais de répandre leur sang. L'enthousiasme est porté jusqu'au délire ; toute la ville le partage, et mêle ses cris de vive le roi à ceux de la garde nationale. Jamais position n'a été plus singulière que celle où se trouvait Madame en ce moment : elle était exactement placée en face de ce général Clausel, qui, sur l'autre rive, se trouvait témoin des hommages qui entouraient S. A. R. ; il ne pouvait perdre un seul des témoignages d'amour qu'on prodiguait à Madame. Le son en parvenait très-distinctement jusqu'à lui ; il en fut très-alarmé, et fit braquer des canons de ce côté. Les drapeaux blancs flottaient à toutes les fenêtres, et formaient une perspective très-désagréable pour ce traître. Jamais la ville n'avait offert un si beau coup d'œil : pour le plus beau jour d'entrée, elle n'aurait pas pu être plus brillante en signes de royalisme de tout genre. La population paraissait doublée ; et lorsque Madame retourna au palais, elle fut accompagnée par tout ce peuple fidèle qui la bénissait les larmes aux yeux, et s'unissait du fond du cœur à ses regrets et à sa douleur.

A peine étions-nous de retour, qu'une fusillade commença dans la ville ; on vit passer des blessés qu'on rapportait ; il y eut quelques personnes de tuées. De moment en moment on venait apporter à Madame des nouvelles effrayantes, et on annonçait que ce n'était que le prélude du massacre. Des régimens en insurrection quittaient leurs casernes; une partie s'était rangée sur la place de la comédie, et tenait des propos si affreux que les généraux et plusieurs officiers vinrent supplier Madame de partir de Bordeaux; il ne se passait pas une minute sans qu'on ne vît arriver des messagers expédiés de toutes parts pour supplier Madame avec instance de penser à sa sûreté. Rien ne pouvait la décider à abandonner cette malheureuse ville; elle ne pouvait soutenir la pensée du sort affreux qui était peut-être réservé à ses habitans après son départ; elle en était accablée de douleur, lorsqu'on vint l'avertir que, si elle prolongeait son séjour, loin d'être utile à Bordeaux, elle serait cause que le général Clausel le traiterait bien plus mal. Alors (ce qu'on n'aurait pu gagner sur elle en ne lui parlant que des dangers qu'elle courait et de sa sûreté personnelle) elle céda aussitôt qu'il fut question du salut de la ville et de ses habitans.

A huit heures du soir elle reçut donc les adieux de tous ceux qui, ne pouvant la suivre, ne lui restaient pas moins entièrement dévoués à Bordeaux. Elle monta en voiture et partit, escortée par cette même garde fidèle qui était montée à cheval pour veiller sur ses jours et protéger sa retraite. Un triste et profond silence régnait dans la ville; chacun s'était renfermé chez soi, et les fenêtres des maisons étaient hermétiquement fermées : c'étaient les préparatifs de la réception qu'on réservait au général Clausel. En effet nous avons su depuis qu'il avait demandé, en entrant dans la ville, s'il n'y avait plus d'habitans à Bordeaux. Mais au passage de Madame, malgré ces portes et ces fenêtres closes, du fond de ces maisons on entendit encore comme un écho qui répétait : Vive Madame! Vive Madame!

Le ciel devint orageux à notre sortie de la ville, et la pluie commença à tomber; la nuit fut une des plus obscures, et notre petite escorte avait de la peine à se reconnaître. C'est ainsi que nous nous acheminâmes dans un chemin de sable qui conduit à Pouillac. Nous marchâmes au pas toute la nuit, et ce n'est qu'à huit heures du matin, le dimanche 2 avril, que nous pûmes y arriver. En descendant de voiture, la première pensée de Madame fut d'entendre la messe, les secours du ciel étaient plus nécessaires que jamais. Tant de sacrifices à faire en quittant la France! tant d'inquiétudes sur ce qu'on y laissait de si cher! tant de douloureux souvenirs et tant d'épreuves encore à supporter! tout fut placé sous les yeux de Dieu, et la Providence a répandu ses bénédictions sur d'aussi ferventes prières.

Tout étant prêt pour l'embarquement, nous montâmes dans la chaloupe du capitaine anglais, et, par une pluie battante, nous nous rendîmes à bord du *Wanderer*, sloop de guerre, qui devait porter Madame en Espagne, où elle désirait aller.

Mais rien ne peut peindre le désespoir de la garde fidèle qui avait escorté S. A. R. depuis Bordeaux, lorsqu'il fallut enfin se séparer d'elle. Avec de petites barques, ils avaient accompagné la chaloupe et flottaient autour du *Wanderer*, en demandant avec instance de revoir encore Madame: elle parut sur le pont, et un cri de douleur se fit entendre. Chacun, pour adoucir ses regrets, voulait avoir au moins quelque chose qui lui eût appartenu, quelques-uns de ses rubans furent partagés; mais comme il n'y en avait pas encore assez, elle détacha les plumes blanches qui étaient sur son chapeau, et les leur distribua. Avec quel transport de reconnaissance ils reçurent ce don! Et quel espoir consolant ils emportèrent, en pensant que ce panache les rallierait tous encore au chemin de l'honneur.

Nous mîmes à la voile, et nous nous éloignâmes de France.

N° 3.

Rapport du lieutenant-général comte Delaborde à son excellence le maréchal prince d'Eckmülh, ministre de la guerre (1).

Toulouse, le 4 avril 1815.

MONSEIGNEUR,

J'ai reçu les ordres de l'empereur et les vôtres par le général Chartran, le 1er avril courant. Instruit des événemens merveilleux qui s'étaient succédé si rapidement depuis le 1er mars, je n'aurais pas attendu les ordres pour donner à l'empereur une nouvelle preuve de mes sentimens; mais je n'avais autour de moi qu'un très-petit nombre d'officiers et de soldats. Le 69e régiment de ligne et la majeure partie du 5e d'artillerie, et le 15e de chasseurs, avaient été dirigés sur des points hors mon commandement. Je me trouvais dans une ville de cinquante mille âmes de population, où la présence d'un baron de Vitrolles, prétendu commissaire du roi, comprimait le zèle des bons citoyens qui sont en très grande majorité. Mes forces étaient réduites à peu de chose, le baron de Vitrolles ajoutant aux siennes par des levées, qui, quoique peu nombreuses et mal commandées, lui procuraient toujours quelques compagnies.

C'est dans ces circonstances que M. le comte de Damas-Crux arriva à Toulouse; il y fut bientôt suivi de M. le

(1) Moniteur du 10 avril 1815.

maréchal Pérignon, que le duc d'Angoulême avait appelé au commandement de la 10e division. Cette nomination me parut singulière; mais, tandis que M. le maréchal Pérignon recevait froidement mes communications, je me convainquis que cette froideur, qui n'échappait pas au parti royaliste, rehaussait sa confiance: j'en conclus que tout retard devenait pernicieux.

Quatre compagnies d'artillerie, qu'on avait désespéré d'attacher à une cause totalement perdue, revenaient de Nîmes sur Toulouse. Le baron de Vitrolles leur fit donner, par le maréchal Pérignon, l'ordre de rétrograder sur Narbonne. J'éludai cet ordre, et j'envoyai des officiers intelligens dire à ces compagnies d'arriver à Toulouse le plus promptement possible, malgré les ordres du maréchal Pérignon, que je pris sur moi de méconnaitre. Mes dispositions étant ainsi réglées, j'ai fait arrêter aujourd'hui, au point du jour, le baron de Vitrolles. Je fais faire en ce moment l'inventaire de ses papiers. J'ai fait arrêter aussi le comte de Damas.

A l'instant, j'ai cru devoir me transporter chez le maréchal Pérignon, bien que ses pouvoirs eussent cessé d'après ceux que S. M. I. a bien voulu me confier. J'ai proposé à M. le maréchal de se mettre à la tête du mouvement que je préparais, consentant volontiers à lui sacrifier l'honneur de cette journée, qui n'en aurait eu que plus d'éclat. M. le maréchal ayant tergiversé et montré de la faiblesse, je n'ai point insisté; j'ai moi-même donné le signal, et, à cinq heures du matin, le drapeau tricolore flottait sur nos clochers et nos monumens publics: à la même heure, la garnison a pris la cocarde nationale aux acclamations d'un peuple immense.

Midi sonne; l'enthousiasme est à son comble. Les proclamations de l'empereur produisent les plus vives sensations;

aucun excès n'a été commis, aucun symptôme d'opposition ne s'est manifesté.

M. le comte de Saint-Aulaire, préfet de ce département, s'est bien conduit.

MM. de Damas et de Vitrolles m'ont fait demander instamment la permission de partir. J'ai laissé M. de Damas, dont la capacité est peu dangereuse, libre de s'acheminer pour l'Espagne, par les Hautes et Basses-Pyrénées : ceci est d'ailleurs conforme au décret de l'empereur sur les émigrés.

Quant à M. de Vitrolles, j'ai cru important de le retenir, en raison du caractère qu'il avait déployé ici, et de l'infâme conduite qu'il y a tenue : j'attendrai, à son égard, les ordres de l'empereur.

Une prochaine dépêche vous apportera de nouveaux détails, ainsi qu'un aperçu de notre position, qui est très-bonne. Elle vous transmettra aussi le nom des citoyens de cette ville qui m'ont secondé dans cette opération ; quant à MM. les officiers, il faudrait les nommer tous.

Les lettres et les ordres que vous m'aviez transmis pour les généraux commandant les subdivisions et les départemens leur ont été envoyés dès le point du jour. Tous les départemens de la division ne tarderont pas à imiter l'exemple de la ville de Toulouse ; cet exemple doit avoir une grande influence.

Votre excellence trouvera sous ce pli les seuls numéros du Moniteur imprimés ici. J'ai pensé qu'il serait curieux de voir comment on abusait les provinces méridionales.

Je termine en vous faisant observer, Monseigneur, que depuis l'entrée de l'empereur à Paris, toutes les dépêches qui ont pu m'être adressées ont été interceptées par M de Vitrolles ; ce sera une lacune à remplir promptement.

M. le maréchal Pérignon m'a dit qu'il allait se retirer à sa campagne.

Je vous dois faire le rapport que le général Chartran a failli être arrêté par les agens du baron de Vitrolles; je pense cependant qu'il aura réussi dans son projet de ramener sur Toulouse deux régimens qui étaient partis de l'armée aux ordres du duc d'Angoulême.

Le général Cassagne et le général Cassan m'ont parfaitement secondé dans l'opération qui vient d'avoir lieu; j'ai cru nécessaire, pour le service de l'empereur, de donner provisoirement le commandement supérieur de la place de Toulouse au général Cassan : la population est nombreuse, et ce général paraît avoir la tête bien organisée.

C'est l'adjudant-général Noël Girard, chef de l'état-major de ma division, que j'ai chargé d'arrêter le baron de Vitrolles.

J'ai l'honneur d'être avec respect, etc.

Signé le lieutenant-général comte DELABORDE.

N° 4.

Rapport du maréchal prince d'Essling, du 14 avril 1815 (1).

SIRE,

Les ordres de Votre Majesté ont éprouvé des retards insurmontables dans ma position.

Les mouvemens excités dans la 8e division, et particulièrement à Marseille, s'y maintenaient par la présence du duc d'Angoulême, par la mauvaise composition des premières autorités civiles, par les rapports constans qu'entretenaient les agens des princes avec des ministres étrangers, et par des nouvelles controuvées, toutes plus alarmantes les unes que les autres pour les paisibles citoyens.

D'un autre côté, le duc d'Angoulême, qui déjà m'avait enlevé trois régimens, voulait encore prendre ceux qui étaient à Toulon, et il m'a fait dire par M. de Rivière que son intention était de donner ce port en dépôt aux Anglais, qui fourniraient en retour de l'argent au roi de France.

Dans une situation aussi difficile, je me déterminai, après avoir mis Antibes en état de siége, pour le soustraire à l'autorité du préfet du Var, à me rendre à Toulon, afin de conserver à Sa Majesté cette place et sa marine.

Enfin, le 10 avril, j'avais eu connaissance que le 6e régi-

(1) Moniteur du 19 avril 1815.

ment, à Avignon, avait repris les couleurs nationales ; j'ordonnai au général Leclerc de le maintenir dans la discipline, et de lui ordonner de se tenir prêt à faire un mouvement.

La 10, j'ai fait la proclamation dont copie est ci-annexée. Une estafette l'a portée dans les quatre départemens de la division, avec ordre de la faire publier et afficher à son de trompe, et au bruit de vingt et un coups de canon, de faire flotter le pavillon national sur les forts, les municipalités, les bâtimens de l'Etat, et de faire reprendre la cocarde tricolore aux troupes de terre et de mer.

J'ai donné ordre aux préfets, dans toute la division, de dissoudre les gardes nationales levées par le duc d'Angoulême, de réintégrer leurs armes dans les arsenaux de l'empire, et les objets d'habillement et d'équipement qu'ils avaient reçus dans les magasins militaires.

J'ai fait défense aux préfets et aux receveurs généraux de faire aucune solde aux gardes nationales, aucun paiement qui ne serait pas dans l'intérêt de votre service, et d'obtempérer à aucun ordre des commandans du roi.

J'ai envoyé à Draguignan le baron de Sivray, mon chef d'état-major, pour y faire arrêter et transférer au fort Lamalgue M. de Bouthilier, préfet du Var, qui s'est montré ardent dans ce parti, et qui avait pris des mesures violentes auxquelles j'ai été obligé de résister.

J'ai fait provisoirement remplacer ce préfet par le sous-préfet Ricard.

J'ai ordonné que tous les actes judiciaires, administratifs, contrats notariés, publications, etc., eussent lieu au nom de l'empereur, ainsi que les prières que l'église doit faire pour le souverain.

Le 11, les couleurs nationales ont été arborées dans Toulon et dans tout le département du Var, aux acclamations mille fois répétées de vive l'empereur.

Rien ne pouvait peindre la joie franche qu'ont manifestée les troupes de terre et de mer ; la fête s'est prolongée pendant deux jours.

J'ai fait mettre en liberté, à Toulon, les grenadiers de la garde impériale qui avaient été arrêtés à Antibes.

Je les ferai diriger sur Lyon.

J'ai également fait élargir tous les détenus pour des motifs d'opinion.

J'ai envoyé, de Toulon au château d'If, une goëlette, avec l'ordre au commandant du château de remettre à celui de la goëlette tous les détenus pour les mêmes motifs.

M. le contre-amiral de Gourdon, chargé du commandement de la division des frégates, m'ayant paru suspect, en ma qualité de lieutenant-général de Votre Majesté, j'ai chargé le préfet maritime de le faire débarquer, et de confier le commandement des trois frégates et corvettes au plus ancien capitaine de vaisseau, M. Senes.

J'ai aussi confié à ce même capitaine le commandement de l'*Ariane*, en remplacement du sieur Garat.

M. le commandant de Toulon, le comte Lardenoy, étant du nombre des émigrés compris dans le décret de Votre Majesté, du 13 mars, je lui ai fait délivrer un passe-port pour se rendre à Nice.

J'ai donné par estafette, à tous les commandans de ce département, l'ordre de se conformer aux dispositions des dépêches du ministre de la guerre, sous les dates des 25 mars et 8 avril.

J'ai prévenu M. l'amiral Gantheaume de venir à Toulon prendre le commandement de la marine, comme commissaire extraordinaire. A son arrivée, je lui ai donné connaissance des instructions de Votre Majesté.

Le 11 au soir, la ville de Marseille ne s'était point encore soumise. Je lui fixai la journée du 12 ; j'annonçai que je m'y rendrais le 15 : en effet, mes dispositions étaient faites à Toulon et à Avignon, mais je n'ai pas eu besoin d'agir.

Le 12, le conseil municipal de Marseille a député trois de ses membres auprès de moi, pour me porter la soumission de cette ville.

J'ai accueilli cette députation ; et ; dans la nuit du 12, le préfet des Bouches-du-Rhône m'a annoncé, par estafette, que le drapeau tricolore flottait à l'hôtel-de-ville, à la préfecture, sur les forts et sur les bâtimens de l'Etat ; que le plus grand calme régnait dans cette place ; qu'il avait fait passer mes ordres et mes proclamations aux sous-préfets, afin de faire suivre, par toutes les communes du département, l'exemple du chef-lieu.

J'ai ordonné qu'on tâchât de se saisir de la personne de MM. de Brulard et de Rivière.

J'ai fait cesser les fonctions au préfet des Bouches-du-Rhône, à son secrétaire-général et au maire de Marseille, et je les ai remplacés provisoirement.

J'ai ordonné que l'imposition extraordinaire de vingt-cinq centimes, réglée par le conseil général de ce département pour le service du duc d'Angoulême, continuât d'être perçue au profit du trésor impérial.

J'ai appelé à Toulon le maréchal-de-camp Eberlé, pour prendre le commandement de cette place, en remplacement de M. Lardenoy.

J'aurai l'honneur d'adresser à Votre Majesté le tableau présentant les changemens qui auront eu lieu dans l'administration.

L'habitude que j'ai du pays me met à même de ne faire qu'un choix d'hommes bien famés et dévoués à Votre Majesté. Je la supplierai d'y donner son approbation.

J'ai cru, Sire, ne pas devoir me rendre de suite à Paris, comme m'y autorise son excellence le ministre de la guerre, ma présence étant encore nécessaire dans la 8e division, pour consolider l'heureux changement qui vient d'arriver.

Le ministre me laissait l'initiative d'y aller moi-même ou d'y envoyer le comte Miollis; je ne puis pas dissimuler à Votre Majesté combien j'ambitionne l'honneur de la revoir, pour l'assurer de mon dévouement sans bornes.

Je suis avec un profond respect,

Sire,

De votre majesté,

Le très-fidèle et très-dévoué serviteur,

Le maréchal duc de Rivoli, lieutenant-général de l'empereur dans les 8e et 23e divisions militaires.

Signé le prince D'ESSLING.

Toulon, le 14 avril 1815.

N° 5.

ORDRE DU JOUR.

Avesnes, le 13 juin 1815.

Position de l'armée le 14.

Le grand quartier-général à Beaumont. L'infanterie de la garde impériale sera bivouaquée à un quart de lieue en avant de Beaumont, et formera trois lignes; la jeune garde, les chasseurs et les grenadiers. M. le duc de Trévise reconnaîtra l'emplacement de ce camp : il aura soin que tout soit à sa place : artillerie, ambulances; équipages, etc.

Le premier régiment de grenadiers à pied se rendra à Beaumont.

La cavalerie de la garde impériale sera placée en arrière de Beaumont; mais les corps les plus éloignés n'en doivent pas être à une lieue.

Le deuxième corps prendra position à Laire, c'est-à-dire le plus près possible de la frontière, sans la dépasser. Les quatre divisions de ce corps d'armée seront réunies et bivouaqueront sur deux ou quatre lignes; le quartier général au milieu; la cavalerie en avant, éclairant tous les débouchés, mais aussi sans dépasser la frontière, et la faisant respecter par les partisans ennemis qui voudraient la violer.

Les bivouacs seront placés de manière que les feux ne

puissent être aperçus de l'ennemi : les généraux empêcheront que personne ne s'écarte du camp : ils s'assureront que la troupe est pourvue de cinquante cartouches par homme, quatre jours de pain et une demi-livre de riz ; que l'artillerie et les ambulances sont en bon état, et les feront placer à leur ordre de bataille. Ainsi le deuxième corps sera disposé à se mettre en marche le 15 à trois heures du matin, si l'ordre en est donné, pour se porter sur Charleroi et y arriver avant neuf heures.

Le premier corps prendra position à Solre-sur-Sambre, et il bivouaquera aussi sur plusieurs lignes, observant, ainsi que le deuxième corps, que ses feux ne puissent être aperçus de l'ennemi ; que personne ne s'écarte du camp, et que les généraux s'assurent de l'état des munitions, des vivres de la troupe, et que l'artillerie et les ambulances soient placées à leur ordre de bataille.

Le premier corps se tiendra également prêt à partir le 15, à trois heures du matin, pour suivre le mouvement du deuxième corps ; de manière que, dans la journée d'après-demain, ces deux corps manœuvrent dans la même direction et se protégent.

Le troisième corps prendra demain position à une lieue en avant de Beaumont, le plus près possible de la frontière, sans cependant la dépasser ni souffrir qu'elle soit violée par aucun parti ennemi. Le général Vandamme tiendra tout le monde à son poste, recommandera que les feux soient cachés et qu'ils ne puissent être aperçus de l'ennemi. Il se conformera d'ailleurs à ce qui est prescrit au deuxième corps pour les munitions, les vivres, l'artillerie et les ambulances, et pour être prêt à se mettre en mouvement le 15 à trois heures du matin.

Le sixième corps se portera en avant de Beaumont, et sera bivouaqué sur deux lignes, à un quart de lieue du troisième corps. M. le comte de Lobau choisira l'emplacement, et il fera observer les dispositions générales qui sont prescrites par le présent ordre.

M. le maréchal Grouchy portera les premier, deuxième, troisième et quatrième corps de cavalerie en avant de Beaumont, et les établira au bivouac entre cette ville et Walcourt, faisant également respecter la frontière, empêchant que personne ne la dépasse et qu'on se laisse voir, ni que les feux puissent être aperçus de l'ennemi; et il se tiendra prêt à partir après-demain, à trois heures du matin, s'il en reçoit l'ordre, pour se porter sur Charleroi et faire l'avant-garde de l'armée.

Il recommandera aux généraux de s'assurer si tous les cavaliers sont pourvus de cartouches, si leurs armes sont en bon état, et s'ils ont pour quatre jours de pain, et la demi-livre de riz qui ont été ordonnés.

L'équipage de ponts sera bivouaqué derrière le sixième corps et en avant de l'infanterie de la garde impériale.

Le parc central d'artillerie sera en arrière de Beaumont.

L'armée de la Moselle prendra demain position en avant de Philippeville. M. le comte Gérard la disposera de manière à pouvoir partir après-demain, le 15, à trois heures du matin, pour joindre le troisième corps, et appuyer son mouvement sur Charleroi, suivant le nouvel ordre qui lui sera donné; mais le général Gérard aura soin de se bien garder sur son flanc droit, et en avant de lui, sur toutes les directions de Charleroi et de Namur. Si l'armée de la Moselle a des pontons à sa suite, le général Gérard les fera avancer le plus près possible, afin de pouvoir en disposer.

Tous les corps d'armée feront marcher en tête les sapeurs, et les moyens de passage que les généraux auront réunis.

Les sapeurs de la garde impériale, les ouvriers de la marine, et les sapeurs de la réserve, marcheront après le sixième corps, et en tête de la garde.

Tous les corps marcheront dans le plus grand ordre et serrés. Dans le mouvement sur Charleroi, on sera disposé à profiter de tous les passages pour écraser les corps ennemis qui voudraient attaquer l'armée ou qui manœuvreraient contre elle.

Il n'y aura à Beaumont que le grand quartier-général. Aucun autre ne devra y être établi, et la ville sera dégagée de tout embarras. Les anciens réglemens sur le quartier-général et les équipages, sur l'ordre de marche, et la police des voitures et bagages, et sur les blanchisseuses et vivandières, seront remis en vigueur. Il sera fait a ce sujet un ordre général; mais, en attendant, MM. les généraux commandant les corps d'armée prendront des dispositions en conséquence; et M. le grand-prévôt fera exécuter ces réglemens. L'empereur ordonne que toutes les dispositions contenues dans le présent ordre soient tenues secrètes par MM. les généraux.

Par ordre de l'empereur,

Le maréchal d'empire major général,

Signé duc de DALMATIE.

N° 6.

Beaumont, 14 juin 1815.

ORDRE DE MOUVEMENT.

Demain, le 15, à deux heures et demie du matin, la division de cavalerie légère du général Vandamme montera à cheval, et se portera sur la route de Charleroi : elle enverra des partis dans toutes les directions, pour éclairer le pays, et enlever les postes ennemis; mais chacun de ces partis sera au moins de cinquante hommes. Avant de mettre en marche la division, le général Vandamme s'assurera qu'elle est pourvue de cartouches.

A la même heure, le lieutenant général Pajol réunira le premier corps de cavalerie, et suivra le mouvement de la division du général Domont, qui sera sous les ordres du général Pajol. Les divisions du premier corps de cavalerie ne fourniront point de détachemens; ils seront pris dans la troisième division. Le général Domont laissera sa batterie d'artillerie, pour marcher après le premier bataillon du troisième corps d'infanterie. Le lieutenant-général Vendamme lui donnera des ordres en conséquence.

Le lieutenant général Vandamme fera battre la diane à deux heures et demie du matin; à trois heures il mettra en marche son corps d'armée, et le dirigera sur Charleroi : la totalité de ses bagages et embarras seront parqués en arrière, et se mettront en marche qu'après que le sixième corps et la garde impériale auront passé ; ils seront sous les ordres du vaguemestre général, qui les réunira à ceux du sixième corps de la garde impériale et du grand quartier-général, et leur donnera des ordres de mouvement.

Chaque division du troisième corps d'armée aura avec elle sa batterie et ses ambulances ; toute autre voiture qui serait dans les rangs sera brûlée.

M. le comte de Lobau fera battre la diane à trois heures et demie, et il mettra en marche le sixième corps d'armée à quatre heures, pour suivre le mouvement du général Vandamme, et l'appuyer ; il fera observer le même ordre de marche pour les troupes, l'artillerie, les ambulances et les bagages, qui est prescrit au troisième corps.

Les bagages du sixième corps seront réunis à ceux du troisième, sous les ordres du vaguemestre général, ainsi qu'il est dit.

La jeune garde battra la diane à quatre heures et demie, et se mettra en marche à cinq heures ; elle suivra le mouvement du sixième corps sur la route de Charleroi.

Les chasseurs à pied de la garde battront la diane à cinq heures, et se mettront en marche à cinq heures et demie, pour suivre le mouvement de la jeune garde.

Les grenadiers à pied de la garde battront la diane à cinq heures et demie, et partiront à six heures, pour suivre le mouvement des chasseurs à pied. Le même ordre de marche, pour l'artillerie, les ambulances et les bagages, prescrit pour le troisième corps d'infanterie, sera observé dans la garde impériale.

Les bagages de la garde seront réunis à ceux des troisième et sixième corps d'armée, sous les ordres du vaguemestre général, qui les fera mettre en mouvement.

M. le maréchal Grouchy fera monter à cheval, à cinq

heures et demie du matin, celui des trois autres corps de cavalerie qui sera le plus près de la route, et lui fera suivre le mouvement sur Charleroi. Les deux autres corps partiront successivement à une heure d'intervalle l'un de l'autre; mais M. le maréchal Grouchy aura soin de faire marcher la cavalerie sur les chemins latéraux de la route principale que la colonne d'infanterie suivra, afin d'éviter l'encombrement, et aussi pour que sa cavalerie observe un meilleur ordre. Il prescrira que la totalité des bagages restent en arrière, parqués et réunis, jusqu'au moment où le vaguemestre général leur donnera l'ordre d'avancer.

M. le comte Reille fera battre la diane à deux heures et demie du matin, et il mettra en marche le deuxième corps à trois heures; il le dirigera sur Marchiennes-au-Pont, où il fera en sorte d'être rendu avant neuf heures du matin; il fera garder tous les ponts de la Sambre, afin que personne ne passe. Les postes qu'il laissera seront successivement relevés par le premier corps; mais il doit tâcher de prévenir l'ennemi à ces ponts pour qu'ils ne soient pas détruits, surtout celui de Marchiennes, par lequel il sera probablement dans le cas de déboucher, et qu'il faudrait faire aussitôt réparer, s'il avait été endommagé.

A Thuin et à Marchiennes, ainsi que dans tous les villages sur sa route, M. le comte Reille interrogera les habitans, afin d'avoir des nouvelles des positions et forces des armées ennemies; il fera aussi prendre les lettres dans les bureaux de poste, et les dépouillera, pour faire parvenir aussitôt à l'empereur les renseignemens qu'il aura obtenus.

M. le comte d'Erlon mettra en marche le premier corps à trois heures du matin, et il le dirigera aussi sur Charleroi, en suivant le mouvement du deuxième corps, duquel il gagnera la gauche le plus tôt possible, pour le soutenir et l'appuyer au besoin. Il tiendra une brigade de cavalerie en arrière pour se couvrir et pour maintenir par de petits détachemens ses communications avec Maubenge; il enverra des partis en avant de cette place, dans les directions de *Mons* et de *Binch*, jusqu'à là frontière, pour avoir des nouvelles des ennemis, et en rendre compte aussitôt. Ces partis auront soin de ne pas se compromettre et de ne point dépasser la frontière.

M. le comte d'Erlon fera occuper Thuin par une division; et si le pont de cette ville était détruit, il le ferait aussitôt réparer, en même temps qu'il fera tracer et exécuter immédiatement une tête de pont sur la rive gauche. La division qui sera à Thuin gardera aussi le pont de l'abbaye d'*Alnes*, où M. le comte d'Erlon fera également construire une tête de pont sur la rive gauche.

Le même ordre de marche prescrit pour le troisième corps, pour l'artillerie, les ambulances et les bagages, sera observé aux deuxième et premier corps, qui feront réunir leurs bagages, et marcher à la gauche du premier corps, sous les ordres du vaguemestre le plus ancien.

Le quatrième corps (armée de la Moselle) a reçu ordre de prendre aujourd'hui position en avant de Philippeville : si son mouvement est opéré, et si les divisions qui composent ce corps d'armée sont réunies, M. le lieutenant-général Gérard les mettra en marche demain à trois heures du matin, et les dirigera sur Charleroi (1); il aura soin de se tenir à hauteur du troisième corps, avec lequel il communiquera, afin d'arriver à peu près en même temps devant Charleroi. Mais le général Gérard fera éclairer sa droite et tous les débouchés qui vont sur Namur; il marchera serré en ordre de bataille, fera laisser à Philippeville tous ses bagages et em-

(1) Le général Gérard reçut plus tard un nouvel ordre qui lui prescrivit de passer, avec son corps, la Sambre au Châtelet.

barras, afin que son corps d'armée, se trouvant plus léger, soit plus à même de manœuvrer.

Le général Gérard donnera ordre à la quatorzième division de cavalerie, qui a dû arriver aujourd'hui à Philippeville, de suivre le mouvement de son corps d'armée sur Charleroi, où cette division joindra le quatrième corps de cavalerie.

Les lieutenans-généraux Reille, Vandamme, Gérard et Pajol se mettront en communication par de fréquens partis, et ils régleront leur marche de manière à arriver en masse et ensemble devant Charleroi : ils mettront, autant que possible, à l'avant-garde, les officiers qui parlent flamand, pour interroger les habitans et en prendre des renseignemens; mais ces officiers s'annonceront comme commandans de partis, sans dire que l'armée est en arrière.

Les lieutenans-généraux Reille, Vandamme et Gérard feront marcher tous les sapeurs de leurs corps d'armée (ayant avec eux des moyens pour réparer les ponts), après le premier régiment d'infanterie légère, et ils donneront ordre aux officiers du génie de faire réparer les mauvais passages, ouvrir des communications latérales, et placer des ponts sur les courans d'eau où l'infanterie devrait se mouiller pour les franchir.

Les marins, les sapeurs de la garde et les sapeurs de la réserve marcheront après le premier régiment du troisième corps; les lieutenans-généraux Rogniat et Haxo seront à leur tête : ils n'ameneront avec eux que deux ou trois voitures : le surplus du parc du génie marchera à la gauche du troisième corps. Si on rencontre l'ennemi, ces troupes ne seront point engagées, mais les généraux Rogniat et Haxo les employèrent aux travaux de passages de rivières, de têtes de pont, de réparations de chemin, et d'ouvertures de communication, etc. La cavalerie de la garde suivra le mouvement sur Charleroi, et partira à huit heures.

L'empereur sera à l'avant-garde sur la route de Charleroi. MM. les lieutenans-généraux auront soin d'envoyer à Sa Majesté de fréquens rapports sur leurs mouvemens et les renseignemens qu'ils auront recueillis; ils sont prévenus que l'intention de Sa Majesté est d'avoir passé la Sambre avant midi, et de porter l'armée à la rive gauche de cette rivière.

L'équipage des ponts sera divisé en deux sections : la première section se subdivisera en trois parties, chacune de cinq pontons et cinq bateaux d'avant-garde, pour jeter trois ponts sur la Sambre; il y aura à chacune de ces subdivisions une compagnie de pontonniers; la première section marchera à la suite du parc du génie, après le troisième corps.

La deuxième section restera avec le parc de réserve d'artillerie, à la colonne des bagages; elle aura avec elle la quatrième compagnie de pontonniers; les équipages de l'empereur et les bagages du grand quartier-général seront réunis, et se mettront en marche à dix heures. Aussitôt qu'ils seront passés, le vaguemestre général fera partir les équipages de la garde impériale, du troisième corps et du sixième corps; en même temps il enverra ordre à la colonne d'équipages de la réserve de la cavalerie de se mettre en marche et de suivre la direction que la cavalerie aura prise. Les ambulances de l'armée suivront le quartier-général, et marcheront à la tête des bagages; mais, dans un aucun cas, ces bagages, ainsi que les parcs de réserve de l'artillerie, et la deuxième section de l'équipage de ponts, ne s'approcheront à plus de trois lieues de l'armée, à moins d'ordre du major-général, et ils ne passeront la Sambre aussi que par ordre.

Le vaguemestre général formera des divisions de ces bagages, et il y mettra des officiers pour les commander, afin de pouvoir en détacher ce qui sera ensuite appelé au quartier-général, ou pour le service des officiers.

L'intendant général fera réunir à cette colonne d'équipages la totalité des bagages et transports de l'administration, auxquels il sera assigné un rang dans la colonne. Les voitures qui seront en retard prendront la gauche, et ne pourrront sortir du rang qui leur sera donné que par ordre du vaguemestre général.

L'empereur ordonne que toutes les voitures d'équipages qui seront trouvées dans les colonnes d'infanterie, de cavalerie ou d'artillerie, soient brûlées, ainsi que les voitures de la colonne des équipages qui quitteront leur rang et intervertiront leur marche sans la permission expresse du vaguemestre général.

A cet effet il sera mis un détachement de cinquante gendarmes à la disposition du vaguemestre général, qui est responsable, ainsi que tous les officiers de la gendarmerie et les gendarmes, de l'exécution de ces dispositions, desquelles le succès de la campagne peut dépendre.

Par ordre de l'empereur,

Le maréchal d'empire major-général.

Signé duc de Dalmatie.

N° 7.

Dépêche du maréchal Grouchy à S. M. l'empereur.

Gembloux, le 17 juin 1815. à 10 heures du soir.

SIRE,

J'ai l'honneur de vous rendre compte que j'occupe Gembloux, et que ma cavalerie est à Sauvenières. L'ennemi, fort d'environ trente mille hommes, continue son mouvement de retraite; on lui a saisi ici un parc de 400 bêtes à cornes, des magasins et des bagages.

Il paraît, d'après tous les rapports, qu'arrivés à Sauvenières les Prussiens se sont divisés en deux colonnes. L'une a dû prendre la route de Wavres en passant par Sart-à-Walain, l'autre colonne paraît s'être dirigée sur Perwès.

On peut peut-être en inférer qu'une portion va joindre Wellington, et que le reste, qui est l'armée de Blücher, se retire sur Liége; une autre colonne avec de l'artillerie ayant fait son mouvement de retraite sur Namur.

Le général Excelmans a ordre de pousser ce soir six escadrons sur Sart-à-Walain, et trois escadrons sur Perwès.

D'après leur rapport, si la masse principale des Prussiens se retire sur Wavres, je la suivrai dans cette direction, afin qu'ils ne puissent pas gagner Bruxelles, et de les séparer de Wellington. Si au contraire mes renseignemens prouvent que la principale force prussienne a marché sur Perwès, je me dirigerai par cette ville à la poursuite de l'ennemi.

Les généraux Thielman et Borstel faisaient partie de l'armée que Votre Majesté a battue hier. Ils étaient encore ce matin à 10 heures ici, et ont annoncé que vingt mille hommes des leurs avaient été mis hors de combat. Ils ont demandé en partant les distances de Wavres, Perwès et Hannut.

Blücher a été blessé légèrement au bras, ce qui ne l'a pas empêché de continuer à commander, après s'être fait panser. Il n'a point passé par Gembloux.

Je suis avec respect,
De Votre Majesté,
Sire,
Le fidèle sujet.

Signé le maréchal comte de Grouchy.

Copie conforme à la lettre originale que m'a donnée l'empereur, et qui est entre mes mains.

Signé le général Gourgaud.

N° 8.

(Extrait de la gazette de Londres du 22 juin 1815.)

Rapport du duc de Wellington, adressé au comte Bathurst, principal secrétaire-d'état de Sa Majesté pour le département de la guerre.

Waterloo, 19 juin 1815.

MILORD,

NAPOLÉON, ayant réuni, du 10 au 14 de ce mois, les premier, deuxième, troisième, quatrième et sixième corps de l'armée française, ainsi que la garde impériale, et presque toute la cavalerie, sur la Sambre et sur le terrain situé entre cette rivière et la Meuse, s'avança le 15 à la pointe du jour, et attaqua les postes prussiens établis à Thuin et à Lobez, sur la Sambre.

Je ne connus ces événemens que dans la soirée du 15, et sur-le-champ je donnai l'ordre aux troupes de se préparer à marcher; ensuite je les fis diriger contre la gauche de l'ennemi, aussitôt que j'eus appris que son mouvement s'opérait sur Charleroi.

L'ennemi chassa ce jour-là les postes prussiens de leurs positions sur la Sambre. Le général Ziéthen, qui commandait le corps de troupes établi à Charleroi, se retira sur Fleurus. Le maréchal prince Blücher concentra l'armée prussienne sur Sombref, occupant les villages de Saint-Amand et de Ligny, situés en face de sa position.

L'ennemi continua sa marche sur la route de Charleroi à Bruxelles, et dans la soirée du même jour, le 15, il attaqua une brigade de l'armée hollandaise, sous le commandement du prince de Weimar, laquelle était postée à Frasnes; et il la força de se retirer jusqu'à la ferme nommée les Quatre-Bras, située sur le chemin.

Le prince d'Orange la renforça de suite d'une autre brigade de la même division, commandée par le général Perponcher, et le lendemain matin de bonne heure il reprit le terrain qu'il avait perdu; ce qui le rendit maître des communications avec la position du maréchal Blücher, par Nivelles et Bruxelles.

Dans l'intervalle j'avais fait marcher toute l'armée sur les Quatre-Bras, et la division aux ordres du lieutenant-général Picton arriva à deux heures et demie du soir, suivie du corps de troupes du duc de Brunswick, et ensuite du contingent de Nassau.

En même temps l'ennemi commença à attaquer avec toutes ses forces le prince Blücher, à l'exception des premier et deuxième corps et d'un corps de cavalerie, général Kellermann, qui attaqua notre position aux Quatre-Bras.

L'armée prussienne conserva sa position avec sa bravoure et sa persévérance accoutumées, malgré la grande disparité des forces, le quatrième corps, sous les ordres du général Bulow, n'ayant point encore rejoint : il me fut impossible de lui donner du renfort comme je le désirais, étant attaqué moi-même, et les troupes, surtout la cavalerie, qui avaient une longue marche à faire pour me joindre, n'étant point encore arrivées.

Nous conservâmes aussi notre position, et repoussâmes les efforts que fit l'ennemi pour s'en rendre maître. Il nous attaqua à plusieurs reprises avec des corps nombreux d'infanterie et de cavalerie soutenus par une artillerie formidable, fit plusieurs charges de cavalerie sur notre infanterie, et fut toujours repoussé avec la plus grande vigueur. Dans cette affaire, S. A. R. le prince d'Orange, le duc de Brunswick, le lieutenant-général Thomas Picton, le major-général sir James Kempt et sir Denis Pach, qui se trouvèrent engagés depuis le commencement de l'affaire; se distinguèrent, ainsi que les lieutenant-général baron Alten, major-général Halken, lieutenant-général Cooke, majors-généraux Maitland et Bing, à mesure qu'ils arrivèrent successivement. Les troupes de la cinquième division et celles du corps de Brunswick furent engagées pendant long-temps, et se conduisirent avec la plus grande bravoure, surtout les 28e, 42e, 79e, 92e, ainsi que le bataillon d'Hanovriens.

Notre perte a été considérable, comme votre seigneurie le verra par les états que j'envoie. J'ai particulièrement à regretter S. A. S. le duc de Brunswick, qui a été tué en combattant vaillamment à la tête de ses troupes.

Quoique le maréchal Blücher eût conservé sa position à Sombref, il se trouva si affaibli par la violence du combat qu'il avait eu à soutenir, qu'il se détermina, lorsqu'il vit que le quatrième corps n'arrivait pas, à reculer et à concentrer son armée sur Wavres. Il se mit en marche dans la nuit après que l'affaire fut finie.

Ce mouvement du maréchal m'obligea à en faire un correspondant, et je me retirai de la ferme des *Quatre-Bras*, sur Genape, et le lendemain 17, à dix heures du matin, je me portai sur Waterloo.

L'ennemi ne fit aucun mouvement pour poursuivre le maréchal Blücher; au contraire, une patrouille que j'envoyai dans la matinée à Sombref trouva tout tranquille, et les vedettes de l'ennemi se retirèrent à l'approche de la patrouille,

L'ennemi ne fit non plus aucune tentative pour inquiéter notre arrière-garde, quoique notre retraite s'opérât en plein jour; il se contenta de faire suivre, par un gros corps de cavalerie tiré de son aile droite, la cavalerie sous les ordres du comte d'Uxbridge; ce qui fournit l'occasion à lord Uxbridge de faire une charge à la tête du premier régiment des gardes, au moment où l'ennemi débouchait du village de Genape; sa seigneurie se loue de la conduite de ce régiment dans cette occasion.

La position que je pris en avant de Waterloo coupait les grandes routes de Charleroi et de Nivelles, et était appuyée sur la droite à un ravin près Merke-Braine, qui fut occupé: la gauche s'étendait à une hauteur qui couronne le hameau Ter-la-Haie, qui fut également occupé. En tête, la droite de notre centre, et près la route de Nivelles, nous occupions la maison et le jardin de Hougomont; ce qui, de ce côté, couvrait notre flanc; en tête de notre centre, sur la gauche, nous occupions la ferme de la Haie-Sainte. Par notre gauche, nous communiquions par Ohain avec le maréchal prince Blücher, qui se trouvait à Wavres. Ce maréchal m'avait promis, dans le cas où nous serions attaqués, de me soutenir par un ou plusieurs de ses corps, selon que cela serait jugé nécessaire.

Dans la nuit du 17, et dans la matinée d'hier, l'ennemi rassembla toute son armée, à l'exception du troisième corps, qui fut envoyé pour observer le maréchal Blücher, sur une chaîne de hauteurs qui nous faisaient face, et, vers les dix heures, il attaqua, avec la plus grande vigueur, notre poste à Hougomont. J'avais fait occuper ce poste par un détachement de la brigade des gardes, sous les ordres du général Bing, qui se tint en position en arrière. Ce poste fut pendant quelque temps sous les ordres du lieutenant-colonel Macdonald, et ensuite sous ceux du colonel Home; et il m'est agréable de pouvoir ajouter que, pendant toute la journée, il fut maintenu avec la plus grande intrépidité par ces braves troupes, nonobstant les efforts répétés de l'ennemi pour s'en emparer.

Cette attaque sur la droite de notre centre fut accompagnée d'une forte canonnade sur toute notre ligne, dont l'objet était de soutenir les charges de cavalerie et d'infanterie faites à plusieurs reprises, tantôt simultanément, tantôt l'une après l'autre. Dans une de ces charges, l'ennemi enleva la ferme de la Haie-Sainte, le détachement d'infanterie légère à qui la garde en était confiée ayant épuisé toutes ses munitions, et ne pouvant en recevoir, parce que l'ennemi occupait la seule communication que nous avions avec ce point.

L'ennemi chargea à plusieurs reprises notre infanterie avec sa cavalerie, mais ce fut sans succès, et il ne fit par là que fournir à notre cavalerie l'occasion de faire plusieurs charges brillantes, dans lesquelles se sont particulièrement distinguées la brigade de lord E. Sommerset, composée des gardes du corps, des gardes royaux et du premier régiment de dragons de la garde, et celle du major-général sir N. Ponsonby, qui se sont emparées de plusieurs aigles, et ont fait un grand nombre de prisonniers.

Ces attaques furent répétées jusqu'à environ sept heures du soir, que l'ennemi fit une attaque désespérée avec sa cavalerie et son infanterie, soutenues par le feu de l'artillerie, pour forcer la gauche de notre centre, près de la ferme de la Haie-Sainte. Après un combat obstiné, il fut défait; et ayant remarqué que ses troupes se retiraient dans une grande confusion, et que le corps de Bulow avait commencé à marcher par Frischemont sur Planchenoit et la Belle-Alliance, dès que je pus apercevoir le feu de ses canons, et que le maréchal Blücher avait joint en personne avec un corps de son armée la gauche de notre ligne par Ohain, je me décidai à attaquer l'ennemi, et fis avancer toute la ligne d'infanterie, soutenue par la cavalerie et l'artillerie.

L'attaque réussit complétement sur tous les points; l'ennemi fut chassé de sa position sur les hauteurs, et se retira dans la plus grande confusion, laissant derrière lui, autant que j'en puis juger, cent-cinquante pièces de canon avec leurs munitions, qui tombèrent entre nos mains. Je continuai à le poursuivre long-temps après la chute du jour, et ne cessai qu'à raison de la fatigue de nos troupes, qui combattaient depuis douze heures, et de ce que le maréchal Blücher, avec qui je me trouvai sur la même route, m'assura qu'il poursuivrait l'ennemi toute la nuit. Il m'a fait savoir ce matin qu'il avait pris soixante pièces de canon de la garde impériale, et plusieurs voitures, bagages, etc., de Napoléon, qui se trouvaient à Genape.

Je me propose de marcher ce matin sur Nivelles, et de ne pas discontinuer mes opérations.

Votre seigneurie remarquera qu'une affaire aussi désespérée, et de tels avantages, ne peuvent avoir eu lieu sans une grande perte, et j'ai la douleur d'ajouter que la nôtre a été immense. S. M. a perdu, dans le lieutenant-général Thomas Picton, un officier qui s'était distingué fort souvent à son service : il est mort glorieusement en conduisant sa division à une charge à la baïonnette, par laquelle une des plus sérieuses attaques faites par l'ennemi sur notre position a été repoussée.

Le comte d'Uxbridge, après avoir toute la journée combattu avec succès, a reçu une blessure presque au dernier coup de canon qui a été tiré, et je crains que S. M. ne soit privée pour quelque temps de ses services.

S. A. R. le prince d'Orange s'est distingué par sa bravoure, jusqu'à ce qu'il ait été blessé à l'épaule d'une balle de fusil, ce qui l'a obligé à quitter le champ de bataille.

J'ai la satisfaction d'assurer V. S. que l'armée ne s'est mieux conduite dans aucune occasion. La division des gardes du lieutenant-général Cooke, qui est grièvement blessé; les majors-généraux Maitland et Bing ont donné un exemple qui a été suivi partout, et il n'y a point d'officiers ni de corps de toute arme qui ne se soient bien conduits.

Je dois pourtant recommander particulièrement à l'attention de S. A. R. le lieutenant-général Henri Clinton, le major-général Adam, le lieutenant-général Charles baron Alten, grièvement blessé, ainsi que le major-général Colin Halket; les colonels Ompteda, Mitchell, qui commandait une brigade de la quatrième division; les majors-généraux James Kempt et Denis Pack, Lambert, lord Somerset, sir William Ponsonby, Charles Grant, H. Vivian, O. Vandeleur, et comte Dornberg. Je dois aussi beaucoup dans cette occasion, comme dans toutes les autres, au secours du général lord Hill.

L'artillerie et le génie ont été dirigés à ma satisfaction par les colonels sir G Wood et Smyth, et j'ai tout lieu d'être content de la conduite du lieutenant-général Barnes, qui a été blessé, et du quartier-général du colonel Delancey, qui a été tué par un boulet dans le milieu de l'affaire. La perte de cet officier est en ce moment fort à regretter pour le service de S. M., ainsi que pour moi en particulier. Je dois aussi beaucoup au courage du lieutenant-colonel lord Fitzroy Somerset, qui a été grièvement blessé, ainsi qu'aux officiers de mon état-major, qui ont beaucoup souffert dans l'affaire. Le lieutenant-colonel sir Alex. Gordon, qui est mort de ses blessures, était un officier de la plus grande espérance.

Le général Krusse, au service de Nassau, s'est également conduit à ma satisfaction, ainsi que le général Trip, commandant la brigade de grosse cavalerie, et le général Vanhope, commandant une brigade d'infanterie du roi des Pays-Bas.

Les généraux Pozzo di Porgo, Vincent, Mufflin et Alosa ont assisté à toute l'affaire et m'ont rendu tous les services qui étaient en leur pouvoir. Le général Vincent est blessé légèrement, et le général Pozzo di Porgo a reçu une contusion.

Je dois rendre justice au maréchal Blücher et à l'armée prussienne, en attribuant l'heureux résultat de cette terrible journée aux secours qu'ils m'ont donnés à propos, et avec la plus grande cordialité.

Le mouvement du général Bulow sur les flancs de l'ennemi a été décisif; et si je ne m'étais pas trouvé moi-même en position de faire l'attaque qui a décidé de l'affaire, il aurait forcé les Français à se retirer si leurs attaques n'avaient pas réussi, et les aurait au moins empêchés d'en tirer aucun fruit, si elles avaient eu du succès.

J'envoie, avec cette dépêche, deux aigles que nos troupes ont prises dans l'affaire, et que le major Percy aura l'honneur de mettre aux pieds de S. A. R. Je prends la liberté de le recommander à la protection de votre seigneurie.

J'ai l'honneur, etc.

Signé WELLINGTON.

P. S. J'ai appris, depuis que ma lettre est écrite, que le major-général sir W. Ponsonby a été tué; et, en annonçant cette fâcheuse nouvelle à votre seigneurie, je dois lui exprimer la douleur que je ressens de la perte d'un officier qui avait déjà rendu de si brillans et importans services, et qui faisait honneur à sa profession.

Deuxième post-scriptum. Je n'ai pas encore reçu les listes des tués et blessés, mais je mets ici celles des officiers tués et blessés dans les deux journées, et j'ajoute avec plaisir que le colonel Delancey n'est point mort, mais qu'on espère beaucoup de sa guérison.

Officiers anglais tués.

Le duc de Brunswick-Oels;

Le lieutenant-général Thomas Picton;

Quatre colonels, quatre lieutenans-colonels;

Sept majors, treize capitaines, deux lieutenans, deux enseignes.

Blessés.

S. A. R. le prince d'Orange, grièvement;

Le lieutenant-général comte d'Uxbridge, la jambe gauche amputée;

Le lieutenant-général Charles Allen, grièvement;

Six majors-généraux, cinq colonels, dix-sept lieutenans colonels, treize majors, onze capitaines, vingt-trois lieutenans.

N° 9.

(Extrait de la gazette de la Cour, du 1er juillet 1815.)

Lettre du duc de Wellington au comte Bathurst, datée d'Orville, le 29 juin.

MILORD,

CONNAISSANT l'anxiété avec laquelle on attend en Angleterre les états des tués et des blessés dans les dernières batailles, je vous envoie ci-joint les listes des officiers, et j'espère être à même de vous envoyer ce soir les états des bas-officiers et soldats. Le montant des bas-officiers et soldats anglais et hanovriens tués, blessés et manquans est entre douze et treize mille hommes.

Votre seigneurie verra dans la liste incluse les noms de quelques officiers du plus grand mérite que le service de Sa Majesté a perdus : je ne puis pas ne point vous faire remarquer dans le nombre le colonel Cameron, du quatre-vingt-douzième (écossais), et le colonel sir H. Ellis, du vingt-troisième, sur la conduite desquels j'ai souvent appelé l'attention de votre seigneurie, et qui, à la fin, ont mis le sceau à leur gloire en succombant à la tête des braves troupes qu'ils commandaient.

Malgré la gloire acquise en cette occasion, il est impossible de ne pas regretter de tels hommes, soit à cause du public, soit comme amis.

J'ai l'honneur, etc.

WELLINGTON.

État des tués, blessés, etc.,

LE 16 JUIN.

Anglais.

Tués : 1 officier du grand état-major, 1 lieutenant-colonel, 4 capitaines, 11 lieutenans, 9 enseignes, 1 officier d'état-major, 17 sergens, 3 tambours, 269 hommes, 19 chevaux.

Total des hommes. 316

Blessés : 4 lieutenans-colonels, 7 majors, 36 capitaines, 68 lieutenans, 23 enseignes, 4 officiers d'état-major, 100 sergens, 6 tambours, 1909 soldats, 14 chevaux.

Total des hommes. 2130

Manquans : 1 capitaine, 2 sergens, 2 tambours, 27 soldats.

Total. 32

Hanovriens.

Tués : 2 lieutenans, 2 sergens, 1 tambour, 29 soldats.

Total. 32

Blessés : 3 capitaines, 6 lieutenans, 5 enseignes, 11 sergens, 198 soldats.

Total. 223

Manquans : 1 capitaine, 2 enseignes, 4 sergens, 142 hommes. 149

Total général. 2884

dont 350 tués, 2,353 blessés, 181 manquans.

LE 17 JUIN.

Anglais.

Tués : 1 lieutenant, 1 sergent, 54 soldats. . . .	56
Blessés : 1 capitaine, 2 lieutenans, 8 sergens, 41 soldats.	52
Manquans : 1 major, 2 capitaines, 1 lieutenant, 2 sergens, 1 tambour, 30 soldats.	37

Hanovriens.

Tués : 9 soldats.	9
Blessés : 1 major, 1 capitaine, 2 enseignes, 5 sergens, 71 soldats.	80
Manquans : 1 tambour, 1 sergent, 32 hommes. .	34
Total général.	268

dont 65 tués, 132 blessés, 71 manquans.

LE 18 JUIN.

Anglais.

Tués : 2 généraux, 1 colonel, 3 lieutenans-colonels, 6 majors, 46 capitaines, 26 lieutenans, 19 enseignes ou cornettes; 5 officiers d'état-major, 2 quartiers-maîtres, 100 sergens, 13 tambours, 1,536 soldats, 1,426 chevaux.

Total des hommes. 1,759

Blessés : 10 généraux, 4 colonels, 21 lieutenans-colonels, 28 majors, 107 capitaines, 202 lieutenans, 47 enseignes ou cornettes, 17 officiers d'état-major, 3 quartiers-maîtres, 330 sergens,

36 tambours, 5,087 soldats, 80 chevaux.

Total des hommes. 5,792

Manquans : 1 lieutenant-colonel, 4 capitaines, 5 lieutenans, 2 cornettes, 17 sergens, 15 tambours, 763 soldats, 762 chevaux.

Total des hommes. 807

8,558

Hanovriens.

Tués : 1 lieutenant-colonel, 2 capitaines, 2 lieutenans, 3 cornettes, 7 sergens, 273 hommes. . . 288

Blessés : 2 lieutenans-colonels, 10 majors, 15 capitaines, 26 lieutenans, 13 enseignes ou cornettes, 2 officiers d'état-major, 31 sergens, 11 tambours, 1,014 soldats. 1,124

Manquans : 1 major, 1 lieutenant, 1 enseigne, 5 officiers d'état-major, 12 sergens, 17 tambours, 779 soldats. 816

Total. . . . 10,586

dont 2,407 tués, 6,916 blessés, et 1,623 manquans.

Récapitulation générale.

Tués : les 16, 17 et 18 juin.	2,462
Blessés : idem.	9,401
Manquans.	1,875
Total général. . .	13,738 hommes.

Le nombre des chevaux tués est d'environ 3,500.

N° 10.

Rapport des opérations de l'armée prussienne du Bas-Rhin.

C'est le 15 de ce mois que Napoléon, après avoir réuni le 14 cinq corps de son armée et plusieurs corps de sa garde, entre Maubeuge et Beaumont, a commencé les hostilités. Les points de concentration des corps prussiens étaient Fleurus, Namur, Ciney et Hannut, ce qui permettait d'unir l'armée sur l'un de ces points en vingt-quatre heures.

Le 15, Napoléon s'avança par Thuin sur les deux rives de la Sambre contre Charleroi. Le général Ziéthen avait réuni le premier corps près Fleurus, et eut ce jour une action très-vive avec l'ennemi, qui, après avoir pris Charleroi, marchait sur Fleurus. Le général Ziéthen se maintint dans sa position près cette ville.

Le feld-maréchal Blücher, ayant l'intention de donner une grande bataille à l'ennemi aussitôt qu'il lui serait possible, dirigea les trois autres corps de l'armée prussienne sur Sombref, à une lieue et demie de Fleurus. Les deuxième et troisième corps sont arrivés le 15; le quatrième corps n'y parvint que le 16.

Lord Wellington rassembla son armée entre Ath et Nivelles, ce qui le mettait en état d'appuyer le feld-maréchal Blücher, dans le cas où la bataille aurait lieu le 15.

Bataille de Ligny.

Le 16 juin.

L'armée prussienne était postée sur les hauteurs entre Brie et Sombref; et, autour de cette dernière place, elle occupait en grande force les villages de Saint-Amand et Ligny, situés sur son front. A ce moment il n'y avait encore que trois corps de l'armée réunis. Le quatrième, qui était stationné entre Liége et Hannut, avait été retardé dans sa marche par plusieurs circonstances, et n'avait pu rejoindre. Néanmoins le feld-maréchal Blücher résolut de donner bataille, lord Wellington ayant déjà mis en mouvement, pour le soutenir, une forte colonne de son armée, ainsi que toute sa réserve stationnée dans les environs de Bruxelles, et le quatrième corps prussien étant sur le point d'arriver.

La bataille commença à trois heures après midi. L'ennemi déploya 130,000 hommes. L'armée prussienne était forte de 80,000 hommes. Le village de Saint-Amand fut le point qu'attaqua d'abord l'ennemi, qui s'en empara après une vigoureuse résistance. Il dirigea ensuite tous ses efforts contre Ligny. C'est un grand village solidement bâti et situé sur un ruisseau du même nom. Là commença un combat qui peut être considéré comme un des plus acharnés dont l'histoire fasse mention. Des villages ont été pris et repris plusieurs fois : mais là, la bataille se donna pendant cinq heures dans le village même, et les mouvemens au-dessus et au-dessous eurent lieu sur un très-petit espace de terrain.

De chaque côté des troupes fraîches arrivaient continuellement. Chaque armée avait, derrière la partie du village qu'elle occupait, de grandes masses d'infanterie qui entretenaient le combat, et étaient continuellement renouvelées par des renforts qu'elles recevaient de leurs derrières et des hauteurs de droite et de gauche. Environ deux cents bouches à feu tiraient de chaque côté sur le village, où le feu se manifesta plusieurs fois en différens endroits. De temps en temps l'engagement s'étendait à toute la ligne, l'ennemi ayant engagé des troupes avec le troisième corps; mais le fort du combat avait toujours lieu à Ligny. Les affaires semblaient prendre une tournure favorable pour les troupes prussiennes, une partie du village de Saint-Amand ayant été reprise par un bataillon que commandait le feld-maréchal en personne, avantage qui avait permis de reprendre la hauteur abandonnée après la perte de Saint-Amand. Cependant le combat continuait à Ligny avec la même furie. L'issue semblait dépendre de l'arrivée des troupes anglaises ou de celle du quatrième corps prussien. En effet l'arrivée de cette division aurait donné au feld-maréchal les moyens de faire immédiatement, avec son aile droite, une attaque dont on devait attendre un grand succès. Mais on apprit que la division anglaise destinée à nous appuyer était violemment attaquée par un corps de l'armée française, et qu'elle ne se maintenait qu'avec une extrême difficulté dans sa position aux Quatre-Bras. Le quatrième corps prussien n'avait pas paru, en sorte que nous fûmes forcés de soutenir seuls l'engagement avec un ennemi très-supérieur en nombre.

La soirée était déjà très-avancée, que le combat continuait à Ligny avec la même fureur et des succès également balancés. Nous demandâmes, mais en vain, les secours qui nous étaient nécessaires. Le danger devenait d'heure en heure plus urgent; toutes les divisions étaient engagées ou l'avaient été, et il n'y avait aucun corps qui pût nous appuyer. Tout à coup une division d'infanterie ennemie qui, à la faveur de la nuit, avait tourné le village sans être remarquée, et quelques régimens de cuirassiers qui avaient forcé le passage sur l'autre côté, prirent à revers le corps principal de nos troupes, qui était posté derrière les maisons. Cette surprise de la part de l'ennemi fut décisive, spécialement au moment où notre cavalerie, postée aussi derrière les maisons, avait été repoussée par celle de l'ennemi dans plusieurs attaques répétées.

Notre infanterie qui était derrière Ligny ne se laissa pas décourager, quoiqu'elle fût surprise dans les ténèbres, circonstance qui accroît l'idée du danger dans l'esprit des hommes, et quoiqu'elle eût l'idée qu'elle était entourée de tous côtés. Elle se forma en masse, repoussa chaudement toutes les attaques de la cavalerie, et se retira en bon ordre sur les hauteurs, d'où elle continua son mouvement rétrograde sur Tilly. L'irruption subite de la cavalerie ennemie obligeant notre artillerie à se retirer précipitamment, plusieurs pièces prirent des directions qui les conduisirent à des défilés où il y eut du désordre, et quinze tombèrent entre les mains de l'ennemi.

L'armée se reforma à la distance d'un quart de lieue du champ de bataille. L'ennemi ne se hasarda point à la poursuivre. Le village de Bry resta en notre pouvoir pendant toute la nuit, aussi bien que Sombref, où le général Thielman avait combattu avec le troisième corps, et où il s'était retiré lentement à la chute du jour, par Gembloux. Le quatrième corps, commandé par le général Bulow, y arriva enfin pendant la nuit. Le premier et le deuxième corps se mirent en marche le matin, derrière le défilé de Mont-Saint-Guibert. Notre perte en tués et blessés a été grande; mais l'ennemi ne nous fit point d'autres prisonniers que les blessés.

La bataille a été perdue, mais non notre honneur. Nos soldats ont combattu avec une bravoure qui a surpassé tout ce qu'on pouvait attendre. Leur courage demeura inébranlable, parce que chacun mit sa confiance dans sa propre force. Le feld-maréchal courut dans la journée de grands

S...

dangers. Une charge de cavalerie qu'il conduisait ne réussit point, et la cavalerie ennemie le poursuivait vigoureusement. Son cheval ayant été frappé d'un coup de mousquet, l'animal, au lieu de s'arrêter, irrité de sa blessure, se mit au galop et courut furieux jusqu'à ce qu'il tomba mort. Le feld-maréchal, étourdi de la chute, resta engagé sous le corps de son cheval. Les cuirassiers ennemis, poursuivant leur avantage, avançaient; notre dernier cavalier avait déjà passé le feld-maréchal, et il ne restait avec lui qu'un adjudant qui venait de mettre pied à terre, résolu de partager son sort. Le danger était imminent, mais la Providence veillait sur nous. L'ennemi, continuant sa charge, passa rapidement près du feld-maréchal sans le voir. Un moment après, une seconde charge de cavalerie repoussa l'ennemi, qui passa avec la même rapidité, sans remarquer davantage le feld-maréchal que la première fois. Mais ce ne fut pas sans difficulté qu'on le retira de dessous son cheval mort; il s'éloigna sur le cheval d'un dragon.

Le 17, dans la soirée, l'armée prussienne se concentra dans les environs de Wavres. Napoléon se mit en mouvement contre Wellington, sur la grande route de Charleroi à Bruxelles. Une division anglaise soutint le même jour un combat très-vif près des Quatre-Bras. Lord Wellington prit position sur la route qui conduit à Bruxelles, ayant son aile droite dans la bruyère de la Leu, son centre près de Mont-Saint-Jean, et son aile gauche appuyée à la Haie-Sainte. Lord Wellington écrivit au feld-maréchal qu'il était résolu à accepter la bataille dans cette position, si le feld-maréchal pouvait l'appuyer avec deux corps d'armée. Celui-ci offrit de faire marcher toute son armée, et proposa même, dans le cas où Napoléon n'attaquerait pas, que les alliés allassent l'attaquer le lendemain avec toutes leurs forces.

Cela peut servir à prouver combien peu la bataille du 16

avait désorganisé l'armée prussienne ou abattu son moral.

Ainsi fut terminée la journée du 17.

Au point du jour, l'armée prussienne commença à se mettre en mouvement. Le quatrième et le deuxième corps marchèrent par Saint-Lambert, où ils devaient prendre une position couverte par la forêt de Frischemont, afin de prendre l'ennemi sur les derrières, quand le moment paraîtrait favorable. Le premier corps devait agir par Ohain, sur le flanc droit de l'ennemi. Le troisième corps devait suivre lentement pour porter des secours en cas de besoin. La bataille commença vers dix heures du matin. L'armée anglaise occupait les hauteurs de Mont-Saint-Jean; celle des Français était sur les hauteurs devant Planchenoit : la première était de quatre-vingt mille hommes, l'ennemi en avait plus de cent trente mille. En peu de temps la bataille devint générale tout le long de la ligne. Il paraît que Napoléon avait le dessein de pousser l'aile gauche sur le centre, et par là d'effectuer la séparation de l'armée anglaise de celle de Prusse, qu'il croyait devoir se retirer sur Maestricht. Dans ce dessein il avait placé la plus grande partie de sa réserve dans le centre, contre son aile droite; et c'est sur ce point qu'il attaqua avec fureur. L'armée anglaise combattit avec un courage qu'il est impossible de surpasser. Les charges répétées de la vieille garde furent repoussées par l'intrépidité des régimens écossais; et, à chaque charge, la cavalerie française était renversée par la cavalerie anglaise; mais la supériorité en nombre de l'ennemi était trop grande. Napoléon ramenait continuellement des masses considérables; et, quelque fermeté que les troupes anglaises missent pour se maintenir dans leurs positions, il n'était pas possible que tant d'efforts héroïques n'eussent un terme.

Il était quatre heures et demie. La difficulté extrême du passage par le défilé de Saint-Lambert avait considérablement retardé la marche des troupes prussiennes ; de sorte qu'il n'y avait que deux brigades du quatrième corps qui fussent arrivées à la position couverte qui leur avait été assignée. Le moment décisif était arrivé ; il n'y avait pas un instant à perdre, les généraux ne le laissèrent pas échapper. Ils résolurent de commencer l'attaque sur-le-champ avec les troupes qu'ils avaient sous la main. En conséquence le général Bulow, avec deux brigades et un corps de cavalerie, s'avança rapidement sur le derrière de l'aile droite de l'ennemi. L'ennemi ne perdit pas sa présence d'esprit ; il tourna dans l'instant sa réserve contre nous, et de ce côté commença un combat meurtrier. Le succès de ce combat demeura longtemps douteux, pendant que la bataille avec l'armée anglaise continuait avec la même violence.

Vers les six heures du soir, nous reçûmes la nouvelle que le général Thielman, avec le troisième corps, était attaqué près de Wavres par un corps très-considérable de l'ennemi, et que déjà l'on se disputait la possession de la ville. Le feld-maréchal cependant ne fut pas beaucoup inquiet de cette nouvelle. C'était sur le lieu où il était, et non pas ailleurs, que l'affaire devait se décider. On ne pouvait obtenir la victoire que par un combat soutenu continuellement avec la même opiniâtreté et par de nouvelles troupes ; et si on pouvait l'emporter sur le lieu où l'on était, tout revers du côté de Wavres était de peu de conséquence. C'est pourquoi les colonnes continuèrent leur mouvement ; il était sept heures et demie, et l'issue de la bataille était encore incertaine. Tout le quatrième corps et une partie du second, sous le général Pwich, avaient été successivement engagés. Les troupes françaises combattaient avec toute la fureur du désespoir ; cependant on pouvait apercevoir quelque incertitude dans leurs mouvemens, et on observa que quelques pièces de canon se retiraient. Dans ce moment les premières colonnes du corps du général Ziéthen arrivèrent sur les points d'attaque près du village de Smouhen, sur le flanc gauche de l'ennemi; elles chargèrent sur-le-champ. Ce moment décida la défaite de l'ennemi. Son aile droite fut rompue en trois endroits, et il abandonna ses positions. Nos troupes se précipitèrent alors au pas de charge, et attaquèrent l'ennemi de tous les côtés, pendant que toute la ligne anglaise s'avançait.

Les circonstances étaient extrêmement favorables à l'attaque par l'armée prussienne; le terrain s'élevait en amphithéâtre, de manière que notre artillerie pouvait ouvrir librement son feu du sommet de plusieurs hauteurs qui s'élevaient graduellement l'une au-dessus de l'autre, et entre lesquelles les troupes descendues dans les plaines se formaient en brigades; et dans le plus grand ordre, tandis que de nouvelles troupes se développaient continuellement au sortir de la forêt, sur les hauteurs de derrière. L'ennemi cependant conservait encore des moyens de retraite jusqu'à ce qu'on eut emporté, après plusieurs attaques sanglantes, le village de Planchenoit, qui était sur ses derrières, défendu par la garde. Dès ce moment-là la retraite devint une déroute qui s'étendit bientôt à toute l'armée française.

Il était neuf heures et demie. Le feld-maréchal assembla tous les officiers supérieurs, et donna ordre d'envoyer à la poursuite de l'ennemi jusqu'au dernier cavalier. L'avant-garde de l'armée accéléra sa marche. L'armée française, poursuivie sans relâche, était entièrement désorganisée. La chaussée présentait l'image d'une immense quantité de canons, de caissons, de chariots, de bagages, d'armes et de débris de toute espèce. Ceux de l'ennemi qui voulaient se reposer ne s'attendant pas à être poursuivis si vivement, furent poussés successivement de plus de neuf bivouacs: dans quelques villages ils cherchèrent à tenir; mais aussitôt qu'ils entendaient le son du tambour ou des trompettes, ils lâchaient

...8

pied, ou se jetaient dans les maisons, et là ils étaient taillés en pièces ou faits prisonniers. Le clair de lune favorisait beaucoup la poursuite de l'ennemi, qui n'était qu'une chasse continuelle, soit dans les champs, soit dans les maisons.

L'ennemi s'était retranché à Genape, avec du canon et des chariots renversés. Nous fûmes exposés en y entrant à un feu très-vif de mousqueterie, auquel nous répondîmes par quelques coup de canon suivis d'un *houra*, et bientôt après la ville fut à nous. Ce fut là qu'entre autres équipages on prit la voiture de Napoléon; il venait de la quitter pour monter à cheval, et avec tant de précipitation qu'il y avait oublié son épée et son chapeau. Les affaires continuèrent ainsi jusqu'à la pointe du jour. Environ quarante mille hommes dans le plus grand désordre furent tout ce que l'ennemi put sauver dans sa retraite par Charleroi. Vingt-sept pièces de canon furent tout ce qu'il emmena de sa nombreuse artillerie.

L'ennemi a dépassé dans sa fuite ses places fortes, seule défense de ses frontières, qui maintenant sont franchies par nos armées.

A trois heures Napoléon avait expédié du champ de bataille un courrier pour Paris, portant la nouvelle que la victoire n'était plus douteuse : quelques heures après il n'avait plus d'armée. On n'a pas encore une exacte connaissance de la perte de l'ennemi : il suffit de savoir que les deux tiers de cette armée sont tués, blessés ou prisonniers; au nombre de ces derniers sont les généraux Mouton, Duhesme, Cambronne. Jusqu'à ce moment environ trois cents canons, et au-delà de cinq cents caissons, sont en notre pouvoir.

Peu de victoires ont été aussi complètes; et certainement il n'y a point d'exemple qu'une armée, deux jours après une bataille perdue, ait engagé un tel combat, et l'ait si glorieusement soutenu. Honneur aux troupes capables de tant de constance et de valeur! Au milieu de la position occupée par l'armée française, et absolument sur la hauteur, est située une ferme nommée la Belle-Alliance. La marche de toutes les colonnes prussiennes était dirigée sur cette ferme, qu'on pouvait apercevoir de tous côtés. C'est là que Napoléon se trouvait pendant la bataille ; c'est là qu'il donnait ses ordres, qu'il se flattait de la victoire, et c'est là que sa perte fut décidée. C'est là aussi que se rencontrèrent, dans l'obscurité, et par un heureux hasard, le feld-maréchal Blücher et lord Wellington, et qu'ils se saluèrent mutuellement comme vainqueurs.

En commémoration de l'alliance qui existe aujourd'hui entre les nations anglaise et prussienne, de la réunion des deux armées, et de leur confiance réciproque, le feld-maréchal a demandé que cette bataille portât le nom de la *Belle-Alliance*.

Par ordre du feld-maréchal Blücher,

Le général GNEISENAU.

N°. 11.

Rapports de S. A. R. le prince d'Orange à S. M. le roi des Pays-Bas.

Quartier-général de Nivelles, 17 juin 1815, à deux heures du matin.

Le 15, de grand matin, l'armée prussienne a été attaquée dans sa position : par suite de cette attaque elle s'est retirée par Charleroi et Gosselies jusque dans les environs de Fleurus. Aussitôt que je fus instruit de la marche de l'ennemi, j'ordonnai les dispositions nécessaires au corps d'armée sous mes ordres. Ce qui s'était passé à l'armée prussienne fut cause que le 15, à cinq heures du soir, le bataillon d'Orange-Nassau, qui occupait le village de Frasnes avec une batterie d'artillerie volante, y fut attaqué. Ces troupes restèrent dans leur position sur les hauteurs de ce village, non loin du chemin croisé des Quatre-Bras. A huit heures l'escarmouche cessa sur ce point.

Aussitôt que je reçus le rapport de cette action, je donna ordre à la troisième division, ainsi qu'à la cavalerie et à deux divisions anglaises, de marcher sur Nivelles; je chargeai la deuxième division de conserver la position des Quatre-Bras. Il n'y eut qu'une partie de la deuxième division qui put s'y rendre sur-le-champ, la brigade commandée par le général-major Van Byland ne pouvant s'éloigner de Nivelles que lorsqu'on se fut assuré de l'arrivée des autres divisions dans cette ville.

Le feu des tirailleurs commença sur ce point hier à cinq heures du matin, et la fusillade continua des deux côtés, jusqu'à midi, sans aucun résultat. Environ sur les deux heures l'attaque devint plus sérieuse, principalement de la part de la cavalerie et de l'artillerie. La brigade de cavalerie légère sous les ordres du général-major Van Merle ne pouvant arriver que vers quatre heures, je n'eus jusqu'à ce moment aucune cavalerie à opposer à l'ennemi. Convaincu de la haute importance dont était la conservation de la position sur les hauteurs devant le carrefour de la chaussée dite les Quatre-Bras, j'eus le bonheur de m'y maintenir contre un ennemi qui était, sous tous les rapports, et sans aucune comparaison, très-supérieur en nombre.

Ayant été attaqué par les deux corps d'armée des généraux d'Erlon et Reille et ayant réussi à les tenir en échec, le duc de Wellington eut assez de temps pour réunir une force suffisante pour déjouer les projets de l'ennemi. Cette attaque a eu pour résultat, après un combat vigoureux, qui dura jusqu'à neuf heures du soir, non-seulement l'avantage d'arrêter l'ennemi, mais encore celui de le repousser jusqu'à une certaine distance.

L'armée prussienne, qui fut également attaquée hier, a conservé sa principale position, et il est hors de doute que Napoléon, avec des forces considérables, n'ait dirigé l'attaque sur toute la ligne. Nos troupes ont bivouaqué sur le champ de bataille, où je vais me rendre de suite; car il est très-apparent que Napoléon cherchera de nouveau à exécuter les desseins qu'il avait formés hier. Le duc de Wellington a fait rassembler sur ce point toutes les troupes disponibles. C'est avec la plus grande satisfaction que je puis assurer Votre Majesté que ses troupes ont combattu avec beaucoup de bravoure, particulièrement l'infanterie et l'artillerie.

Les circonstances n'ont point encore permis que l'état

des différens corps qui constate les pertes que nous avons éprouvées me soit parvenu : j'aurai l'honneur de le mettre sous les yeux de Votre Majesté aussitôt qu'il sera possible.

Était signé,

GUILLAUME, *prince d'Orange.*

Bruxelles, le 22 juin 1815.

APRÈS la bataille du 16, dont j'ai eu l'honneur de faire mon rapport le 17, à deux heures du matin, de mon quartier-général à Nivelles, le duc de Wellington, pour rester en ligne avec l'armée prussienne, fit, le matin du même jour, un mouvement par suite duquel l'armée se trouva en position à six heures du soir, sur les hauteurs en avant de Waterloo, et y bivouaqua : la cavalerie ennemie, suivant les mouvemens de l'armée, fut repoussée plusieurs fois avec grande perte par celle des Anglais. Le 18, au point du jour, nous découvrîmes l'ennemi en face de nous, et à dix heures ses dispositions pour l'attaque commencèrent.

L'armée de Bonaparte était composée des premier, deuxième, troisième, quatrième et sixième corps, de la garde impériale et de presque toute la cavalerie, et d'une artillerie composée de plusieurs centaines de pièces de canon.

Vers les onze heures, l'ennemi démasqua une batterie de quelques canons, sous le feu de laquelle ses tirailleurs s'avancèrent contre notre aile droite, et immédiatement après son attaque fut dirigée contre une ferme entourée de bois qui était située à peu de distance en avant de cette aile, et à gauche de la route de Nivelles. L'ennemi fit les plus vives attaques pour se rendre maître de cette ferme, mais toutes ses tentatives furent vaines. A midi la canonnade devint forte, et avant midi et demi le combat fut général sur toute la ligne. L'ennemi attaqua plusieurs fois les deux viles; mais comme son but principal était de faire une trouée sur la droite de notre centre, il tenta tout pour y réussir. Les colonnes de cavalerie ennemie furent conduites avec beaucoup de résolution; mais, nonobstant qu'elles réitérassent avec la plus grande opiniâtreté leurs attaques depuis trois heures et demie jusqu'à la fin de la bataille, rien ne put cependant forcer notre ligne à la retraite. L'ennemi fut toujours repoussé, tant par le feu des carrés que par les charges de cavalerie. Il est impossible de décrire à Votre Majesté l'acharnement avec lequel on combattit, surtout pendant les six dernières heures.

Je n'ai pu jouir du bonheur de voir la fin de cette bataille, aussi glorieuse qu'importante, ayant reçu une demi-heure avant la déroute de l'ennemi un coup de feu à l'épaule gauche qui me força de quitter le champ de bataille.

Je m'estime on ne peut plus heureux de pouvoir annoncer à Votre Majesté que ses troupes de toutes armes ont combattu avec beaucoup de bravoure. Dans les charges de la cavalerie la brigade des carabiniers s'est particulièrement distinguée.

La division du lieutenant-général Chassé est arrivée tard au feu; et comme je ne pouvais m'éloigner de ma personne du centre, je l'avais mise pour ce jour-là sous les ordres du lord Hill, commandant le deuxième corps d'armée; et j'ai reçu avis que cette division a combattu vaillamment et que le lieutenant-général Chassé, ainsi que les deux commandans des brigades, se sont très bien acquittés de leur devoir.

Il ne m'est pas encore possible de faire connaître à Votre Majesté la perte que nous avons essuyée, n'ayant pas encore reçu les rapports: en attendant je suis obligé néanmoins, avec le plus profond chagrin, de dire qu'elle est très-grande. Les généraux de division sont chargés de me faire connaître ceux qui se sont particulièrement distingués, et je dois me borner à nommer à Votre Majesté ceux qui se sont distingués sous mes yeux, savoir :

Les lieutenans-généraux Collaert et de Perponcher : le premier est blessé.

Le général Van Merle, habile et brave officier, est mort de ses blessures sur le champ de bataille. Je saisis cette occasion pour recommander sa veuve et ses enfans à la tendre considération de Votre Majesté.

Le général Trip s'est particulièrement distingué tant par ses talens que par son courage.

Le général-major Grigny et les commandans des trois régimens de carabiniers, savoir : le lieutenant-colonel Conegrave, mort de ses blessures; le colonel de Bruine et le lieutenant-colonel Lechleitner, blessés. Le lieutenant-colonel Westenberg, du cinquième bataillon de la milice nationale, est un très-bon officier, et a conduit avec beaucoup de discernement son bataillon, qui a montré beaucoup de bravoure dans la bataille du 16.

Le major Eyman, du troisième bataillon, blessé.

Les majors Meriex et Bryas, du deuxième régiment de carabiniers : le dernier blessé.

Le major de l'artillerie de Lassaraz.

Le quartier-maître général, le général-major de Constant Rebecque, s'est très-bien conduit, et m'a été d'un grand service.

Enfin je me crois encore obligé de témoigner à Votre Majesté mon contentement à l'égard de la conduite de mes adjudans. Le major de Linbourg Stirme a déjà été blessé dans la bataille du 16; et dans celle du 18 le colonel de Caylar et le major Ampt ont eu chacun un cheval tué sous eux, et le lieutenant colonel de Krokenburgh en a eu deux.

J'ai chargé le major Van Hooff, mon adjudant, de remettre

ce rapport à Votre Majesté. Je prends la liberté de recommander cet officier à votre favorable considération.

Signé GUILLAUME, *prince d'Orange.*

Perte des Hollandais.

Officiers tués ou manquans.	27.
Blessés.	115.
Sous-officiers et soldats tués ou manquans. . . .	2,058.
Blessés.	1,936.
Total.	4,136.
Chevaux tués.	1,630.

N° 12.

Rapport du maréchal Grouchy à l'empereur.

Dinant, 20 juin 1815.

SIRE,

Ce n'est qu'après de sept heures du soir, le 18 juin, que j'ai reçu la lettre du duc de Dalmatie qui me prescrivait de marcher sur Saint-Lambert, et d'attaquer le général Bulow. J'avais rencontré l'ennemi en me portant sur Wavres, à hauteur de la Baraque. Sur-le-champ il avait été abordé, poussé jusque dans Wavres, et le corps Vandamme attaquait cette ville et était fortement engagé. La portion de Wavres sur la droite de la Dyle était emportée, mais on éprouvait de grandes difficultés à déboucher de l'autre côté. Le général GÉRARD essayait d'enlever le moulin de Bielge et d'y passer la rivière; il ne pouvait y réussir; il y avait été blessé d'une balle dans la poitrine, blessure qui heureusement n'est pas mortelle. Le lieutenant-général Alix avait été tué à l'attaque de Wavres. Dans cet état de choses, impatient de pouvoir déboucher sur le mont Saint-Lambert, et coopérer au succès des armes de Votre Majesté dans cette journée si importante, je dirigeai sur Limale la cavalerie de Pajol, la division Teste, et deux des divisions du général GÉRARD, afin de forcer le passage de la Dyle et de marcher contre le général Bulow. Le corps du général Vandamme entretint l'attaque de Wavres et du moulin de Bielge, d'où l'ennemi faisait mine de vouloir déboucher ; ce que je jugeai qu'il ne pourrait effectuer, la position et le courage de nos troupes répondant qu'il n'y parviendrait pas. Mon mouvement sur Limale prit du temps, à raison de la distance : cependant j'arrivai, j'effectuai le passage, et les hauteurs furent enlevées par la division Vichery et la cavalerie. La nuit ne permit pas d'aller loin, et je n'entendais plus le canon du côté où Votre Majesté se battait.

Dans cette position, j'attendis le jour : Wavres et Bielge étaient occupés par les Prussiens. Le 19, à trois heures du matin, ils attaquèrent à leur tour, voulant profiter de la mauvaise position où j'étais, et prétendant me rejeter dans le défilé, enlever l'artillerie qui avait débouché, et me faire repasser la Dyle. Leurs efforts furent inutiles ; l'intrépidité des troupes me mit à même de repousser toutes les attaques, de culbuter les Prussiens, et de faire enlever par la division Teste le village de Bielge : le brave général Penne y fut tué.

Le général Vandamme faisant alors passer par Bielge une de ses divisions, enleva sans peine les hauteurs de Wavres, et sur toute ma ligne le succès fut complet. J'étais en avant de Rozierne, me disposant à marcher sur Bruxelles, lorsque j'ai reçu la douloureuse nouvelle de la perte de la bataille de Waterloo. L'officier qui me l'apporta me dit que V. M. se retirait sur la Sambre, sans pouvoir préciser sur quel point il entrait dans ses vues que je me dirigeasse. Engagé sur toute ma ligne, je cessai de poursuivre, et préparai mon mouvement rétrograde. L'ennemi en retraite ne songea pas à me suivre. Je marchai jusqu'à Temploux et Gembloux, ayant ma cavalerie légère à Mari-de-saint-Denis, et mes dragons sur Namur. Apprenant que l'ennemi avait déjà passé la Sambre, et se trouvait sur mon flanc ; n'étant pas assez fort pour opérer une diversion utile pour l'armée de V. M. sans compromettre celle que je commandais, je marchai sur Namur; le quatrième corps par la route de Namur à Charleroi; et le troisième par celle directe qui y conduit de Temploux. Dans ce moment les queues des deux colonnes furent attaquées; celle de droite ayant fait son mouvement rétrograde plus tôt qu'on ne s'y attendait, compromit un instant la retraite de celle de gauche. De bonnes dispositions réparèrent tout; deux pièces qui avaient été prises furent reprises par le brave vingtième de dragons, sous les ordres du colonel Briqueville, qui enleva en outre un obusier à l'ennemi. Les faibles carrés du..... régiment, chargés par une cavalerie nombreuse, l'attendirent à bout portant, lui firent essuyer une perte énorme, et prouvèrent ce que peuvent de bonnes dispositions, jointes à une attitude calme et un feu bien dirigé. La cavalerie ennemie, chargée à son tour par le premier de hussards, aux ordres du maréchal-de-camp Clari, laissa en nos mains nombre de prisonniers. Tout rentra donc sans perte dans Namur. Le long défilé qui règne depuis cette place jusqu'à Dinant, défilé où l'on ne peut marcher que sur une seule colonne, et les embarras résultant des nombreux transports de blessés que je conduisais avec moi, rendaient nécessaire de tenir longtemps la ville, où je ne trouvai pas les moyens de faire sauter le pont. Je chargeai de la défense de Namur le général Vandamme, qui, avec son intrépidité ordinaire, s'y maintint jusqu'à huit heures du soir, de sorte que rien ne resta en arrière, et que j'occupai Dinant.

L'ennemi a perdu des milliers d'hommes à l'attaque de Namur; on s'est battu avec un acharnement rare, et les troupes ont fait leur devoir d'une manière bien digne d'éloges.

Je suis avec respect,

Sire,

De Votre Majesté,

Le très-fidèle sujet,

Le maréchal comte de GROUCHY.

N° 13.

Lettre du prince Bernard de Saxe-Weimar à son père.

Au bivouac près Waterloo, 19 juin 1815.

CHER PÈRE,

REMERCIEZ Dieu; je suis encore vivant, et suis sorti sain et sauf de deux sanglantes batailles. La première eut lieu le 16, et la seconde hier. Je vous prie, quand vous lirez la présente, de prendre la carte de Ferrary. Depuis quatre semaines j'étais en cantonnement à Genape avec le régiment d'Orange-Nassau dont je suis colonel. Le 15 je fus nommé brigadier de la deuxième brigade de la division Perponcher: mon prédécesseur avait eu le malheur de se casser la jambe. En outre de mes deux bataillons d'Orange-Nassau, je me trouvai par là avoir sous mon commandement trois bataillons du duché de Nassau: alors ma brigade était de *quatre mille hommes*; aujourd'hui il ne m'en reste pas *douze cents!*

Le 15, les Français tombèrent sur l'armée prussienne, et la pressèrent bien vivement. Ma brigade prolongeait l'aile gauche de l'armée hollandaise, dont le quartier-général était à Braine-le-Comte: celui de ma division était à Nivelles. Un bataillon de Nassau, avec une batterie d'artillerie à cheval hollandaise, était à Frasnes. Lorsque les Prussiens se retirèrent sur Fleurus, le poste de Frasnes fut attaqué et enlevé. L'infanterie se jeta dans un bois sur la droite, et l'artillerie se retira en combattant aux Quatre-Bras. Je réunis ma brigade à cette importante position, et canonnai l'ennemi que je parvins à empêcher d'avancer. J'ai conservé cette position pendant toute la nuit. Vers le matin du 16 je fus renforcé par un bataillon de chasseurs hollandais et un bataillon de milice. Bientôt après mon général de division et le prince d'Orange arrivèrent. J'allai aux avant-postes avec le dernier, et j'entrepris par son ordre une reconnaissance avec un bataillon et deux canons. Vers midi l'ennemi fit voir de fortes colonnes, et commença à nous canonner. On dit que dans ce jour il a engagé trois corps de son armée contre nous. Nous avions seulement cinq bataillons à lui opposer, et les débouchés d'un bois à défendre jusqu'à la dernière extrémité.

Le duc de Wellington était présent au commencement de l'action; quoique je n'eusse que deux canons pour me protéger, je conservai long-temps mon terrain contre un ennemi trois fois supérieur en nombre. Il parvint à s'emparer d'un bois vis-à-vis de moi, et incommodait mon flanc gauche. Sans perdre de temps, je pris avec moi quelques volontaires et un bataillon de milice, et repris mon bois à la pointe de la baïonnette. J'étais à la tête des assaillans, et j'eus l'honneur d'être un des premiers dans le bois. En coupant quelques branches, je me suis blessé légèrement avec mon sabre, mais je ne quittai pas un moment le combat. Cette blessure ne mérite pas d'être mentionnée : je vous l'écris seulement, afin que vous, ainsi que ma bonne mère, ne puissiez pas être alarmés par des rapports exagérés. Tandis que je défendais mon bois, l'ennemi chassa notre aile gauche jusqu'aux Quatre-Bras. Ce fut dans ce moment que le brave duc de Brunswick fut tué par une balle qui lui perça la poitrine. De fortes colonnes tournaient mon flanc droit; je demandai des ordres pour savoir comment je devais agir; mais je n'en reçus aucun. Quand je me vis entouré de tous côtés, et que mes gens eurent épuisé toutes leurs munitions, je me retirai en bon ordre à travers le bois, dans le voisinage de Hautaine-le-Val. La division hanovrienne du général d'Alten me soutint et reprit le bois, mais le perdit de nouveau. A la fin les Anglais le forcèrent après avoir perdu beaucoup de monde, et s'y maintinrent toute la nuit. J'y bivouaquai. Les Prussiens se retirèrent ce jour-là à Wavres, et sur la nouvelle de cette retraite, nous fûmes obligés de nous retirer à la position près de Mont-Saint-Jean, entre Genape et Bruxelles : cela eut lieu le 17. Nous fûmes obligés de bivouaquer la nuit sur un terrain bien bourbeux, et avec une horrible pluie.

Hier, sur les dix heures, commença la bataille décisive, qui fut complétement gagnée, vers le soir, par Wellington, sur Napoléon en personne. (Cent soixante canons sont le fruit de cette sanglante victoire.) Je commandais à l'aile gauche, et j'étais chargé de conserver un village et une position : j'y réussis, mais avec une grande perte d'hommes. La victoire était encore douteuse, quand, sur les quatre heures, les Prussiens, sous les généraux Bulow et Ziéthen, arrivèrent sur notre flanc gauche, et décidèrent la bataille. Malheureusement les Prussiens qui devaient me soutenir dans mon village prirent pour des Français mes Nassaus, qui ont encore l'uniforme français, quoique leurs cœurs soient bien allemands, et firent un terrible feu contre eux. Ils furent chassés de leur position, et je les ralliai à un quart de lieue du champ de bataille. Mon général de division, dont *la première brigade a été totalement détruite*, est à présent avec moi.

Il me faut finir, parce que je viens de recevoir des ordres

de marcher à Nivelles, à la poursuite de l'ennemi. Adieu cher père : saluez ma mère, ma belle-sœur, mon frère et tous mes amis, et soyez assuré que je ferai tout pour être digne de vous.

Le colonel et brigadier,

BERNARD DE SAXE-WEIMAR.

N° 14.

Déclaration au peuple français.

(Publiée le 22 juin 1815.)

FRANÇAIS,

En commençant la guerre pour soutenir l'indépendance nationale, je comptais sur la réunion de tous les efforts, de toutes les volontés, et le concours de toutes les autorités nationales : j'étais fondé à en espérer le succès, et j'avais bravé toutes les déclarations des puissances contre moi.

Les circonstances me paraissent changées. Je m'offre en sacrifice à la haine des ennemis de la France. Puissent-ils être sincères dans leurs déclarations, et n'en avoir voulu réellement qu'à ma personne! Ma vie politique est terminée, et je proclame mon fils, sous le titre de Napoléon II, empereur des Français.

Les ministres actuels formeront provisoirement le conseil du gouvernement. L'intérêt que je porte à mon fils m'engage à inviter les chambres à organiser sans délai la régence par une loi.

Unissez-vous tous pour le salut public, et pour rester une nation indépendante.

Signé NAPOLÉON.

N° 15.

Napoléon aux braves soldats de l'armée devant Paris.

Malmaison, 25 juin 1815.

SOLDATS,

QUAND je cède à la nécessité qui me force de m'éloigner de la brave armée française, j'emporte avec moi l'heureuse certitude qu'elle justifiera, par les services éminens que la patrie attend d'elle, les éloges que nos ennemis eux-mêmes ne peuvent pas lui refuser.

Soldats, je suivrai tous vos pas quoique absent. Je connais tous les corps, et aucun d'eux ne remportera un avantage signalé sur l'ennemi, que je ne rende justice au courage qu'il aura déployé. Vous et moi nous avons été calomniés. Des hommes absolument indignes d'apprécier vos travaux ont vu dans les marques d'attachement que vous m'avez données un zèle dont j'étais le seul objet. Que vos succès futurs leur apprennent que c'était la patrie par-dessus tout que vous serviez en m'obéissant, et que si j'ai quelque part à votre affection, je le dois à mon ardent amour pour la France, notre mère commune.

Soldats, encore quelques efforts, et la coalition est dissoute. Napoléon vous reconnaîtra aux coups que vous allez porter.

Sauvez l'honneur, l'indépendance des Français. Soyez jusqu'à la fin tels que je vous ai connus depuis vingt ans, et vous serez invincibles.

NAPOLÉON.

N° 16.

Convention militaire.

Aujourd'hui, 3 juillet, les commissaires nommés par les commandans en chef des armées respectives, savoir, le baron Bignon, ayant le portefeuille des affaires étrangères; le comte Guilleminot, chef de l'état-major général de l'armée française; le comte de Bondy, préfet du département de la Seine, munis des pleins-pouvoirs du maréchal prince d'Ekmülh, commandant en chef de l'armée française, d'une part; et le major-général baron Muffling, muni des pleins-pouvoirs de S. A. le feld-maréchal prince de Blücher, commandant en chef de l'armée prussienne; le colonel Harvey, muni des pleins-pouvoirs de S. Exc. le duc de Wellington, commandant en chef de l'armée anglaise, d'autre part, sont convenus des articles suivans :

Art. 1. Il y aura une suspension d'armes entre les armées alliées commandées par S. A. le prince Blücher et S. G. le duc de Wellington, et l'armée française sous les murs de Paris.

Art. 2. L'armée française se mettra en marche demain pour prendre sa position derrière la Loire. Paris sera entièrement évacué en trois jours, et le mouvement derrière la Loire sera effectué sous huit jours.

Art. 3. L'armée française emportera avec elle tout son matériel, son artillerie de campagne, ses caisses militaires, chevaux et effets de régimens, sans exception. Toutes les personnes attachées aux dépôts seront aussi emmenées, ainsi que celles qui appartiennent aux différentes branches de l'administration de l'armée.

Art. 4. Les malades et les blessés, et les officiers de santé qu'il sera nécessaire de laisser avec eux, seront sous la protection spéciale des commandans en chef des armées anglaise et prussienne.

Art. 5. Les militaires et employés que l'article précédent concerne auront la liberté, immédiatement après leur guérison, de rejoindre les corps auxquels ils appartiennent.

Art. 6. Les femmes et enfans de tous les individus appartenans à l'armée française auront la liberté de rester à Paris. Les femmes mariées pourront quitter Paris pour rejoindre l'armée, et emporter avec elles leurs propriétés et celles de leurs maris.

Art. 7. Les officiers de la ligne employés avec les fédérés ou avec les tirailleurs de la garde nationale pourront ou rejoindre l'armée, ou retourner chez eux ou dans leur pays natal.

Art. 8. Demain, 4 juillet, à midi, Saint-Denis, Saint-Ouen, Clichy et Neuilly seront rendus. Après-demain, 5, à la même heure, Montmartre sera rendu. Le troisième jour, 6, toutes les barrières seront rendues.

Art. 9. Le service de la ville de Paris continuera d'être fait par la garde nationale et par le corps de la gendarmerie municipale.

Art. 10. Les commandans en chef des armées anglaise et prussienne s'engagent à respecter et à faire respecter, par leurs subordonnés, les autorités actuelles, aussi long-temps qu'elles existeront.

Art. 11. Les propriétés publiques, à l'exception de celles qui ont rapport à la guerre, soit qu'elles appartiennent au gouvernement, ou qu'elles dépendent des autorités municipales, seront respectées, et les puissances alliées n'interviendront en aucune manière dans leur administration et direction.

Art. 12. Les personnes et propriétés individuelles seront également respectées. Les habitans, et en général tous les individus qui seront dans la capitale, continueront de jouir de leurs droits et libertés, sans être recherchés, soit en raison des emplois qu'ils occupent ou ont occupés, ou de leur conduite ou opinions politiques.

Art. 13. Les troupes étrangères ne mettront aucun obstacle à l'approvisionnement de la capitale, et elles protégeront, au contraire, l'arrivée et libre circulation des articles qui seront destinés pour elle.

Art. 14. La présente convention sera observée, et sera prise pour règle des relations mutuelles, jusqu'à la conclusion de la paix. En cas de rupture, elle devra être dénoncée dans les formes usitées, au moins dix jours d'avance.

Art. 15. S'il survient des difficultés dans l'exécution d'aucun des articles de la présente convention, l'interprétation en sera faite en faveur de l'armée française et de la ville de Paris.

Art. 16. La présente convention est déclarée commune à toutes les armées alliées, pourvu qu'elle soit ratifiée par les puissances dont ces armées dépendent.

Art. 17. Les ratifications seront échangées demain, 4 juillet, à 6 heures du matin, au pont de Neuilly.

Art. 18. Il sera nommé de part et d'autre des commissaires, pour surveiller l'exécution de la présente convention.

Fait et signé à Saint-Cloud, en triplicata, par les commissaires nommés ci-dessus, les jour et an susdits :

Le baron Bignon, le comte Guilleminot, le comte de Bondy ;

Le baron de Muffling; F. B. Harvey, colonel.

Approuvé et ratifié la présente suspension d'armes, à Paris, le 3 juillet 1815.

BLUCHER, WELLINGTON.

Approuvé. Le maréchal prince D'EKMUHL.

TABLE.

Pages.

Pages.

Pages.

TABLEAU B.

ÉTAT MILITAIRE DE LA FRANCE EN MARS 1815.

	EFFECTIFS DE L'ARMÉE.		PRÊTS à entrer EN CAMPAGNE.		OBSERVATIONS.
	hommes.	chevaux.	hommes.	chevaux.	
102 régimens d'infanterie de ligne.	91,000	»	61,200	»	
4 régimens d'infanterie étrangers (Suisses).	4,000	»	»	»	Ces régimens ont été licenciés le 20 mars. C'est pourquoi on les porte ici pour mémoire.
4 régimens d'infanterie de la vieille garde.	4,000	»	»	»	
57 régimens de cavalerie de la ligne.	25,000	16,000	11 000	11,000	N'ont fourni que 11,000 hommes, vu le manque de chevaux.
4 régimens de cavalerie de la vieille garde.	3,200	3,000	2,800	2.800	
12 régimens artillerie de la ligne.	16,000	»	12,000	»	Ces 12,000 hommes sont en proportion de l'armée.
Artillerie de la vieille garde.	»	»	»	»	
Troupes du génie de la ligne.	5,000	»	3,000	»	
Troupes du génie de la veille garde.	»	»	»	»	
Train, équipages militaires de la ligne.	1,000	»	600	»	
Train, équipages militaires de la vieille garde.	»	»	»	»	
	149,200	19,000	93,900	13,800	

N. B. Indépendamment de 12,000 gendarmes et 10,000 vétérans.

TABLEAU C.

ORGANISATION DE L'ARMÉE FRANÇAISE

à 800,000 hommes, au 1er septembre 1815.

CADRES.

102 régimens de ligne formant 510 bataillons à 880 hommes, ci.	428,400	
12 bataillons étrangers. . .	10,800	
52 bataillons garde impériale.	31,200	473,400
10 escadrons de gendarmerie d'élite.	3,000	
57 régimens de cavalerie. .	57,000	61,000
4 régimens de cavalerie de la garde	4,000	
Artillerie à pied, à cheval, bataillons du train, pontonniers, sapeurs, mineurs, ouvriers, bataillons des équipages militaires compris la garde.	50,000	50,000
ARMÉE EXTRAORDINAIRE.		
200 bataillons d'élite de la garde nationale.	112,000	
48 bataillons *idem*, du Dauphiné, du Languedoc et de la Gironde.	26,800	
10 bataillons de canonniers de marine.	10,000	224,800
20 régimens de matelots. .	30,000	
10 régimens de vétérans . .	10,000	
Gardes-côtes.	6,000	
Bataillons d'officiers, sous-officiers, soldats en retraite.	30,000	
		809,200

SOLDATS.

Ces cadres devaient être complétés par	
1° 145,000 hommes effectifs au 1er mars, en ôtant de l'effectif les 4 régimens suisses qui furent licenciés à la fin de mai.	145,00
2° L'appel des anciens militaires.	130,00
3° En conscription de 1815, reçu en juin.	80,00
4° de *idem* à recevoir en juillet et août.	20,00
5° L'appel des 250,000 hommes qui devait être fait en juillet	250,00
6° Les 200 bataillons d'élite de la garde nationale. . . .	112,00
7° Les 48 *idem* du midi . .	26,80
8° Les bataillons de canonniers de la marine. . . .	6,00
9° Appel de 4,000 anciens canonniers de la marine . .	4,00
10° 30,000 matelots des anciennes escadres	30,00
11° Bataillons de vétérans existans en mars.	10,00
12° Appel de 30,000 hommes en retraite	30,00
13° Régimens étrangers, piémontais, italiens, espagnols, irlandais, belges, etc. . .	14,00
	858,00

TABLEAU D.

ARMES.	
Armes existantes entre les mains des soldats, en mars 1815.	150,000
En magasin.	150,000
Fournitures doublées des manufactures ordinaires pendant avril, mai, juin, juillet, août et septembre.	240,000
Ateliers extraordinaires créés à Paris, et dans toutes les places fortes, soit pour fusils réparés, remontés à neuf, de pièces de rechange, soit pour fusils neufs, pour avril et mai.	60,000
Pour juin.	120,000
Pour juillet, août et septembre. . . .	450,000
TOTAL. . . .	1,170,000

TABLEAU E.

ÉTAT MILITAIRE DE LA FRANCE au 1er JUIN 1815.

ARMÉE DE LIGNE.

	Présens sous les armes.	Dépôts.	Effectifs.
Les régimens de la ligne ont fourni chacun 2 bataillons de 600 hommes à l'armée active, et laissant au dépôt leurs 3e, 4e et 5e bataillons	126,000	85,000	211,000
Régimens d'infanterie étrangers.		8,000	8,000
Infanterie de la garde. . . .	14,000	10,000	24,000
10 escadrons de gendarmerie employée activement à l'armée de la Vendée, donnent comme infanterie.	3,000	»	3,000
Comme cavalerie.	1,500	»	1,500
57 régimens de la cavalerie de ligne.	28,500	17,000	45,500
Cavalerie de la garde . . .	4,000	2,000	6,000
Artillerie de la ligne. . . .	22,000	12,000	34,000
Artillerie de la garde. . . .	4,000	3,000	7,000
Génie de la ligne.	6,000	6,000	12,000
Génie de la garde.	400	100	500
Train et équipages militaires de la ligne.	6,000	2,000	8,000
Train et équipages militaires de la garde.	2,000	1,000	3,000
	217,400	146,100	363,500

ARMÉE EXTRAORDIN.

Employés à la garde des places fortes et des côtes.	
200 bataillons de garde nationale d'élite à 560 hommes. .	112,000
20 régimens de la marine, matelots.	30,000
16 bataillons canonniers de la marine.	8,000
Gardes-côtes. . .	6,000
Vétérans.	10,000
Militaires en retraite et réformés, mis dans les places. .	30,000
	196,000

RÉSUMÉ.

Effectif de l'armée de ligne. 363,500
Effectif de l'armée extraordinaire 196,000
Effectif général de l'état militaire de la France, au 1er juin 1815 . . 559,500

N. B. Ne font point partie de cet état 12,000 hommes de la gendarmerie hors ligne et employés dans l'intérieur pour la police. En juin il y avait donc 146,000 hommes aux dépôts. En juillet on en devait lever 200,000. En en supposant au 15 août 100,000 arrivés aux dépôts, cela les porterait à 246,000 hommes. Il fallait à cette époque 100,000 hommes pour recruter l'armée sous Paris, 18,000 hommes pour celle sous Lyon. Total 118,000 hommes, plus en non habillés 40,000 hommes pour la garnison de Paris, et 10,000 hommes pour celle de Lyon. Total 50,000 hommes. Total général 168,000 hommes. Il resterait donc encore aux dépôts pour les cadres, les malades, etc. 78,000 hommes qui seraient augmentés de 100,000 hommes en septembre, par le complément de la levée des 250,000 hommes.

TABLEAU F.

COMPOSITION DE LA SITUATION DE L'ARMÉE DE LIGNE au 1er juin 1815.

	Au 1er mars 1815.			Au 1er juin 1815.				
	Présens sous les armes disponibles.	Dépôts en organisation.	Effectifs au 1er mars.	Appel des anciens soldats.	Conscription de 1815.	Présens sous les armes disponibles.	Dépôts en organisation.	Effectifs au 1er juin.
›2 régimens d'infanterie de ligne.	61,200	29,800	91,000	70,000	50,000	126,000	85,000	211,000
égimens étrangers.	»	»	4,000	»	»	»	8,000	8,000
égimens d'infanterie de la garde	3,300	700	4,000	10,000	10,000	14,000	10,000	24,000
égimens de cavalerie de la ligne	11,000	14,000	25,000	15,000	5,500	28,500	17,000	45,500
régimens de cavalerie de la garde.	2,800	400	3,200	2,800	»	4,000	2,000	6,000
rtillerie de la ligne	12,000	4,000	16,000	14,000	4,000	22,000	12,000	34,000
Artillerie de la garde	»	»	»	5,000	2,000	4,000	3,000	7,000
Génie de la ligne.	3,000	2,000	5,000	5,000	2,000	6,000	6,000	12,000
Génie de la garde.	»	»	»	500	»	400	100	500
Train et équipages militaires.	600	400	1,000	4,000	3,000	6,000	2,000	8,000
Idem de la garde.	»	»	»	2,000	1,000	2,000	1,000	3,000
Gendarmerie active	»	»	»	»	»	4,500	»	4 500
	93,900	51,300	149,200	128,300	77,500	217,400	146,100	363,500

Indépendamment de 12,000 gendarmes dans l'intérieur de l'empire pour la police et de 10,000 vétérans.

TABLEAU G.

ORGANISATION DE L'ARMÉE DE LIGNE EN CORPS D'ARMÉE ET ARMÉES.

Désignation des armes.	Nombre des divisions.	DÉSIGNATION DES TROUPES composant une division.	Situation au 1er juin 1815. Force des corps d'armée. Force des divisions.	Force des armes.	Force totale des corps d'armée.	Bouches à feu.	Situation au 15 juin 1815. Force des corps d'armée. Force des divisions.	Force des armes.	Force totale des corps d'armée.	Bouches à feu.
		ARMÉE DE FLANDRE au 14 Juin.								
		(122,404 h. 350 b. à feu.)								
		Garde impériale à Paris.								
Infanterie. .	I	4 rég. d'inf. de la vieille g.	4000				4000			
	II	4 id. de moyenne garde.	4000				4000	24000		
	III	4 id. de jeune garde.	4000	12000			4000			
	»	24 bataill. de jeune garde.	»				12000			
Cavalerie. .	I	2 rég. de gren. et drag. v. g.	2000		18400	96	2000		35200	150
	II	2 id. de chasseurs et lanc.	2000	4000			2000	5200		
	»	8 nouveaux escadrons. . .	»				1200			
Artill., génie,	»	. . . .	2400				2400			
équipages militaires. . . .	»	. . . .	»	2400			3600	6000		
		1er. *Corps aux environs de Lille.*								
Infanterie. .	I	4 rég. d'infant. de la ligne.	4400				4800			
	II	4 id.	4400				4800			
	III	4 id.	4400	17600			4800	30400		
	IV	4 id.	4400				4800			
	»	16 troisièmes b. desdits r.	»		20564	46	11200		34514	70
Cavalerie. .	I	3 rég. de cavalerie légère.	1400	1400			1500	1950		
	»	3 cinquièmes escadrons. . .	»				450			
Artill., génie,	»	6 batteries d'artillerie. . .	1564	1564			1564	2164		
équipages militaires. . . .	»	. . . .	»				600			
		2e. *Corps aux environs de Valenciennes.*								
Infanterie. .	I	4 régimens dont 3 à 3 bat.	6050				6050			
	II	4 id. dont 1 à 4 bataillons.	4950				4950			
	III	4 id.	4400				4800			
	IV	4 id.	4400	19800			4800	31800		
	»	12 troisièmes bataillons et 4 quatrièmes bataill.	»		22764	46	11200		35914	70
Cavalerie. .	I	3 rég. de cavalerie légère.	1400	1400			1500	1950		
	»	3 cinquièmes escadrons. .	»				450			
Artill., génie,	»	6 batteries d'artillerie. . .	1564	1564			1564	2164		
équipages militaires. . . .	»	. . . .	»				600			

Suite du tableau C.

Désignation des armes.	Nombre des divisions.	DÉSIGNATION des troupes composant une division.	Situation au 1er juin 1815. Force des corps d'armée. Force des divisions.	Force des armes.	Force totale des corps d'armée.	Bouches à feu.	Situation au 15 juin 1815. Force des corps d'armée. Force des divisions.	Force des armes.	Force des corps d'armée.	Bouches à feu.
		3e. *Corps aux environs de Mézières.*								
Infanterie. .	I	4 rég. d'infant. de la ligne	4400	13200	15892	38	4800	22800	26542	56
	II	4 id.	4400				4800			
	III	4 id.	4400				4800			
	»	12 troisièmes b. desdits r.	»				4800			
Cavalerie. .	I	3 rég. de cavalerie légère.	1400	1400			1500	1950		
	»	5 cinquièmes escadrons. .	»				450			
Artill., génie, équipages militaires. . . .	»	5 batteries d'artillerie. . .	1292	1292			1292	1892		
	»	. . . .	»				600			
		4e. *Corps aux environs de Metz.*								
Infanterie. .	I	4 rég. d'infant. de la ligne	4400	12100	14792	38	4800	20100	23942	56
	II	4 id.	4400				4800			
	III	3 id.	3300				3300			
	»	11 troisièmes b. desdits r.	»				7200			
Cavalerie. .	I	3 rég. de cavalerie légère	1400	1400			1500	1950		
	»	3 cinquièmes escadrons. .	»				450			
Artill., génie, équipages militaires. . . .	»	5 batteries d'artillerie. . .	1292	1292			1292	1892		
	»	. . . .	»				600			
		6e. *Corps aux environs de Laon.*								
Infanterie. .	I	3 rég. d'infant. de la ligne	3300	9900	12592	38	3300	24200	28052	56
	II	3 id.	3300				3300			
	III	3 id.	3300				3300			
	»	9 troisièmes b. desdits r.	»				600			
	»	10 bataillons de matelots.	»				8000			
Cavalerie. .	I	3 rég. de cavalerie légère.	1400	1400			1500	1950		
	»	3 cinquièmes escadrons. .	»				450			
Artill., génie, équipages militaires. . . .	»	5 batteries d'artillerie. . .	1292	1292			1292	1892		
	»	. . . .	»				600			
		1er. *Corps de cavalerie entre l'Aisne et la Sambre.*								
Cavalerie. .	I	3 rég. de drag. et de chas.	1250	2500	2800	12	1250	3400	3850	18
	II	3 id.	1250				1250			
	»	6 cinquièmes esc. desd. r.	»				900			
Artill., génie, équipages militaires. . . .	»	2 batteries d'artillerie. . .	300	300			300	450		
	»	. . . .	»				150			

Suite du tableau G.

Désignation des armes.	Nombre des divisions.	DÉSIGNATION DES TROUPES composant une division.	Situation au 1er juin 1815. Force des corps d'armée. Force des divisions.	Force des armes.	Force totale des corps d'armée.	Bouches à feu.	Situation au 15 juin 1815. Force des corps d'armée. Force des divisions.	Force des armes.	Force des corps d'armée.	à feu.
		2e Corps de cavalerie.								
Cavalerie. . . .	I	3 régimens de dragons.	1250	2500	2800	12	1250	3400	3850	1
	II	3 id.	1250				1250			
	»	3 cinquièmes esc. desd. r.	»				900			
Artill., génie, équipages militaires.	»	2 batteries d'artill. légère	300	300			300	450		
	»	. . . .	»				150			
		3e Corps de cavalerie.								
Cavalerie. . . .	I	4 rég. de grosse cavalerie.	1900	3300	3600	12	1900	4450	4900	1
	II	3 id.	1400				1500			
	»	7 cinquièmes esc. desd. r.	»				1050			
Artill., génie, équipages militaires.	»	2 batteries d'artill. légère	300	300			300	450		
	»	. . . .	»				150			
		4e Corps de cavalerie.								
Cavalerie. . . .	I	4 rég. de grosse cavalerie.	1900	3300	3600	12	1900	4450	4900	1
	II	3 id.	1400				1500			
	»	7 cinquièmes esc. desd. r.	»				1050			
Artill., génie, équipages militaires.	»	2 batteries d'artillerie. . .	300	300			300	450		
	»	. . . .	»				150			
		Grand parc à la Fère			5600				10000	
		5e Corps aux environs de Strasbourg.								
Infanterie. . .	I	4 rég. d'infant. de la ligne	4400	17600	20564	46	4808	19200	23314	7
	II	4 id.	4400				4800			
	III	3 id.	4400				4800			
	»	12 troisièmes bat. desd. r.	4400				4800			
Cavalerie. . . .	I	3 rég. de cavalerie légère	1400	1400			1500	1950		
	»	3 cinquièmes esc. desd. r.	»				450			
Artill., génie, équipages militaires.	»	6 batteries d'artillerie. . .	1564	1564			1564	2164		
	»	. . . .	»				600			

Total de l'armée de Flandre et du 5e corps devant former l'armée sous Paris (*) *au 15 août.* 240,000 5

(*) Les bataillons de marche qui sont portés dans la situation de l'armée de la Vendée au 1er ju auraient rejoint leurs régimens respectifs aux corps d'armée avant le 15 août. Tous les bataillons de l'arm active auraient été ainsi complétés à 700 hommes, ce qui portait à 240,000 la force sous Paris.

Indépendamment de ces 240,000 hommes, Paris aurait eu pour la défense de ses fortifications 116,0 hommes de troupes non mobiles, comme il est expliqué pag. 48.

Suite du tableau G.

DÉSIGNATION des armes.	Nombre des divisions.	DÉSIGNATION DES TROUPES Composant une division.	Situation au 1er juin 1815. Force des corps d'armée. Force des divisions.	Force des armes.	Force totale des corps d'armée.	Bouches à feu.	Situation au 15 juin 1815. Force des corps d'armée. Force des divisions.	Force des armes.	Force des corps d'armée.	Bouches à feu.
		7e Corps aux environs de Chambéry.								
nfanterie. . .	I	4 rég. d'infant. de la ligne.	6400	12800	15764	46	6400	38160	42274	70
	II	4 id.	6400				6400			
	»	8 troisièmes bat. desd. r.	»				5600			
	»	16 bat. d'élite de la g. nat.	»				8960			
	»	6 bataillons étrangers. . .	»				5600			
	»	2 régimens de matelots. .	»				2400			
avalerie. . .	»	4 rég. venus de la Vendée.	»	1400			4800	1950		
	I	3 rég. de cavalerie légère.	1400				1500			
	»	3 cinquièmes esc. desd. r.	»				450			
rtill., génie, quipages militaires	»	6 bataillons d'artillerie. .	1564	1564			1564	2164		
	»	3 batteries.	»				600			
		1er Corps d'observation dit du Jura à Béfort.								
nfanterie. . .	I	3 régimens d'infanterie. .	2700	2700	5392	38	2700	14360	18402	54
	»	Complément desdits rég.	»				600			
	»	3 troisièmes bat. desd. r.	»				2100			
	»	16 bat. d'élite de garde n.	»				8960			
avalerie. . . .	I	3 régimens de cavalerie. .	1400	1400			1500	2150		
	»	3 cinquièmes esc. desd. r.	»				650			
rtill., génie, quipages militaires.	»	5 batteries.	1292	1292			1292	1892		
	»	3 batteries.	»				600			

Total de l'armée sous Lyon (*) *au 15 août.* 60675 124

(*) Indépendamment de ces 60,676 hommes, Lyon aurait eu pour la défense de ses fortifications 25,000 de troupes non mobiles, comme il est expliqué pag. 48.

Suite du tableau G.

Désignation des armes.	Nombre des divisions.	Désignation des troupes composant une division.	Situation au 1er juin 1815. Force des corps d'armée. Force des divisions.	Force des armes.	Force totale des corps d'armée.	Bouches à feu.	Situation au 15 juin 1815. Force des corps d'armée. Force des divisions.	Force des armes.	Force des corps d'armée.	Bouches à feu.
		2e corps d'observation dit du Var en Provence.								
Infanterie. .	1	3 rég. d'infant. de la ligne.	4800	4800	6116	22	4800	15860	17626	38
	»	1 troisième bataillon et 2 quatrièmes bataillons.	»				2100			
	»	16 bat. de g. n. du Daup.	»				8960			
Cavalerie. .	»	1 rég. de cavalerie légère.	500	500			500	650		
	»	1 cinquième escadron. . .	»				150			
Artill., génie, équipages militaires. . . .	»	3 batteries.	816	816			816	1116		
	»	2 batteries.	»				300			
		3e corps d'observation dit des Pyrénées orientales à Toulouse.								
Infanterie. .	1	2 rég. d'infant. de la ligne.	2200	2200	3516	24	2200	21520	23136	32
	»	2 troisièmes bat. desd. r.	»				1400			
	»	16 bat. de g. n. du Lang.	»				8960			
	»	16 id. d'élite.	»				8960			
Cavalerie. .	»	1 rég. de cavalerie légère.	500	500			500	650		
	»	1 cinquième esc. dudit r.	»				150			
Artill., génie, équipages militaires. . . .	»	3 batteries.	816	816			816	966		
	»	1 batterie.	»				150			
		4e corps d'observation dit de la Gironde, à Bordeaux.								
Infanterie. .	1	2 rég. d'infant. de la ligne.	2200	2200	3516	24	2200	21520	23136	32
	»	2 troisièmes bat. desd. r.	»				1400			
	»	16 bat. de g. n. de Gasc	»				8960			
	»	16 id. d'élite.	»				8960			
Cavalerie .	»	1 rég. de cavalerie légère.	500	500			500	650		
	»	1 cinquième esc. dudit r.	»				150			
Artill., génie, équipages militaires. . . .	»	3 batteries.	816	816			816	966		
	»	1 batterie.	»				150			

Suite du tableau G.

Désignation des armes.	Nombre des divisions.	DÉSIGNATION DES TROUPES composant une division.	Situation au 1er juin 1815. Force des corps d'armée. Force des divisions.	Force des armes.	Force totale des corps d'armée.	Bouches à feu.	Situation au 15 juin 1815. Force des corps d'armée. Force des divisions.	Force des armes.	Force des corps d'armée.	Bouches à feu.
		Armée de la Vendée.								
roupes destinées à cette armée. . . .	1	2 rég. d'infant. de la ligne.	2200		7620		2200	10820	20520	29
	»	2 régimens de cavalerie. .	920				920			
	»	10 escadrons de gendarmerie dont 1000 à chev.	4500				6000			
	»	2 troisièmes bat. desd. r.	»				1400			
	»	2 troisièmes escadrons. . .	»				300			
	»	3 rég. d'inf. du 6e corps.	3300				3300			
roupes destinées aux autres corps d'armée. . .	»	1 id. du 4e corps.	1100	9000	9000		»	7100		
	»	1 id. du 5 corps d'obs.	1100				»			
	«	1 id. du 4e id.	1100				»			
	»	2 rég. de jeune garde envoyés de Paris. . . .	2400				2400			
	»	2 troisièmes bataillons. .	»				1400			
ataillons de marche retenus à leur passage de la Loire. . . .	»	Bataillons de marche des régimens du 1er corps.	1200	7900	7900	46	»	»		
	»	D°. . . . . du 2e.	2400				»			
	»	D°. . . . . du 3e.	400				»			
	»	D°. . . . . du 4e.	1200				»			
	»	D°. . . . . du 5e.	1800				»			
	»	6 escadrons de marche de divers régimens.	900				»			
rtill., génie, équip. militaires. . . .	»	6 batteries d'artillerie. . .	2000	2000			2000	2600		
	»	3 batteries.	»				600			

RÉSUMÉ.

Armée sous Paris au 15 août	240,000
Armée sous Lyon au 15 août	60,676
2e. Corps d'observation dit du Var	17,626
3e. Corps d'observation dit des Pyrénées orientales . .	23,136
4e. Corps d'observation dit de la Gironde	23,136
Armée de la Vendée.	20,520
Total général	384,094

ÉTAT DE SITUATION DE L'ARMÉE ANGLO-HOLLANDAISE RÉUNIE EN BELGIQUE, au 15 juin 1815.

CORPS d'armée.	Armes.	Divisions.	TROUPES Composant les Divisions.	Numéros des Régimens.	Force des Brigades.	Force des divisions.	Force des corps d'armées.	Force par armes.
1er corps S. A. S. le prince d'Orange	Infanterie.	1ere. Gén. Cooke.	1ere brigade ang. les gardes.	1 et 3	1,800	3,500	41,000	74,000
			2e id. id.	2 et 3	1,700			
		3e. Baron Alten.	5e brigade anglaise. . . .	30 33 67 73	2,600	8,800		
			1ere id. légère germanique.	5 8 1 et 2 lég.	3,000			
			3e id. hanovrienne. . . .	4 bataill.	3,200			
		7e. Lieut. génér. Collaert.	Hollandais, Belges.	12 id.	. . . .	7,500		
		8e. Lieut. génér. Chassé.	Hollandais, Belges.	12 id.	. . . .	7,500		
		9e. Lieut. génér. Perponcher.	Hollandais, Belges, Nassau.	12 id.	. . . .	8,000		
		10e. S. A. S. le Duc de Brunswick.	Brunswickois.	8 id.	. . . .	600		
2e corps lord Hill.	Infanterie.	2e. Sir H. Clinton.	3e brigade anglaise. . . .	52 71 95	2,700	8,900	31,700	
			2e id. légion germanique. .	1 2 3 4	3,000			
			3e id. hanovrienne.	. . . .	3,200			
		4e. Général C. Colville.	4e brigade anglaise. . . .	14 23 51	1,900	7,100		
			6e id. id.	35 54 59 91	2,000			
			6e id. hanovrienne. . .	. . . .	3,200			
		5e. Sir T. Picton.	8e brigade anglaise. . . .	28 32 79 91	3,000	9,200		
			9e id. id.	1 42 44 92	3,000			
			5e id. hanovrienne. . .	. . . .	3,200			
		6e. S. J. Lambert.	10e brigade anglaise. . . .	4 27 40 81	3,500	6,500		
			4e id. hanovrienne. . . .	. . . .	3,300			
Lord Uxbridge	Cavalerie.	1er. L. E. Somerset.	1er et 2e life guards.		1,250	2,500		20,00
			1er drag. gard. roy. horse guards bleu.		1,250			
		2e. Sir W. Ponsonby.	1er, 2e, 6e de dragons.		. . . .	1,875		
		3e. Sir W. Dornbry.	1er, 2e dragons légers de la légion germanique.		1,200	1,825		
			23e de dragons.		625			
		4e. Sir Ormsby Vandalour.	11e, 12e, 16e dragons légers.		. . . .	1,875		
		5e. Sir C. Grant.	2e hussards légion germanique.		600	1,850		
			7e dragons légers. 5e hussards.		1,250			
		6e. Sir N. H. Vivian.	1er hussards légion germanique. . . .		600	1,850		
			18e dragons légers et 10e de hussards. .		1,250			
		7e. Sir F. de Arentschild.	3e hussards légion germanique.		600	1,225		
			13e dragons légers.		625			
		8e. Col. Astorf.	Prince régent. Bremen Verdan.					
			Cumberland, hussards hanovriens. . . .		. . . .	2,000		
		9e.	Cavalerie hollandaise, belge.		. . . .	3,200		
		10e.	Cavalerie de Brunswick.		. . . .	1,800		
		Artillerie, génie, équipages milit. ayant 250 b. à feu.	Anglais.		5,000			11,20
			Allemands.		3,200			
			Hollandais, Belges.		3,000			

Force totale de l'armée anglo-hollandaise 104,200 hommes, 250 bouches à feu.

N. B. Indépendamment des 14 régimens d'infanterie anglaise nouvellement débarqués à Ostende ou en garnison dans les places de la Belgique.

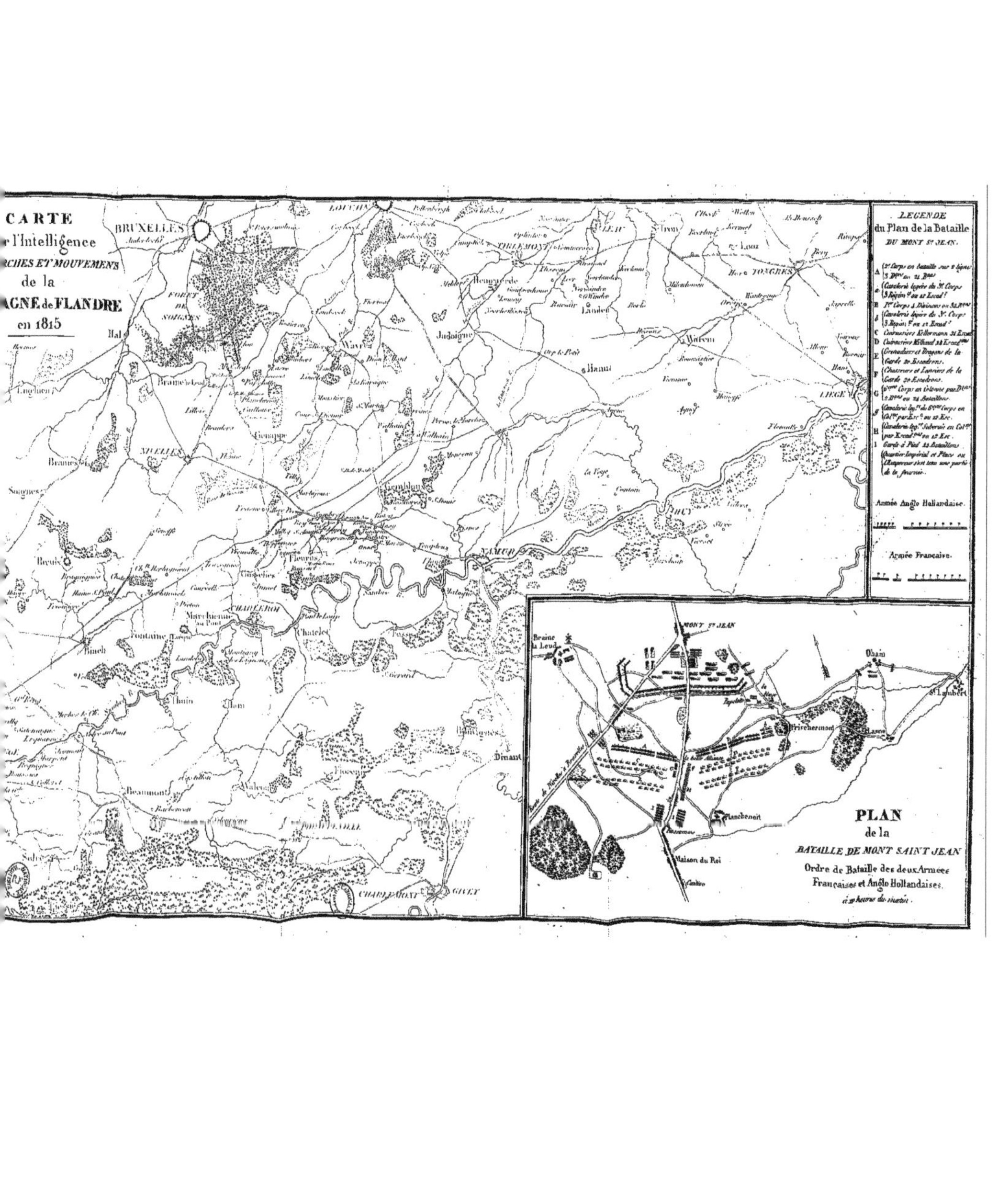

CARTE
l'Intelligence
RCHES ET MOUVEMENS
de la
AGNE de FLANDRE
en 1815
BRUXELLES
FORET DE SOIGNES
Hal
Enghien
NIVELLES
Genappe
Wavre
Gemblou
Fleurus
NAMUR
Jodoigne
TIRLEMONT
Landen
Hannut
TONGRES
LIEGE
HUY
Binch
Fontaine
Thuin
Beaumont
Dinant
CHARLEMONT
GIVET
LEGENDE
du Plan de la Bataille
DU MONT St JEAN.
Armée Anglo Hollandaise.
Armée Française.
MONT St JEAN
Braine la Leud
Ohain
St Lambert
Frischermont
Planchenoit
Maison du Roi
PLAN
de la
BATAILLE DE MONT SAINT JEAN
Ordre de Bataille des deux Armées
Françaises et Anglo Hollandaises.

www.ingramcontent.com/pod-product-compliance
Ingram Content Group UK Ltd.
Pitfield, Milton Keynes, MK11 3LW, UK
UKHW020200250726
13967UKWH00003B/1177

9 782012 923034